O CAMINHO ABERTO POR JESUS

MATEUS

Dados Internacionais de Catalogação na Publicação (CIP)
(Câmara Brasileira do Livro, SP, Brasil)

Pagola, José Antonio
O caminho aberto por Jesus : Mateus / José Antonio Pagola ; tradução de Lúcia Mathilde Endlich Orth. – Petrópolis, RJ : Vozes, 2013.

Título original: El camino abierto por Jesús : Mateo
Bibliografia.

8ª reimpressão, 2025.

ISBN 978-85-326-4607-1

1. Bíblia. N.T. Evangelho de Mateus – Comentários
2. Bíblia. N.T. Evangelho de Mateus – Meditações
I. Título.

13.06047 CDD-226.207

Índices para catálogo sistemático:
1. Evangelho de Mateus : Comentários   226.207
1. Evangelho de Mateus : Meditações   226.207

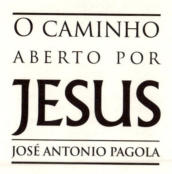

O CAMINHO ABERTO POR JESUS
JOSÉ ANTONIO PAGOLA

MATEUS

Tradução de Lúcia Mathilde Endlich Orth

EDITORA VOZES
Petrópolis

© José Antonio Pagola / PPC Editorial y Distribuidora, 2011.

Tradução do original em espanhol intitulado
El camino abierto por Jesús – Mateo

Edição brasileira publicada sob licença de PPC Editorial y Distribuidora.

Direitos de publicação em língua portuguesa – Brasil:
2013, Editora Vozes Ltda.
Rua Frei Luís, 100
25689-900 Petrópolis, RJ
www.vozes.com.br
Brasil

Todos os direitos reservados. Nenhuma parte desta obra poderá ser reproduzida ou transmitida por qualquer forma e/ou quaisquer meios (eletrônico ou mecânico, incluindo fotocópia e gravação) ou arquivada em qualquer sistema ou banco de dados sem permissão escrita da editora.

CONSELHO EDITORIAL

Diretor
Volney J. Berkenbrock

Editores
Aline dos Santos Carneiro
Edrian Josué Pasini
Marilac Loraine Oleniki
Welder Lancieri Marchini

Conselheiros
Elói Dionísio Piva
Francisco Morás
Teobaldo Heidemann
Thiago Alexandre Hayakawa

Secretário executivo
Leonardo A.R.T. dos Santos

PRODUÇÃO EDITORIAL

Anna Catharina Miranda
Eric Parrot
Jailson Scota
Marcelo Telles
Mirela de Oliveira
Natália França
Priscilla A.F. Alves
Rafael de Oliveira
Samuel Rezende
Verônica M. Guedes

Editoração: Maria da Conceição B. de Sousa
Diagramação: Alex M. da Silva
Capa: Ignacio Molano / Estudio SM
Arte-finalização: Editora Vozes
Ilustração: Arturo Asensio

ISBN 978-85-326-4607-1 (Brasil)
ISBN 978-84-288-2292-3 (Espanha)

Este livro foi composto e impresso pela Editora Vozes Ltda.

Sumário

Apresentação, 7

Evangelho de Mateus, 11

1 O nome de Jesus (1,18-24), 15
2 Adorado pelos magos (2,1-12), 23
3 Preparar o caminho do Senhor (3,1-12), 31
4 O batismo de Jesus (3,13-17), 39
5 As tentações de Jesus (4,1-11), 47
6 Apelo à conversão (4,12-23), 55
7 Bem-aventuranças (5,1-12a), 63
8 Vós sois o sal da terra (5,13-16), 71
9 Amor ao inimigo (5,38-48), 79
10 Deus ou o dinheiro (6,24-34), 87
11 Construir sobre a rocha (7,21-27), 95
12 Amigo de pecadores (9,9-13), 103
13 Missão curadora (9,36–10,8), 111
14 Não tenhais medo (10,26-33), 119
15 Como seguir a Jesus (10,37-42), 127
16 Libertar a vida (11,2-11), 135
17 O Pai se revela aos simples (11,25-30), 143
18 Semear o Evangelho (13,1-17), 151
19 Parábolas de Jesus (13,24-43), 159

20 Um tesouro não descoberto (13,44-46), 167
21 Dai-lhes vós de comer (14,13-21), 175
22 Coragem, sou Eu! (14,22-33), 183
23 Jesus e a mulher pagã (15,21-28), 191
24 E vós, quem dizeis que Eu sou? (16,13-20), 199
25 Carregar a cruz (16,21-27), 207
26 Transfiguração de Jesus (17,1-9), 215
27 Reunidos no nome de Jesus (18,15-20), 223
28 Perdoar setenta vezes sete (18,21-35), 231
29 Deus é bom para todos (20,1-16), 239
30 As prostitutas vos precederão no Reino de Deus (21,28-32), 247
31 O risco de defraudar a Deus (21,33-43), 255
32 O convite de Deus (22,1-14), 263
33 A Deus o que é de Deus (22,15-21), 271
34 Amarás a Deus e a teu irmão (22,34-40), 279
35 Dizem e não fazem (23,1-12), 287
36 Vigiai! (24,37-44), 295
37 Com as lâmpadas acesas (25,1-13), 303
38 Não ao conservadorismo (25,14-30), 311
39 Um juízo surpreendente (25,31-46), 319
40 Crucificado (27,39-50), 327
41 Ressuscitado por Deus (28,1-10), 335
42 Eu estou convosco (28,16-20), 343

Índice litúrgico, 351

Índice temático, 355

APRESENTAÇÃO

Os cristãos das primeiras comunidades se sentiam antes de tudo seguidores de Jesus. Para eles, crer em Jesus Cristo é entrar no seu "caminho", seguindo seus passos. Um antigo escrito cristão, conhecido como Carta aos Hebreus, diz que é um "caminho novo e vivo". Não é o caminho transitado pelo povo de Israel no passado, mas um caminho "inaugurado por Jesus para nós" (Hb 10,20).

Este caminho cristão é um percurso que vai sendo feito, passo a passo, ao longo de toda a vida. Às vezes parece simples e fácil, outras vezes duro e difícil. No caminho há momentos de segurança e de alegria, como também horas de cansaço e desânimo. Caminhar seguindo as pegadas de Jesus é dar passos, tomar decisões, superar obstáculos, abandonar caminhos falsos, descobrir horizontes novos... Tudo faz parte do caminho. Os primeiros cristãos se esforçavam para percorrê-lo "com os olhos fixos em Jesus", pois sabiam que só Ele "inicia e consuma a fé" (Hb 12,2).

Infelizmente, o cristianismo, como é vivido hoje por muitos, não suscita "seguidores" de Jesus, mas só "adeptos de uma religião". Não gera discípulos que, identificados com seu projeto, se dispõem a abrir caminhos ao Reino de Deus, mas membros de uma instituição que cumprem de modo melhor ou pior suas obrigações religiosas. Muitos deles correm o risco de não conhecer jamais a experiência cristã mais originária e apaixonante: entrar pelo caminho aberto por Jesus.

A renovação da Igreja está exigindo de nós, hoje, que passemos de comunidades formadas em sua maioria por "adeptos" para comunidades de "discípulos" e "seguidores" de Jesus. Só assim vamos aprender a viver mais identificados com seu projeto, menos escravos de um passado nem sempre fiel ao Evangelho e mais livres de medos e imposições que podem impedir-nos de ouvir seu convite à conversão.

Será que a Igreja possui o vigor espiritual necessário para enfrentar os desafios do momento atual? Sem dúvida são muitos os fatores, tanto dentro como fora dela, que podem explicar esta mediocridade espiritual, mas provavelmente a causa principal esteja na falta de adesão vital a Jesus Cristo. Muitos cristãos não conhecem a energia dinamizadora que se encerra em Jesus, quando Ele é vivido e seguido por seus discípulos a partir de um contato íntimo e vital. Muitas comunidades cristãs nem sequer suspeitam a transformação que hoje mesmo se produziria nelas se a pessoa concreta de Jesus e seu Evangelho ocupassem o centro de sua vida.

Chegou o momento de reagir. Devemos esforçar-nos para colocar o relato de Jesus no coração dos que têm fé e no centro das comunidades cristãs. Precisamos fixar nosso olhar em seu rosto, sintonizar com sua vida concreta, acolher o Espírito que o anima, seguir sua trajetória de entrega ao Reino de Deus até a morte e deixar-nos transformar por sua ressurreição. Para tudo isto nada pode ajudar-nos mais do que adentrar no relato que os evangelistas nos oferecem.

Os quatro evangelhos constituem para os seguidores de Jesus uma obra de importância única e irrepetível. Não são livros didáticos que expõem uma doutrina acadêmica sobre Jesus. Também não são biografias redigidas para informar detalhadamente sobre sua trajetória histórica. Estes relatos nos aproximam de Jesus tal como Ele era, recordado com fé e com amor pelas primeiras gerações cristãs. Por um lado, encontramos neles o impacto causado por Jesus nos primeiros que se sentiram atraídos por Ele e o seguiram. Por outro lado, foram escritos para atrair novos discípulos em seu seguimento.

Por isso os evangelhos convidam a entrar num processo de mudança, de seguimento de Jesus e de identificação com seu projeto. São relatos de conversão e com essa mesma atitude devem ser lidos, pregados, meditados e guardados no coração de cada crente e no seio de cada comunidade cristã. A experiência de escutar juntos os evangelhos converte-se então na força mais poderosa que uma comunidade possui para sua transformação. Nesse contato vivo com o relato de Jesus, os crentes recebem luz e força para reproduzir hoje seu modo de vida e para abrir novos caminhos ao projeto do Reino de Deus.

Este livro traz o título *O caminho aberto por Jesus* e consta de quatro volumes, dedicados sucessivamente aos evangelhos de Mateus, de Marcos, de Lucas e de João. Foi elaborado com a finalidade de ajudar a entrar pelo caminho aberto por Jesus, centrando nossa fé no seguimento de sua pessoa. Em cada volume é proposto um achegar-se ao relato de Jesus, tal como é narrado e oferecido individualmente pelos evangelistas.

No comentário ao Evangelho seguimos o percurso projetado pelo evangelista, detendo-nos nas passagens que a Igreja propõe às comunidades cristãs, para serem proclamadas quando elas se reúnem para celebrar a Eucaristia dominical. Em cada passagem é oferecido o texto evangélico e cinco breves comentários com sugestões para aprofundar-se no relato de Jesus.

O leitor poderá comprovar que os comentários são redigidos a partir de chaves básicas: destacam a Boa Notícia de Deus anunciada por Jesus, fonte inesgotável de vida e de compaixão para todos; sugerem caminhos para segui-lo, reproduzindo hoje seu modo de vida e suas atitudes; oferecem sugestões para impulsionar a renovação das comunidades cristãs acolhendo seu Espírito; recordam seus apelos concretos a comprometer-nos no projeto do Reino de Deus no meio da sociedade atual; convidam para viver estes tempos de crise e incerteza arraigados na esperança em Cristo ressuscitado[1].

---

1. Pode ser consultada minha obra Jesus – Aproximação histórica. 5. ed. Petrópolis: Vozes, 2012, p. 489-510.

Ao escrever estas páginas pensei principalmente nas comunidades cristãs, tão necessitadas de ânimo e de um novo vigor espiritual; tive bem presente todos aqueles crentes simples nos quais Jesus pode acender uma fé nova. Mas quis também oferecer o Evangelho de Jesus aos que vivem sem caminhos para Deus, perdidos no labirinto de uma vida desconcertada ou instalados num nível de existência em que é difícil abrir-se ao mistério último da vida. Sei que Jesus pode ser para eles a melhor notícia.

Este livro nasce de minha vontade de recuperar a Boa Notícia de Jesus para os homens e mulheres do nosso tempo. Não recebi a vocação de evangelizador para condenar, mas para libertar. Não me sinto chamado por Jesus a julgar o mundo, mas para despertar esperança. Ele não me envia para apagar a mecha que se extingue, mas para acender a fé que está querendo brotar.

San Sebastián, 31 de julho de 2010.
Festa de Santo Inácio de Loyola

Evangelho de Mateus

O Evangelho de Mateus tem sido o mais lido e citado desde os primeiros séculos. Sempre gozou de um prestígio extraordinário e ocupa o primeiro lugar em todas as listas de evangelistas. Foi chamado "o Grande Evangelho", pois expõe de forma mais extensa que nenhum outro o ensinamento de Jesus ao longo de seus vinte e oito capítulos.

Não conhecemos com exatidão a data nem o lugar de sua composição. Provavelmente foi escrito na região de Antioquia da Síria, entre os anos 80 e 90, certamente depois da destruição de Jerusalém no ano 70. O escrito foi endereçado a cristãos provenientes do judaísmo, que se sentem "filhos de Abraão" e foram instruídos na lei de Moisés.

O Evangelho foi escrito num momento crítico. Destruído o templo no ano 70, os rabinos fariseus estão tratando de restaurar o judaísmo em torno da lei de Moisés, proclamada nas sinagogas. Ao mesmo tempo, os seguidores de Jesus estão estabelecendo comunidades cristãs entre os judeus da diáspora. Não são raros os conflitos e as tensões entre o "mundo da sinagoga", dirigido pelos fariseus, e o "movimento de Jesus", impulsionado por seus discípulos e seguidores.

Nesse momento crucial Mateus proclama que Jesus não é um falso profeta executado na cruz, mas o verdadeiro "Messias", ressuscitado por Deus, no qual a história de Israel alcança sua culminação; não é um mestre fracassado, mas o novo Moisés, portador de uma nova lei de vida; deste Jesus, o Cristo, está nascendo o "novo Israel", a Igreja convocada pelo Ressuscitado; destruído o templo, Jesus, o "filho amado de Deus", é a nova presença de Deus no mundo.

Vou assinalar brevemente algumas chaves para achegar-nos ao relato de Jesus segundo o Evangelho de Mateus.

• Apesar de ter sido rejeitado por seu próprio povo, Jesus é o cumprimento das promessas feitas por Deus a Israel. Mateus sublinha isso ao longo de todo seu Evangelho. A história de Israel é hoje para nós protótipo de uma humanidade que busca o cumprimento de seus anseios mais profundos, mas resiste à "novidade" de Cristo e se fecha à salvação que Deus nos oferece nele. Este é também hoje o nosso risco, inclusive no interior de nossas comunidades cristãs. O Evangelho de Mateus nos ajudará a descobrir a "novidade" de Cristo e a acolhê-lo com fé renovada.

• Jesus é a presença de Deus no meio de nós. Desde o começo nos foi dito que Jesus é o "Emanuel" anunciado por Isaías: o "Deus conosco". Mateus quer que leiamos seu Evangelho vendo em Jesus e em toda sua atuação a presença de Deus no meio de nós: em suas palavras escutamos a Palavra de Deus, em seus gestos experimentamos seu amor salvador. Quando o relato chega a seu ponto culminante, o Ressuscitado faz esta promessa inesquecível a seus discípulos: "Eu estarei convosco todos os dias até o fim do mundo". Não estamos sós nestes tempos difíceis. Deus nos acompanha a partir de Jesus. Por isso podemos encontrá-lo em sua comunidade de seguidores, pois, onde se reúnem dois ou três em seu nome, ali está Ele. E por isso devemos acolhê-lo nos pequenos, pois o que fazemos a eles estamos fazendo a Ele.

• Jesus é o Profeta da nova Lei. Mateus estrutura seu escrito em torno de cinco grandes discursos que constituem os pilares de seu Evangelho. Neles oferece o ensinamento fundamental de Jesus: o discurso da montanha (caps. 5–7); o discurso da missão (cap. 10); o discurso das parábolas do reino (cap. 13); o discurso sobre a Igreja (cap. 18) e o discurso sobre a espera do Dia final (caps. 24–25). Podemos dizer que o Evangelho de Mateus é um grande convite a acolher Jesus como único Mestre de vida. Ao longo do nosso percurso vamos aprendendo o mais essencial de sua mensagem, esforçando-nos para converter-nos em seus discípulos e seguidores.

• Jesus é o Messias, Filho de Deus, que convoca o novo Israel, chamado pelo evangelista "Igreja". Esta Igreja é a comunidade formada por aqueles que escutam o chamado de Jesus para segui-lo. Não é uma nova escola rabínica, nem é a religião de um povo ou dos membros de uma raça escolhida. É uma comunidade aberta a uma missão universal. Esta Igreja é de Cristo. É Ele que a constrói sobre a rocha que é Pedro. Nesta Igreja todos somos "discípulos", pois Cristo é o único Mestre do qual todos devemos aprender. Somos todos "irmãos", pois somos filhos e filhas de um só Pai, o Pai do céu. Nela se há de cuidar sobretudo dos "pequenos". Na Igreja deve ser praticada a correção fraterna e o perdão incondicional. No Evangelho de Mateus vamos descobrindo apelos, critérios e atitudes que podem impulsionar-nos a renovar nossas comunidades cristãs.

• O discurso da montanha nos oferece uma das chaves mais importantes para acolher a novidade de nossa fé. Já não temos de viver segundo a lei de Moisés, mas do Evangelho de Jesus proclamado nessa montanha que representa o novo Sinai. Em nosso percurso vamos procurar aprofundar-nos nas bem-aventuranças, verdadeiro programa para o discípulo de Jesus; gravaremos em nosso coração seu mandato do amor ao inimigo, o expoente mais diáfano e escandaloso do Evangelho; vamos deixar-nos interpelar por sua advertência: "Não podeis servir a Deus e ao dinheiro"; vamos atender a seu convite de sermos "sal" que dá novo sabor à vida, e de sermos "luz" capaz de iluminar também hoje o caminho do ser humano.

• O discurso das parábolas do reino despertará em nós o desejo de descobrir e viver o grande projeto do Reino de Deus que Jesus levava em seu coração. As parábolas do Tesouro Escondido e da Pérola Preciosa nos incentivarão a estar sempre abertos à surpresa do encontro com Deus. A Parábola do Fermento nos convidará a viver no meio da sociedade com a força transformadora do fermento. O relato do semeador nos ensinará a semear o Evangelho ao modo de Jesus. A Parábola do Joio e do Trigo nos fará aprender a viver sem condenar.

• Meditando os gestos de Jesus e escutando suas palavras, vamos aprendendo outros aspectos que configuram o modo de vida de quem entra pelo caminho aberto por Jesus. É um caminho que devemos percorrer dispostos a carregar a cruz, expulsando de nossa vida o medo, com o coração dos simples – aos quais se revela o Pai –, perdoando setenta vezes sete, aliviando o sofrimento, buscando em Jesus nosso descanso quando nos sentimos acabrunhados e oprimidos...

• No nosso percurso vamos encontrar também, no Evangelho de Mateus, parábolas nas quais Jesus nos convida a viver esperando sua vinda definitiva em atitude desperta e vigilante, com as lâmpadas acesas no meio da noite, arriscando nossos talentos sem cair no conservadorismo e preparando-nos para sermos julgados por nosso comportamento compassivo ou indiferente, diante dos necessitados que tenhamos encontrado em nosso caminho.

1
O nome de Jesus

O nascimento de Jesus Cristo ocorreu desta maneira: a mãe de Jesus estava prometida em casamento a José, mas, antes de viverem juntos, aconteceu que ela ficou grávida de um filho, por obra do Espírito Santo. José, seu esposo, que era um homem justo e não queria denunciá-la, decidiu repudiá-la em segredo. Mas, enquanto tomava essa decisão, apareceu-lhe em sonhos um anjo do Senhor que lhe disse: "José, filho de Davi, não tenhas medo de receber Maria como tua esposa, pois o que nela foi gerado vem do Espírito Santo. Ela dará à luz um filho e tu lhe porás o nome de Jesus. É Ele que salvará o povo de seus pecados".

Tudo isto aconteceu para que se cumprisse o que o Senhor havia dito pelo profeta: "Eis que a Virgem conceberá e dará à luz um filho, e o chamarão com o nome de Emanuel que significa 'Deus conosco'".

Quando José despertou, fez o que o anjo do Senhor lhe havia ordenado e levou Maria para casa como sua mulher (Mt 1,18-24).

Darás a ele o nome de Jesus

Entre os hebreus não se dava ao recém-nascido um nome qualquer, de forma arbitrária, pois o "nome", como em quase todas as culturas antigas, indica o ser da pessoa, sua verdadeira identidade, o que se espera dela.

Por isso o Evangelista Mateus tem tanto interesse em explicar desde o começo a seus leitores o significado profundo do nome daquele que vai ser o protagonista de seu relato. O "nome" desse menino que ainda não nasceu é "Jesus", que significa "Deus salva". Ele se chamará assim porque "salvará seu povo dos pecados".

No ano 70, Vespasiano, designado como novo imperador, enquanto estava sufocando a rebelião judaica, marcha para Roma, onde é recebido e aclamado com dois nomes: "Salvador" e "Benfeitor". O evangelista Mateus quer deixar as coisas bem claras. O "salvador" do qual o mundo necessita não é Vespasiano, mas Jesus.

Não é de nenhum imperador, nem de nenhuma vitória de um povo sobre o outro que a salvação virá a nós. A humanidade precisa ser salva do mal, das injustiças e da violência; precisa ser perdoada e reorientada para uma vida mais digna do ser humano. É esta a salvação que nos é oferecida em Jesus.

Mateus lhe atribui também um outro nome: "Emanuel". Sabe que ninguém foi chamado assim ao longo da história. É um nome chocante, absolutamente novo, que significa "Deus conosco". Um nome que atribuímos a Jesus, todos nós que cremos que, nele e a partir dele, Deus nos acompanha, nos abençoa e nos salva.

As primeiras gerações cristãs traziam o nome de Jesus gravado em seu coração e o repetiam constantemente. Recebiam o batismo em seu nome e se reuniam para orar em seu nome. Para Mateus, o nome de Jesus é uma síntese de sua fé e, para Paulo, não há nada maior. Segundo um dos primeiros hinos cristãos, "diante do nome de Jesus deve dobrar-se todo joelho" (Fl 2,10).

Depois de vinte séculos devemos nós cristãos aprender a pronunciar o nome de Jesus de maneira nova: com carinho e amor, com fé renovada e em atitude de conversão. Com seu nome em nossos lábios e em nosso coração podemos viver e morrer com esperança.

Deus está conosco

Hoje o Natal está tão desfigurado que parece quase impossível ajudar as pessoas a compreender o mistério que encerra. Talvez haja um caminho, mas cabe a cada um percorrê-lo. Não se trata de entender grandes explicações teológicas, mas de viver uma experiência interior humilde diante de Deus.

As grandes experiências da vida são uma dádiva, mas quase sempre só podem vivê-las aqueles que estão dispostos a recebê-las. Para viver a experiência do Filho de Deus feito homem é preciso preparar-se por dentro. O Evangelista Mateus vem dizer-nos que Jesus, o menino nascido em Belém, é o único que podemos chamar com toda verdade "Emanuel", que significa "Deus conosco". Mas o que quer dizer isto? Como podes tu "saber" que Deus está contigo?

É preciso que tenhas coragem de ficar a sós. Procura um lugar tranquilo e sossegado. Escuta-te a ti mesmo. Achega-te silenciosamente ao mais íntimo de teu ser. É provável que experimentes uma sensação tremenda de que só tu estás na vida; como estão longe todas essas pessoas que te rodeiam e às quais te sentes unido pelo amor. Amam-te muito, mas estão fora de ti.

Continua em silêncio. Talvez sintas uma impressão estranha: vives porque estás arraigado numa realidade imensa e desconhecida. Donde te chega a vida? O que há no fundo de teu ser? Se és capaz de "aguentar" um pouco mais em silêncio, provavelmente comeces a sentir um certo temor e, ao mesmo tempo, paz. Estás diante do mistério último de teu ser. Os crentes o chamam Deus.

Abandona-te a esse mistério com confiança. Deus te parece imenso e longínquo. Porém, se te abres a Ele, o sentirás próximo. Deus está em ti sustentando tua fragilidade e fazendo-te viver. Não é como as pessoas que te amam de fora. Deus está em teu próprio ser.

Segundo Karl Rahner, "esta experiência do coração é a única com a qual se pode compreender a mensagem de fé do Natal: Deus se fez homem". Nunca mais estarás sozinho. Ninguém está só. Deus está conosco. Agora sabes "algo" do Natal. Podes celebrá-lo, desfrutar dele e felicitar as pessoas. Podes alegrar-te com os teus e ser mais generoso com os que sofrem e vivem tristes. Deus está contigo.

Não precisamos de Deus entre nós?

Há uma pergunta que todos os anos me ronda desde que começo a observar pelas ruas os preparativos que anunciam a proximidade do Natal: o que pode haver ainda de verdade no fundo dessas festas tão degeneradas por interesses consumistas e por nossa própria mediocridade?

Não sou o único. Ouço muitas pessoas falar da superficialidade do Natal, da perda de seu caráter íntimo e familiar, da vergonhosa manipulação dos símbolos religiosos e de tantos excessos e despropósitos que deterioram hoje o Natal.

Mas, na minha opinião, o problema é mais profundo. Como pode celebrar o mistério de um "Deus feito homem" uma sociedade que vive praticamente de costas para Deus, e que destrói de tantas maneiras a dignidade do ser humano?

Como pode celebrar "o nascimento de Deus" uma sociedade na qual o célebre professor francês G. Lipovetsky, ao descrever a atual indiferença, pode dizer estas palavras: "Deus está morto, as grandes finalidades se extinguem, mas para todo o mundo isso dá na mesma, é essa a feliz notícia"?

Ao que parece, são muitas as pessoas para as quais dá exatamente no mesmo crer ou não crer, ouvir que "Deus está morto" ou que "Deus nasceu". Sua vida continua funcionando como sempre. Parece que não precisam mais de Deus.

E, no entanto, a história contemporânea já está nos obrigando a fazer algumas graves perguntas. Há algum tempo se falava da "morte de Deus"; hoje se fala da "morte do ser humano". Há alguns anos se proclamava "o desaparecimento de Deus"; hoje se anuncia "o desaparecimento do ser humano". Será que a morte de Deus não arrasta consigo de maneira inevitável a morte do ser humano?

Expulso Deus de nossas vidas, encerrados em um mundo criado por nós mesmos e que não reflete senão nossas próprias contradições e misérias, quem pode dizer-nos quem somos e o que realmente queremos?

Não é indispensável que Deus nasça de novo entre nós, que brote com nova luz em nossas consciências, que se abra caminho no meio de nossos conflitos e contradições?

Para encontrar-nos com esse Deus não é preciso ir muito longe. Basta achegar-nos silenciosamente a nós mesmos. Basta aprofundar-nos em nossas interrogações e anseios mais profundos.

Esta é a mensagem do Natal: Deus está perto de ti, onde estás, contanto que te abras a seu Mistério. O Deus inacessível se fez humano e sua proximidade misteriosa nos envolve. Em cada um de nós Deus pode nascer.

Acolher a Deus em um menino

O Natal é muito mais do que todo esse ambiente superficial e manipulado que se respira nesses dias em nossas ruas. Uma festa muito mais profunda e cheia de alegria do que os artifícios de nossa sociedade de consumo. Nós cristãos temos de recuperar o coração desta festa e descobrir, por trás de tanta superficialidade e atordoamento, o mistério que dá origem à nossa alegria.

Não entendemos o Natal se não sabemos fazer silêncio em nosso coração, abrir nossa alma ao mistério de um Deus que se aproxima de nós, acolher a vida que Ele nos oferece e saborear a festa da chegada de um Deus Amigo.

No meio de nosso viver cotidiano, às vezes tão enfadonho, apagado e triste, somos convidados à alegria. "Não pode haver tristeza quando nasce a vida" (São Leão Magno). Não se trata de uma alegria insípida e superficial, como a dos que estão alegres sem saber por quê. "Nós temos motivos para o júbilo radiante, para a alegria plena e para a festa solene: Deus se fez homem e veio habitar entre nós" (Leonardo Boff).

Há uma alegria da qual só podem desfrutar aqueles que se abrem à proximidade de Deus e se deixam atrair por sua ternura. Uma alegria que nos liberta de medos e desconfianças diante de Deus. Como temer um

Deus que se aproxima de nós como menino? Como fugir diante de quem se oferece a nós como um pequeno frágil e indefeso? Deus não veio armado de poder para impor-se aos humanos. Ele se aproximou de nós na ternura de uma criança que podemos fazer sorrir ou chorar.

Deus não é o Ser onipotente e poderoso que às vezes nós humanos imaginamos, encerrado na seriedade e no mistério de seu mundo inacessível. Deus é este menino entregue carinhosamente à humanidade, este pequeno que busca nosso olhar para alegrar-nos com seu sorriso. O fato de Deus se ter feito menino diz muito mais sobre Deus do que todas as nossas cavilações e especulações sobre seu mistério.

Se soubéssemos permanecer em silêncio diante deste Menino e acolher do fundo do nosso ser toda a proximidade e ternura de Deus, talvez entendêssemos por que o coração de um crente deve estar penetrado de uma alegria diferente: simplesmente porque Deus está conosco.

MARIA, A MÃE DE JESUS

Depois de um certo eclipse da devoção Mariana, provocado em parte por abusos e desvios notáveis, os cristãos voltam a interessar-se por Maria para descobrir seu verdadeiro lugar dentro da experiência cristã.

Não se trata de recorrer a Maria para escutar "mensagens apocalípticas" que ameaçam com castigos terríveis um mundo submerso na impiedade e na descrença, enquanto ela oferece sua proteção maternal aos que fazem penitência ou rezam determinadas orações.

Também não se trata de fomentar uma piedade que alimente secretamente uma relação infantil de dependência e fusão com uma mãe idealizada. Já faz tempo que a psicologia nos alertou sobre os riscos de uma devoção que exalta falsamente Maria como "Virgem e Mãe", favorecendo no fundo um desprezo pela "mulher real" como eterna tentadora do varão.

O primeiro critério para comprovar a "verdade cristã" de toda devoção a Maria é ver se esta devoção faz o crente fechar-se em si mesmo ou se o abre ao projeto de Deus; se o faz retroceder para uma relação infantil com uma "mãe imaginária", ou se o incentiva a viver sua fé de forma adulta e responsável em seguimento fiel a Jesus Cristo.

Os melhores esforços da mariologia atual tratam de levar os cristãos a uma visão de Maria como Mãe de Jesus Cristo, primeira discípula de seu Filho e modelo de vida autenticamente cristã.

Mais concretamente, Maria é hoje para nós modelo de acolhida fiel de Deus a partir de uma postura de fé obediente; exemplo de atitude serviçal a seu Filho e de preocupação solidária por todos que sofrem; mulher comprometida pelo "Reino de Deus", pregado e impulsionado por seu Filho.

Nestes tempos de cansaço e pessimismo descrente, Maria, com sua obediência radical a Deus e sua esperança confiante, pode conduzir-nos a uma vida cristã mais profunda e mais fiel a Deus.

Por conseguinte, a devoção a Maria não é um elemento secundário para alimentar a religião de pessoas "simples", inclinadas a práticas e ritos quase "folclóricos". Aproximar-nos de Maria é antes colocar-nos no melhor ponto para descobrir o mistério de Cristo e acolhê-lo. O Evangelista Mateus nos lembra Maria como a mãe do "Emanuel", isto é, a mulher que pode aproximar-nos de Jesus, "o Deus conosco".

2
ADORADO PELOS MAGOS

Jesus nasceu em Belém de Judá no tempo do Rei Herodes. Então, uns magos do Oriente se apresentaram em Jerusalém perguntando: "Onde está o Rei dos judeus que acaba de nascer? Porque vimos sua estrela no Oriente e viemos adorá-lo". Ao tomar conhecimento do fato, o Rei Herodes ficou alarmado e toda Jerusalém com Ele; convocou então os sumos sacerdotes e os escribas do país e perguntou-lhes onde devia nascer o Messias. Eles lhe responderam: "Em Belém de Judá, pois assim foi escrito pelo profeta: 'E tu, Belém, terra de Judá, de forma alguma és a menor das cidades de Judá, porque de ti sairá um chefe que será o pastor de meu povo Israel'".

Herodes chamou então secretamente os magos para que lhe informassem o tempo exato em que apareceu a estrela. Depois mandou-os a Belém, dizendo-lhes: "Ide e investigai bem sobre o menino, e, quando o tiverdes encontrado, avisai-me para que eu também vá adorá-lo". Eles, depois de ouvir o rei, se puseram a caminho e a estrela que tinham visto ia à frente deles guiando-os até parar sobre o lugar onde estava o menino. Quando viram a estrela encheram-se de grande alegria. Ao entrar na casa, viram o menino com Maria, sua mãe, e, prostrando-se, o adoraram. Abriram então seus cofres e lhe ofereceram presentes: ouro, incenso e mirra. Depois, avisados em sonho para não voltar a Herodes, voltaram para sua terra por outro caminho (Mt 2,1-12).

A QUEM ADORAMOS?

Os magos vêm do "Oriente", um lugar que evoca nos judeus a pátria da astrologia e de outras ciências estranhas. São pagãos. Não conhecem as Escrituras sagradas de Israel, mas sim a linguagem das estrelas. Buscam a verdade e se põem a caminho para descobri-la. Deixam-se guiar pelo mistério, pois sentem necessidade de "adorar".

Sua presença provoca um sobressalto em toda Jerusalém. Os magos viram brilhar uma estrela nova que os faz pensar que já nasceu "o rei dos judeus" e vêm "adorá-lo". Este rei não é Augusto. Também não Herodes. Onde está ele? Esta é a pergunta deles.

Herodes fica "sobressaltado". A notícia não lhe dá nenhuma alegria. Ele é que foi designado por Roma para ser o "rei dos judeus". É preciso então acabar com o recém-nascido: onde está este rival estranho? Por sua vez, os "sumos sacerdotes e escribas" conhecem as Escrituras sagradas e sabem que ele deve nascer em Belém, mas não se interessam pelo menino, nem se põem a caminho para adorá-lo.

É precisamente isto que Jesus vai encontrar ao longo de sua vida: hostilidade e rejeição nos representantes do poder político; indiferença e resistência nos dirigentes religiosos. Só aqueles que buscam o Reino de Deus e sua justiça o acolherão.

Os magos prosseguem em sua longa busca. Às vezes a estrela que os guia desaparece, deixando-os na incerteza. Depois torna a brilhar, enchendo-os de "imensa alegria". Por fim encontram-se com o Menino e, "caindo de joelhos, o adoram". Depois colocam a seu serviço as riquezas e os valiosos tesouros que possuem. Este Menino pode contar com eles, pois o reconhecem como Rei e Senhor.

Em sua aparente ingenuidade, esse relato levanta perguntas decisivas. Diante de quem nós nos ajoelhamos? Como se chama o "deus" que adoramos no fundo do nosso ser? Dizemos que somos cristãos, mas será que vivemos adorando o Menino de Belém? Colocamos a seus pés nossas riquezas e nosso bem-estar? Estamos dispostos a escutar seu chamado para entrar no Reino de Deus e sua justiça? Em nossas vidas há sempre alguma estrela que pode guiar-nos a Belém.

MATAR OU ADORAR

Herodes e sua corte representam o mundo dos poderosos. Tudo vale nesse mundo, desde que assegure o próprio poder: o cálculo, a estratégia e a mentira. Vale inclusive a crueldade, o terror, o desprezo ao ser humano e a destruição de inocentes. Parece um mundo grande e poderoso e se apresenta a nós como defensor da ordem e da justiça, mas é fraco e mesquinho, pois acaba sempre buscando o menino "para matá-lo".

Segundo o relato de Mateus, magos vindos do Oriente irrompem neste mundo de trevas. Alguns exegetas interpretam hoje a lenda evangélica recorrendo à psicologia do profundo. Os magos representam o caminho seguido por aqueles que escutam os anseios mais nobres do coração humano; a estrela que os guia é a nostalgia do divino; o caminho que percorrem é o desejo. Para descobrir o divino no humano, para adorar o menino em vez de buscar sua morte, para reconhecer a dignidade do ser humano em vez de destruí-la, é preciso percorrer um caminho oposto ao seguido por Herodes.

Não é um caminho fácil. Não basta ouvir o chamado do coração: é preciso pôr-se a caminho, expor-se, correr riscos. O gesto final dos magos é sublime. Não matam o Menino, mas o adoram. Inclinam-se respeitosamente diante de sua dignidade; descobrem o divino no humano. Esta é a mensagem de sua adoração ao Filho de Deus encarnado no Menino de Belém.

Podemos vislumbrar também o significado simbólico dos presentes que lhe oferecem. Com o ouro reconhecem a dignidade e o valor inestimável do ser humano: tudo deve ficar subordinado à sua felicidade; um menino merece que se ponham a seus pés todas as riquezas do mundo. O incenso resume o desejo de que a vida desse menino desabroche e sua dignidade se eleve até o céu: todo ser humano é chamado a participar da própria vida de Deus. A mirra é medicamento para curar a enfermidade e aliviar o sofrimento: o ser humano necessita de cuidados e consolo, não de violência e agressão.

Com sua atenção para com o frágil e sua ternura para com o humilhado, este Menino nascido em Belém introduzirá no mundo a magia do amor, única força de salvação que já desde agora faz tremer o poderoso Herodes.

Nossa incapacidade para adorar

O ser humano atual ficou em grande parte atrofiado para descobrir a Deus. Não que ele seja ateu. É que ele se tornou "incapaz de Deus". Quando um homem ou uma mulher só busca o amor sob formas decadentes, quando sua vida é movida exclusivamente por interesses egoístas de lucro e ganho, algo seca em seu coração.

Muitos vivem hoje um modo de vida que os oprime e empobrece. Envelhecidos prematuramente, endurecidos por dentro, sem capacidade de abrir-se a Deus por nenhum resquício de sua existência, caminham pela vida sem a companhia interior de ninguém.

O teólogo Alfred Delp, executado pelos nazistas, via neste "endurecimento interior" o maior perigo para o ser humano moderno: "Assim o homem deixa de alçar até as estrelas as mãos de seu ser. A incapacidade do ser humano atual de adorar, de amar e de venerar tem sua causa em sua excessiva ambição e no endurecimento de sua existência".

Esta incapacidade de adorar a Deus apoderou-se também de muitos crentes que só buscam um "Deus útil". Só lhes interessa um Deus que sirva para seus projetos individualistas. Assim Deus se converte em um "artigo de consumo" do qual se dispõe segundo nossas conveniências e interesses. Mas Deus não é isso. Deus é Amor infinito, encarnado em nossa própria vida. E, diante desse Deus, só nos cabe a adoração, o júbilo, a ação de graças.

Quando se esquece isto, o cristianismo corre o perigo de converter-se num esforço gigantesco de humanização, e a Igreja numa instituição sempre tensa, sempre oprimida, sempre com a sensação de não conseguir o êxito moral pelo qual luta e se esforça.

Mas a fé cristã é, antes de tudo, descobrir a bondade de Deus, experiência agradecida de que só Ele salva: o gesto dos magos diante do Menino de Belém expressa a atitude primordial de todo crente diante de Deus feito homem.

Deus existe. Está aí, no fundo de nossa vida. Somos acolhidos por Ele. Não estamos perdidos no meio do universo. Podemos viver com confiança. Diante de um Deus, do qual só sabemos que Ele é Amor, não cabe senão a alegria, a adoração e a ação de graças. Por isso, "quando um cristão pensa que já nem sequer é capaz de orar, deveria pelo menos ter alegria" (Ladislao Boros).

Aprender a adorar a Deus

Hoje se fala muito de crise de fé, mas dificilmente se diz algo sobre a crise do sentimento religioso. E, não obstante, como aponta algum teólogo, o drama do ser humano contemporâneo não é, talvez, sua incapacidade para crer, mas sua dificuldade para sentir Deus como Deus. Inclusive os mesmos que se dizem crentes parecem estar perdendo a capacidade de viver certas atitudes religiosas diante de Deus.

Um exemplo claro é a dificuldade para adorá-lo. Em tempos não muito distantes, parecia fácil sentir reverência e adoração diante da imensidade e do mistério insondável de Deus. É mais difícil hoje adorar a quem reduzimos a um ser estranho, incômodo e supérfluo.

Para adorar a Deus é necessário sentir-se criatura infinitamente pequena diante dele, mas infinitamente amada por Ele; admirar sua grandeza insondável e degustar sua presença próxima e amorosa que envolve todo o seu ser. A adoração é admiração. É amor e entrega. É abandonar nosso ser a Deus e permanecer em silêncio agradecido e alegre diante dele, admirando seu mistério a partir de nossa pequenez.

Nossa dificuldade para adorar provém de raízes diversas. Quem vive aturdido interiormente por todo tipo de ruídos e esfalfado por mil impressões passageiras, sem nunca deter-se diante do essencial, dificilmente encontrará "o rosto adorável" de Deus.

Por outro lado, para adorar a Deus é necessário deter-se diante do mistério do mundo e saber contemplá-lo com amor. Quem olha a vida amorosamente até o fundo começará a vislumbrar as pegadas de Deus antes que o suspeite.

Só Deus é adorável. Nem as coisas mais valiosas, nem as pessoas mais amadas são dignas de ser adoradas como Ele. Por isso só quem é livre interiormente pode adorar a Deus de verdade.

Esta adoração a Deus não afasta do compromisso. Quem adora a Deus luta contra tudo que destrói o ser humano que é sua "imagem sagrada". Quem adora o Criador respeita e defende sua criação. Adoração e solidariedade, adoração e ecologia estão intimamente unidas. Assim ficam claras as palavras do grande cientista e místico Teilhard de Chardin: "Quanto mais humano se torna o homem, mas experimentará a necessidade de adorar".

O relato dos magos nos oferece um modelo de autêntica adoração. Estes sábios sabem olhar o cosmos até o fundo, captar sinais, aproximar-se do Mistério e oferecer sua humilde homenagem a esse Deus encarnado em nossa existência.

Seguir a estrela

Estamos muito acostumados ao relato dos magos. Por outro lado, só hoje temos tempo para deter-nos a contemplar bem devagar as estrelas. Provavelmente não é só um assunto de tempo. Pertencemos a uma época em que é mais fácil ver a escuridão da noite do que os pontos luminosos que brilham no meio de qualquer treva.

Mesmo assim, não deixa de ser comovedor pensar naquele escritor cristão que, ao elaborar o relato dos magos, imaginou-os no meio da noite, seguindo a pequena luz de uma estrela. A narração revela a convicção profunda dos primeiros cristãos depois da ressurreição. Em Jesus cumpriram-se as palavras do Profeta Isaías: "O povo que andava nas trevas viu uma grande luz. Sobre os que habitavam numa terra de sombras, brilhou uma luz diante de seus olhos" (Is 9,1).

Seria uma ingenuidade pensar que nós estamos vivendo uma hora especialmente obscura, trágica e angustiosa. Será que não é precisamente esta obscuridade, frustração e impotência, que captamos nesses momentos, um dos traços que acompanham quase sempre o caminhar do ser humano ao longo dos séculos?

Basta abrir as páginas da história. Encontramos sem dúvida momentos de luz em que se anunciam grandes libertações, entreveem-se mundos novos, se abrem horizontes mais humanos. E depois, o que vem? Revoluções que criam novas escravidões, conquistas que provocam novos problemas, ideais que terminam em "meias-soluções", nobres lutas que acabam em "pactos medíocres". De novo as trevas.

Não é estranho ouvir dizer que "ser pessoa humana é muitas vezes uma experiência de frustração". Mas essa não é toda a verdade. Apesar de todos os fracassos e frustrações, o ser humano torna a recompor-se, torna a esperar, torna a pôr-se a caminho em direção a algo. Há no ser humano algo que o chama sempre de novo à vida e à esperança. Há sempre uma estrela que torna a acender-se.

Para os que creem, essa estrela sempre conduz a Jesus. O cristão não crê em qualquer messianismo. E por isso também não cai em qualquer desencanto. O mundo não é "um caso desesperado". Não está imerso em completa escuridão. O mundo está orientado para sua salvação. Deus será um dia o fim do exílio e das trevas. Luz total. Hoje só o vemos numa humilde estrela que nos guia até Belém.

3
PREPARAR O CAMINHO DO SENHOR

João Batista apareceu no deserto da Judeia pregando: "Convertei-vos, porque está próximo o Reino dos Céus. Pois este é aquele de quem falou o Profeta Isaías: 'Uma voz clama no deserto: Preparai o caminho do Senhor, aplainai suas veredas'". João usava uma veste de pele de camelo e um cinto de couro na cintura, alimentava-se de gafanhotos e mel silvestre. Vinha procurá-lo toda gente de Jerusalém, da Judeia e do Vale do Jordão. Confessavam seus pecados e ele os batizava no Jordão. Ao ver, porém, que muitos fariseus e saduceus vinham para o batismo, João lhes disse: "Raça de víboras, quem vos ensinou a fugir da ira que vem? Produzi, pois, frutos de verdadeira conversão. E não tenhais ilusões pensando: 'Abraão é nosso pai', pois eu vos digo que Deus é capaz de fazer nascer filhos de Abraão destas pedras. O machado já está posto à raiz das árvores e toda árvore que não dá bons frutos será cortada e lançada ao fogo. Eu vos batizo com água para que vos convertais, mas depois de mim virá aquele que pode mais do que eu e não mereço sequer carregar suas sandálias. Ele vos batizará no Espírito Santo e no fogo. Com a peneira na mão limpará seu terreiro e recolherá o trigo no celeiro, mas queimará a palha num fogo que não se apaga" (Mt 3,1-12).

EXORTAR À CONVERSÃO

Entre o outono do ano 27 e a primavera do ano 28 aparece no horizonte religioso da Palestina um profeta original e independente que provoca um forte impacto no povo. Seu nome é João. As primeiras gerações cristãs o viram sempre como o homem que preparou o caminho para Jesus.

Existe algo novo e surpreendente neste profeta. Ele não prega em Jerusalém como Isaías e outros profetas: vive afastado da elite do templo. Também não é um profeta da corte: move-se longe do palácio de Antipas. Dele se diz que é "uma voz que clama no deserto", um lugar que não pode ser facilmente controlado por nenhum poder.

Não chegam ao deserto os decretos de Roma nem as ordens de Antipas. Não se escuta ali o bulício do templo, nem se ouvem as discussões dos mestres da lei. Ao contrário, lá se pode ouvir a Deus no silêncio e na solidão. É o melhor lugar para iniciar a conversão a Deus preparando o caminho para Jesus.

Esta é precisamente a mensagem de João: "Convertei-vos": "preparai o caminho do Senhor, aplainai suas veredas". Este "caminho do Senhor" não são as estradas romanas por onde se locomovem as legiões de Tibério. Estas "veredas" não são os caminhos que levam ao templo. É preciso abrir caminhos novos ao Deus que chega com Jesus.

Esta é a primeira coisa que devemos fazer também hoje: converter-nos a Deus, voltar para Jesus, abrir-lhe caminhos no mundo e na Igreja. Não se trata só de um *aggiornamento* ou adaptação ao momento atual. É muito mais. É colocar a Igreja inteira em estado de conversão.

Isto não será fácil. Provavelmente será necessário muito tempo para colocar a compaixão no centro do cristianismo. Não será simples passar de uma "religião de autoridade" para uma "religião de chamado". Passarão anos até que nas comunidades cristãs se aprenda a viver para o Reino de Deus e sua justiça. Mudanças profundas serão necessárias para pôr os pobres no centro de nossa religião.

Não importa. Só se segue a Jesus em atitude de conversão. Uma conversão que nós mesmos temos de iniciar agora para transmiti-la como compromisso e como ânimo às gerações vindouras. Uma conversão que devemos alimentar e apoiar entre todos. Só uma Igreja em atitude de conversão é digna de Jesus.

Viver animados pelo espírito de Jesus

O Batista fala de modo bem claro: "Eu vos batizo com água", mas só isto não basta. É preciso acolher Alguém "que pode mais", que está cheio do Espírito de Deus: "Ele vos batizará no Espírito Santo e no fogo".

São muitos os "cristãos" que permaneceram na religião do Batista. Foram batizados com "água", mas não conhecem o batismo do "Espírito". Talvez o que todos nós precisamos em primeiro lugar é deixar-nos transformar pelo Espírito que mudou totalmente a Jesus. Como vive Jesus, cheio do Espírito de Deus, ao sair do Jordão?

Jesus se afasta do Batista e começa a viver a partir de um horizonte novo. Não se deve viver preparando-se para o juízo iminente de Deus. É o momento de acolher um Deus Pai que busca fazer da humanidade uma família mais justa e fraterna. Quem não vive a partir desta perspectiva ainda não sabe o que é ser cristão.

Movido por esta convicção, Jesus deixa o deserto e se dirige à Galileia para viver de perto os problemas e sofrimentos das pessoas. É aí, no meio da vida, que se deve sentir a Deus como "alguém bom": um Pai que atrai a todos para juntos buscarem uma vida mais humana. Quem não sente assim a Deus, não sabe como Jesus vivia.

Jesus abandona também a linguagem ameaçadora do Batista e começa a contar parábolas que nunca haviam ocorrido a João. O mundo há de saber como é bom este Deus que busca e acolhe seus filhos perdidos, porque só quer salvar, não condenar. Quem não fala esta linguagem de Jesus não está anunciando sua Boa Notícia.

Jesus abandona a vida austera do deserto e se dedica a fazer "gestos de bondade" que o Batista nunca havia feito. Cura enfermos, defende os pobres, toca os leprosos, acolhe em sua mesa pecadores e prostitutas, abraça meninos e meninas de rua. As pessoas têm que sentir a bondade de Deus em sua própria carne. Quem fala de um Deus bom e não faz os gestos de bondade que Jesus fazia desacredita sua mensagem.

Sem caminhos para Deus

São muitas as pessoas que não são crentes nem descrentes. Simplesmente se instalaram numa forma de vida na qual não pode aparecer a pergunta pelo sentido último da existência. Em vez de falar de descrença, deveríamos falar nestes casos de uma falta de condições indispensáveis para que a pessoa possa adotar uma postura crente ou descrente.

São homens e mulheres que carecem de uma "infraestrutura interior". Seu estilo de vida os impede de pôr-se em contato mais profundo consigo mesmos. Não chegam nunca ao fundo de seu ser. Não são capazes de escutar as perguntas que surgem de seu interior.

Não obstante, para adotar uma postura responsável diante do mistério da vida é indispensável chegar até o fundo de si mesmo, ser sincero e abrir-se à vida honestamente até o final.

Será que por trás da crise religiosa de muitas pessoas não se encerra com frequência uma crise anterior? Se tantos parecem afastar-se hoje de Deus, será que não é porque antes se afastaram de si mesmos e se instalaram num nível de existência onde Deus já não pode ser ouvido?

Quando alguém se contenta com um bem-estar feito de coisas, e seu coração está agarrado só às preocupações de ordem material, será que é possível fazer a si mesmo lucidamente a pergunta por Deus?

Quando uma pessoa vive buscando sempre a satisfação imediata e o prazer a qualquer preço, será que ela pode abrir-se com profundidade ao mistério último da existência?

Quando se vive privado de interioridade, esforçando-se para aparentar e ostentar uma determinada imagem de si mesmo diante dos outros, pode-se pensar sinceramente no sentido último da vida?

Quando uma pessoa vive sempre voltada para o exterior, perdendo-se nas mil formas de evasão e divertimento que esta sociedade oferece, pode ela encontrar-se realmente consigo mesma e perguntar-se por seu último destino?

"Preparai o caminho do Senhor": este clamor de João Batista não perdeu sua atualidade. Tenhamos ou não consciência disto, Deus está sempre vindo a nós. Podemos de novo encontrar-nos com Ele. A fé pode ser despertada outra vez em nosso coração. Mas primeiro devemos encontrar-nos conosco mesmos com mais profundidade e sinceridade.

Recuperar caminhos

É muito fácil manter-se na vida "sem caminhos" para Deus. Não é preciso ser ateu, nem recusar a Deus de maneira consciente. Basta seguir a tendência geral de nossos dias e instalar-nos na indiferença religiosa. Pouco a pouco, Deus desaparece do horizonte. Cada vez interessa menos. É possível recuperar hoje caminhos para Deus?

Talvez o primeiro a fazer seja recuperar "a bondade da religião". Abandonar caminhos ambíguos que conduzem a um Deus interessado e dominador, zeloso só de sua glória e de seu poder, para abrir-nos a um Deus que busca e deseja, desde agora e para sempre, o melhor para nós. Deus não é o Ser Supremo que esmaga e humilha, mas o Amor Santo que atrai e dá vida. As pessoas de hoje voltarão a Deus não empurradas pelo medo, mas atraídas por seu amor.

Ao mesmo tempo é necessário ampliar o horizonte de nossa vida. Estamos enchendo nossa vida de coisas e estamos ficando vazios por dentro. Vivemos informados de tudo, mas nem sabemos mais para onde orientar nossa vida. Achamos que somos as gerações mais inteligentes e progressistas da história, mas não sabemos entrar em nosso coração para adorar ou dar graças. Só nos aproximamos de Deus quando vamos procurar um espaço novo para existir.

Além disso, é importante buscar um "fundamento sólido" para a vida. Em que podemos apoiar-nos no meio de tanta incerteza e desconcerto? A vida é como uma casa: devemos cuidar da fachada e do telhado, mas o importante é construir sobre alicerce seguro. Afinal, sempre precisamos colocar nossa confiança última em algo ou em alguém. Será que não precisamos de Deus?

Para recuperar caminhos que levam a Ele precisamos aprender a calar. Não chegamos ao mais íntimo da existência quando vivemos agitados e tomados pelo medo, mas quando fazemos silêncio. Se a pessoa se recolhe e fica calada diante de Deus, cedo ou tarde seu coração começa a abrir-se. Pode-se viver encerrado em si mesmo, sem caminhos para nada novo e criador. Mas também se pode buscar novos caminhos que levam a Deus. A isto nos convida o Batista.

Sugestões

Cada vez me encontro com mais pessoas que, depois de muitos anos de afastamento de qualquer experiência religiosa, sentem hoje de novo a necessidade de crer num Deus vivo. Como encontrar-se com Ele? Eis a seguir algumas sugestões.

Antes de tudo deves valorizar esse desejo de Deus que há dentro de ti. Embora te sintas com poucas forças e teus desejos não podem ser traduzidos imediatamente em realidade, Deus conhece teu coração e também tua fraqueza. Ele te entende e está perto. Não te compares com outros. Tens que percorrer teu próprio caminho. Não importa teu passado. Agora o decisivo é que confies em Deus e em ti mesmo.

Pensa no melhor que há em tua vida. O que, apesar de todas as dificuldades e crises, te sustenta e te faz viver: o amor de teu esposo ou esposa, a alegria de teus filhos, os amigos, as experiências positivas, tudo isto te dá forças para sentir-te vivo. E no fundo de tudo isto está esse Deus a quem buscas.

Entra também dentro do teu coração e descobre o que há de bom dentro de ti. Não penses em análises psicológicas intermináveis. Também não precisas de muito tempo para fazer esta peregrinação a teu interior. Toma consciência de teus bons sentimentos, de tuas ações generosas e nobres, de teus desejos de viver com mais coerência e verdade. Dentro de ti e apesar de tua mediocridade, podes seguir escutando o chamado de Deus.

Podes dar outro passo. Lembra-te de alguma experiência religiosa que ficou gravada em teu coração, de algum momento importante de tua vida em que tenhas invocado a Deus de verdade, de alguma frase do Evangelho que não tenhas esquecido, do encontro com alguma pessoa crente que te causou impacto.

Se podes, tenta rezar. No começo não te sairá nada. Depois de tantos anos te parecerá algo estranho e artificial. Não necessitas de muitas palavras. Podes dizer a Deus: "Quero crer. Ajuda-me na minha fraqueza". Charles de Foucauld costumava repetir: "Meu Deus, se existes, faze com que eu te conheça".

E depois? Ninguém pode prever o que pode acontecer. Tua fé despertará de novo? Haverá uma mudança em tua vida? Ou tudo continuará igual? O importante é tua postura sincera de busca de Deus.

Seja como for, nunca deverás esquecer que, embora voltes à tua vida medíocre e rotineira de sempre, Deus continuará sempre aí, sustentando-te com amor. Ainda que não ouças todos os seus chamados, e tua fé continue a apagar-se, Deus não te abandonará. Essa é a Grande Notícia de Jesus: Deus não se afasta de nós, nem sequer quando pecamos contra Ele. Inclusive quando pecas, Deus está te perdoando e, se esse perdão não chega a ti, é só porque tu te fechas.

Lembra-te das palavras de João Batista: "Preparai o caminho do Senhor, aplainai suas veredas". Tu podes abrir-te mais a Deus. Um dia, não sabes a hora, talvez te encontres com o Deus vivo de Jesus Cristo. Poderás notá-lo ao sentir sua paz dentro de ti.

4
O BATISMO DE JESUS

Jesus veio da Galileia ao Jordão e apresentou-se a João para que o batizasse. Mas João tentava dissuadi-lo dizendo-lhe: "Eu é que devo ser batizado por ti e Tu vens a mim?" Jesus lhe respondeu: "Deixa agora, pois convém que assim cumpramos toda a justiça". Então João concordou. Depois de batizado, Jesus saiu logo da água. Nisso, os céus se abriram e ele viu o Espírito de Deus descer como uma pomba e pousar sobre Ele. E do céu veio uma voz que dizia: "Este é o meu Filho amado de quem eu me agrado" (Mt 3,13-17).

EXPERIMENTAR DEUS COMO PAI

Hanna Wolf, teóloga e psicoterapeuta alemã, afirma em um de seus trabalhos que Jesus foi a primeira pessoa na história que viveu e comunicou uma sã experiência de Deus, sem projetar sobre a divindade os medos, fantasmas e ambições dos seres humanos.

Algumas fontes cristãs falam certamente de uma experiência inicial na qual Jesus escuta do céu estas palavras: "Tu és meu filho amado". O relato é uma elaboração posterior, mas aponta para uma realidade fácil de constatar.

Jesus vive e sente Deus como Pai. Há um dado que surpreende os exegetas. Embora Jesus fale constantemente do "Reino de Deus" como símbolo central de sua mensagem, nunca invoca Deus como rei ou senhor, mas como "pai" (*abbá*). Não há nenhuma dúvida disto. Jesus não se apresenta diante de Deus como o faz um súdito diante do Imperador Tibério, ou um galileu diante do tribunal de Antipas. Confia-se ao mistério de Deus como um filho querido. Essa é a primeira atitude cristã diante de Deus.

Esta experiência de Deus como pai querido não encerra Jesus numa piedade individualista e excludente. Esse Pai é o Deus de todos os povos, o Pai carinhoso de todas as suas criaturas. Jesus o chama "Pai do céu" porque não está ligado a um lugar sagrado nem pertence a um povo ou a uma raça concreta. Não cabe em nenhuma religião. É o Deus de todos, inclusive daqueles que o esquecem. "Ele faz nascer seu sol sobre bons e maus". É a partir deste horizonte universal que Jesus vive Deus.

Jesus também não se encerra numa experiência egocêntrica de Deus. Ele não o busca para libertar-se de seus medos, compensar seus vazios ou desenvolver suas fantasias religiosas. O que Ele busca é unicamente que a justiça, a misericórdia e a bondade desse Pai contagie a todos e que a humanidade possa conhecer uma vida mais digna e mais própria de filhos e filhas de Deus.

Mas não é só isso. O Deus que Jesus nos mostra não está interessado, em primeiro lugar, no que pensamos dele ou como o experimentamos, mas como nos comportamos para com os que sofrem. Vivemos realmente como filhos e filhas de Deus quando reagimos como irmãos diante dos que não podem desfrutar de uma vida digna.

O espírito bom de Deus

Jesus não é um homem vazio nem disperso interiormente. Não age por aquelas aldeias da Galileia de maneira arbitrária, nem movido por qualquer interesse. Os evangelhos deixam claro desde o início que Jesus vive e atua movido pelo "Espírito de Deus".

Não querem que Ele seja confundido com qualquer "mestre da lei", preocupado em introduzir mais ordem no comportamento de Israel. Não querem que Ele seja identificado com um falso profeta, disposto a buscar um equilíbrio entre a religião do templo e o poder de Roma.

Além disso, os evangelistas querem que ninguém o equipare ao Batista. Que ninguém o veja como simples discípulo e colaborador daquele grande profeta do deserto. Jesus é "o Filho amado" de Deus. Sobre Ele "desce" o Espírito de Deus. Só Ele pode "batizar" com Espírito Santo".

Segundo toda a tradição bíblica, o "Espírito de Deus" é o alento de Deus que cria e sustenta toda a vida. É a força que Deus possui para renovar e transformar os viventes. Sua energia amorosa que busca sempre o melhor para seus filhos e filhas.

Por isso Jesus se sente enviado não para condenar, destruir ou maldizer, mas para curar, construir e abençoar. O Espírito de Deus o conduz a potenciar e melhorar a vida. Cheio desse "Espírito" bom de Deus, Ele se dedica a libertar as pessoas de "espíritos malignos", que não fazem senão danar, escravizar e desumanizar.

As primeiras gerações cristãs tinham bem claro na memória o que Jesus havia sido. Resumem assim a lembrança que Ele deixou gravada em seus seguidores: "Ungido por Deus com o Espírito Santo... passou pela vida fazendo o bem e curando todos os oprimidos pelo diabo, porque Deus estava com Ele" (At 10,38).

Que "espírito" nos anima hoje como seguidores de Jesus? Qual é a "paixão" que move sua Igreja? Qual é a "mística" que faz nossas comunidades viver e atuar? O que estamos incutindo no mundo? Se o Espírito de Jesus está em nós, vamos viver "curando" os oprimidos, deprimidos ou reprimidos pelo mal.

EXPERIÊNCIA PESSOAL

O encontro com João Batista foi para Jesus uma experiência que deu uma virada em sua vida. Depois do batismo no Jordão, Jesus já não volta mais a seu trabalho em Nazaré; também não adere ao movimento do Batista. Sua vida se concentra agora num único objetivo: proclamar a todos a Boa Notícia de um Deus que quer salvar o ser humano.

Mas o que transforma a trajetória de Jesus não são as palavras que Ele escuta dos lábios do Batista, nem o rito purificador do batismo. Jesus vive algo mais profundo. Sente-se inundado pelo Espírito do Pai. Reconhece a si mesmo como Filho de Deus. Sua vida consistirá doravante em irradiar e contagiar esse amor insondável de um Deus Pai.

Esta experiência de Jesus encerra também um significado para nós. A fé é um itinerário pessoal que cada um de nós deve percorrer. É muito importante, sem dúvida, o que escutamos desde a infância de nossos pais e educadores. Também é importante o que ouvimos de sacerdotes e pregadores. Mas, afinal, sempre temos de fazer-nos uma pergunta: em quem creio? Creio em Deus ou creio naqueles que me falam dele?

Não podemos esquecer que a fé é sempre uma experiência pessoal que não pode ser substituída pela obediência cega ao que nos dizem os outros. De fora podem orientar-nos para a fé, mas sou eu mesmo que devo abrir-me a Deus de maneira confiante.

Por isso, a fé também não consiste em aceitar, sem mais, um determinado conjunto de fórmulas. Ser crente não depende primordialmente do conteúdo doutrinal contido num catecismo. Tudo isso é certamente muito importante para configurar nossa visão cristã da existência. Mas, antes que isso, e dando sentido a tudo isto, está esse dinamismo interior que, de dentro, nos leva a amar, confiar e esperar sempre no Deus revelado em Jesus Cristo.

A fé tampouco é um capital que recebemos no batismo do qual podemos depois dispor tranquilamente. Não é algo adquirido como propriedade para sempre. Ser crente é viver permanentemente à escuta do Deus encarnado em Jesus, aprendendo a viver dia a dia de maneira mais plena e libertada.

Essa fé não consiste só de certezas. Ao longo da vida, o crente vive muitas vezes na escuridão. Como dizia aquele grande teólogo que foi Romano Guardini: "fé é ter suficiente luz para poder suportar as obscuridades". A fé é feita sobretudo de fidelidade. O verdadeiro crente sabe crer na escuridão o que viu em momentos de luz. Continua sempre buscando esse Deus que está muito além de todas as nossas fórmulas claras e obscuras. O Pe. De Lubac escrevia que "as ideias que nos fazemos de Deus são como as ondas do mar, sobre as quais o nadador se apoia para superá-las". O decisivo é a fidelidade ao Deus que vai se manifestando a nós em seu Filho Jesus Cristo.

RENOVAR O BATISMO

O batismo de Jesus nas águas do Jordão é um dos fatos mais comprovados pelos evangelistas. Jesus solidarizou-se com o movimento de conversão promovido pelo Batista, recebendo de suas mãos o batismo. Depois, ao sair das águas do Jordão, viveu uma experiência que o impulsionou a ir para a Galileia, a fim de começar sua própria missão.

Nas primeiras comunidades cristãs fala-se do "batismo de água" praticado pelo Batista e do "batismo do Espírito" introduzido por Jesus. Por isso, ao batizar-se, não o faziam para converter-se em discípulos de João Batista, mas para significar sua adesão ao Evangelho, sua abertura ao Espírito de Jesus e sua entrada na comunidade cristã.

Naturalmente, o batismo era normalmente a culminação de todo o processo de conversão e vinha expressar, de maneira viva, a aceitação consciente e responsável da fé cristã.

Hoje não é mais assim. Nós fomos batizados uns poucos dias depois do nosso nascimento, sem possibilidade alguma de que o batismo fosse um gesto pessoal nascido de nossa própria decisão. Esta prática de batizar as criancinhas foi introduzida bem cedo nas comunidades cristãs e, sem dúvida, tem um significado profundo na família cristã que deseja ver seu filho integrado na comunidade cristã.

Não obstante, e por legítimo que seja este costume multissecular, é evidente que implica graves riscos, se não adotamos uma postura responsável. O batismo das criancinhas não pode ser entendido como culminação de um processo de conversão. Só terá sentido se o considerarmos como o início de uma vida que deverá ser ratificada mais tarde.

O batismo que recebemos como crianças está exigindo de nós, adultos, uma confirmação na fé, uma ratificação pessoal. Sem ela, nosso batismo continua incompleto, como sinal vazio de conteúdo responsável, como chamado sem eco nem resposta verdadeira.

Seguir a própria vocação

Os relatos evangélicos não se detêm muito na descrição do batismo de Jesus. Dão mais importância à experiência vivida por Ele naquela hora, e que é, sem dúvida, determinante para sua atuação futura.

Jesus não voltará mais para sua casa de Nazaré. Também não permanecerá entre os discípulos do Batista. Animado pelo Espírito, começará uma vida nova, totalmente dedicada ao serviço de sua missão evangelizadora.

Podemos dizer que a hora do batismo foi para Jesus o momento privilegiado no qual Ele experimentou sua vocação profética: conscientizou-se de viver possuído pelo Espírito do Pai, e escutou o chamado a anunciar a seus filhos e filhas uma mensagem de salvação.

Seguir a própria vocação não é assunto de um grupo de homens e mulheres, chamados a viver uma missão privilegiada. Cedo ou tarde, todos nós temos que perguntar qual é a razão última de nosso viver cotidiano, e para que começamos um novo dia cada amanhecer. Não se trata de descobrir grandes coisas. Simplesmente saber que nossa pequena vida pode ter um sentido para os outros, e que nosso viver cotidiano pode ser vida para alguém.

Não se trata tampouco de escutar um dia um chamado definitivo. O sentido da vida deve ser descoberto ao longo dos dias, manhã pós manhã. Em toda vocação há algo de incerto. Sempre nos é pedida uma atitude de busca, de disponibilidade e de abertura.

Só na medida em que uma pessoa vai respondendo com fidelidade à sua missão, ela vai descobrindo, precisamente a partir dessa resposta, todo o horizonte de exigências e promessas que se encerra em seu trabalho cotidiano.

Vivemos frequentemente um ritmo de vida, trabalho e ocupações que nos atordoa, distrai e desumaniza. Fazemos muitas coisas ao longo da vida, mas será que sabemos exatamente por que e para quê? Movemo-nos constantemente de um lado para o outro, mas será que sabemos para onde caminhar? Escutamos muitas vozes, sinais e chamados, mas será que somos capazes de escutar a voz do Espírito que nos convida a viver com fidelidade nossa missão de cada dia?

5
AS TENTAÇÕES DE JESUS

Jesus foi levado ao deserto pelo Espírito para ser tentado pelo diabo. E, depois de jejuar quarenta dias e quarenta noites, teve fome. Aproximou-se então o tentador e disse: "Se és o filho de Deus, manda que estas pedras se transformem em pão". Mas Jesus respondeu: "Está escrito: 'Não é só de pão que vive o ser humano, mas de toda palavra que sai da boca de Deus'". O diabo o levou então para a Cidade Santa, colocou-o no ponto mais alto do Templo e lhe falou: "Se és filho de Deus, joga-te daqui para baixo, porque está escrito: 'A teu respeito ordenou a seus anjos e eles te carregarão nas mãos, para não tropeçares em alguma pedra'. Jesus lhe disse: "Também está escrito: 'Não tentarás o Senhor teu Deus'". O diabo o levou ainda a um monte muito alto, mostrou-lhe os reinos do mundo com sua glória e lhe disse: "Tudo isto te darei se, prostrado, me adorares". Então Jesus lhe disse: "Afasta-te, satanás, porque está escrito: 'Adorarás o Senhor teu Deus e só a Ele servirás'". Então o diabo o deixou e anjos se aproximaram para servi-lo (Mt 4,1-11).

FIÉIS A JESUS NO MEIO DAS TENTAÇÕES

Os cristãos da primeira geração imediatamente se interessaram muito pelas "tentações" de Jesus. Não queriam esquecer o tipo de conflitos e lutas que Jesus teve de superar para manter-se fiel a Deus. Ajudava-os a não desviar-se de sua única tarefa: construir um mundo mais humano seguindo os passos de Jesus.

O relato é surpreendente. No "deserto" pode-se escutar a voz de Deus, mas também se pode sentir a atração de forças obscuras que nos afastam dele. O "diabo" tenta Jesus empregando a Palavra de Deus e apoiando-se em salmos que se rezam em Israel: até no interior da religião pode-se esconder a tentação de distanciar-nos de Deus.

Na primeira tentação, Jesus resiste em utilizar a Deus para "converter" as pedras em pão. A primeira coisa de que necessita uma pessoa é comer, mas "não só de pão vive o homem". O anseio do ser humano não se apaga só alimentando seu corpo. Necessita de muito mais.

Para libertar da miséria, da fome e da morte aqueles que não têm pão devemos precisamente despertar a fome de justiça e de amor no mundo desumanizado dos satisfeitos.

Na segunda tentação, o diabo sugere a Jesus, do alto do Templo, buscar segurança em Deus. Poderá viver tranquilo, "sustentado por suas mãos", e caminhar sem tropeços nem riscos de nenhum tipo. Jesus reage: "Não tentarás o Senhor teu Deus".

É diabólico organizar a religião como um sistema de crenças e práticas que dão segurança. Não se constrói um mundo mais humano refugiando-se cada um em sua própria religião. É necessário assumir às vezes compromissos arriscados, confiando em Deus como Jesus.

A última cena é impressionante. Jesus está olhando o mundo do alto da montanha. A seus pés se apresentam "todos os reinos", com seus conflitos, guerras e injustiças. Aí quer Ele introduzir o reino da paz e da justiça de Deus. O diabo, pelo contrário, lhe oferece poder e glória se, prostrado, o adorar.

A reação de Jesus é imediata: "Adorarás o Senhor teu Deus". O mundo não se humaniza com a força do poder. Não é possível impor o poder sobre os outros sem servir ao diabo. Aqueles que seguem a Jesus buscando poder e glória vivem "ajoelhados" diante do diabo. Não adoram o verdadeiro Deus.

As tentações da Igreja de hoje

A primeira tentação acontece no "deserto". Depois de um longo jejum, dedicado ao encontro com Deus, Jesus sente fome. É então que o tentador lhe sugere atuar pensando em si mesmo, esquecendo o projeto do Pai: "Se és o Filho de Deus, ordena que estas pedras se convertam em pão". Jesus, desfalecido, mas cheio do Espírito de Deus, reage: "Nem só de pão vive o ser humano, mas de toda palavra que sai da boca de Deus". Ele não viverá buscando seu próprio interesse. Não será um Messias egoísta. Multiplicará os pães quando os pobres estiverem passando fome. Ele se alimentará da Palavra viva de Deus.

Sempre que a Igreja busca seu próprio interesse, esquecendo-se do projeto do Reino de Deus, ela se desvia de Jesus. Sempre que nós cristãos antepomos nosso bem-estar às necessidades dos últimos nos afastamos de Jesus.

A segunda tentação ocorreu no "templo". O tentador propõe a Jesus fazer sua entrada triunfal na cidade santa, descendo do alto como Messias glorioso. A proteção de Deus estará assegurada. Seus anjos "cuidarão" dele. Jesus reage rapidamente: "Não tentarás o Senhor teu Deus". Ele não será um Messias triunfador. Não colocará Deus a serviço de sua glória. Não fará "sinais do céu". Só sinais para curar enfermos.

Sempre que a Igreja coloca Deus a serviço de sua própria glória e "desce do alto" para mostrar sua própria dignidade, ela se desvia de Jesus. Quando nós seguidores de Jesus buscamos mais "nos dar bem" do que "fazer o bem", também nos afastamos dele.

A terceira tentação sucede numa "montanha altíssima". Dela se divisam todos os reinos do mundo. Todos estão controlados pelo diabo que faz a Jesus uma oferta assombrosa: ele lhe dará todo o poder do mundo, mas com uma condição: "se te prostras e me adoras". Jesus reage violentamente: "Vai-te, satanás". "Só ao Senhor, teu Deus, adorarás". Deus não o chama para dominar o mundo como o imperador de Roma, mas para servir aos que vivem oprimidos por seu império. Jesus não será um Messias dominador, mas servidor. O Reino de Deus não se impõe com poder, mas se oferece com amor.

A Igreja tem que afugentar hoje todas as tentações de poder, de glória ou dominação, gritando com Jesus: "Vai-te, satanás". O poder mundano é uma oferta diabólica. Quando nós cristãos o buscamos, nos afastamos de Jesus.

Nossos erros

Toda pessoa que não quer viver alienada deve manter-se lúcida e vigilante diante dos possíveis erros que pode cometer na vida. Uma das contribuições mais válidas de Jesus é poder oferecer a quem o conhece e segue a possibilidade de ser cada dia mais humano. Em Jesus podemos ouvir o grito de alerta diante dos graves erros em que podemos cair ao longo da vida.

O primeiro erro consiste em fazer da satisfação das necessidades materiais o objetivo absoluto de nossa vida; pensar que a felicidade última do ser humano se encontra na posse e no desfrute dos bens.

Segundo Jesus, essa satisfação das necessidades materiais, mesmo sendo muito importante, não é suficiente. O homem e a mulher vão se tornando humanos à medida que aprendem a escutar a Palavra do Pai que os chama a viver como irmãos. Descobrem então que ser humano é compartilhar e não possuir; dar e não açambarcar; criar vida, e não explorar o irmão.

O segundo erro consiste em buscar o poder, o êxito ou o triunfo pessoal acima de tudo e a qualquer preço, inclusive sendo infiel à própria missão e tornando-se escravo das idolatrias mais ridículas.

Segundo Jesus, a pessoa acerta não quando busca seu próprio prestígio e poder, na competição e na rivalidade com os demais, mas quando é capaz de viver no serviço generoso e desinteressado aos irmãos.

O terceiro erro consiste em tratar de resolver o problema último da vida sem riscos, lutas nem esforços, utilizando interessadamente Deus de maneira mágica e egoísta.

Segundo Jesus, entender assim a religião é destruí-la. A verdadeira fé não conduz à passividade, à evasão e ao absenteísmo diante dos problemas. Ao contrário, quem entendeu um pouco o que é ser fiel a um Deus, Pai de todos, arrisca-se cada dia mais na luta pela construção de um mundo mais digno e justo para todos.

Perdidos na abundância

Um dos traços das sociedades avançadas é o excesso, a desmesura, a profusão de ofertas, a multiplicação de possibilidades. Tudo nos é oferecido e podemos provar de tudo. Não é fácil viver assim. Atraídos por mil anúncios, podemos acabar aturdidos e sem capacidade de cuidar e alimentar o essencial.

Os centros comerciais e hipermercados expõem um sortimento incrível de produtos. Os restaurantes oferecem cardápios e menus com todo tipo de combinações. Podemos selecionar entre um número cada vez mais amplo de canais de televisão. As agências nos propõem todo tipo de viagens e experiências. A internet nos abre o caminho para um mundo ilimitado de imagens, impressões e contatos.

Por outro lado, jamais a informação foi tão invasora. Ela nos acabrunha com dados, estatísticas e previsões. As notícias se sucedem com tanta rapidez que não nos deixam refletir com calma sobre elas. Supersaturada de informação, nossa consciência fica atraída por tudo e por nada. É cada vez mais fácil cair na indiferença e na passividade.

Todo este clima tem suas consequências. Muitas pessoas atendem sobretudo às necessidades artificiais, ao mesmo tempo em que descuidam do essencial. Vivem mais para o mundo exterior, voltadas para as novidades externas, ignorando quase tudo do mundo interior. O excesso de informação e a hipersolicitação do consumismo dissolvem a força das convicções. São muitos os que vivem entretidos no anedótico, sem projeto nem ideal algum. Pouco a pouco, as pessoas se tornam mais frágeis e inconsistentes. Tudo é problema, inclusive as coisas mais elementares: dormir, sair de férias, engordar, envelhecer.

Às vezes de maneira vaga e difusa, outras vezes de forma mais clara e precisa, muitas pessoas se decepcionam e desencantam ao experimentar que este estilo de vida despersonaliza, esvazia interiormente e torna incapaz de crescer de maneira sadia. Nessa insatisfação pode estar o começo da salvação, pois pode ajudá-las a escutar as palavras de Jesus: "Não só de pão vive o ser humano, mas de toda palavra que sai da boca de Deus". São uma advertência a reagir. Não basta estar entretido, funcionar sem alma e viver só de pão. Necessitamos da Palavra vivificadora que nos chega de Deus. Saberemos escutá-la?

Queremos continuar assim?
É próprio de nossa "sociedade consumista" não só consumir o necessário para a vida, mas consumir sobretudo e fundamentalmente bens supérfluos. Este é o fato decisivo que move basicamente a política e a economia. O importante é "fomentar o crescimento" para que suba cada vez mais o nível de consumo". É o que esperam todos os cidadãos.

Tudo gira em torno desse consumo de bens supérfluos. Os indivíduos aprenderam a cifrar seu êxito, sua felicidade e até sua personalidade em possuir tal modelo de carro ou vestir tal marca de roupa. É o modo natural de viver. Neste consumo "vivemos, nos movemos e existimos".

Mas, será que sabemos o que estamos fazendo? Queremos continuar consumindo desta maneira? É este o melhor estilo de vida numa sociedade progressista? Não precisamos mudar e humanizar um pouco mais a nossa vida?

O primeiro a fazer talvez seja tomar consciência desta situação. É um primeiro passo, mas importante. Por que compro tantas coisas? É para estar à altura dos amigos e conhecidos? Para demonstrar a mim mesmo e aos outros que sou "alguém"? Para que se veja que triunfei?

Podemos perguntar-nos também se somos livres ou escravos. Sou dono de minhas decisões, ou compro o que me dita a publicidade? Adquiro o que me ajuda a viver de maneira digna e feliz, ou estou enchendo minha vida de coisas inúteis? Sei boicotar anúncios que tratam de manipular-me de maneira torpe e degradante, ou sou um dos que são "escravos satisfeitos" que se vangloriam desta ou daquela marca?

Devemos perguntar-nos principalmente se este consumismo tão irresponsável nos parece justo. Nada mais é bastante para se viver bem. Continuamos criando necessidades sempre novas, e nunca nos sentimos satisfeitos. Ao mesmo tempo, milhões de seres humanos não têm o necessário para sobreviver. O que pensar de tudo isto? Não é injusto e estúpido? Não é cruel?

"Não só de pão vive o ser humano": estas palavras de Jesus não são uma exortação piedosa para crentes, mas encerram uma verdade que todos nós precisamos ouvir.

6
APELO À CONVERSÃO

Ao ouvir que João fora preso, Jesus retirou-se para a Galileia. Deixando Nazaré, veio morar em Cafarnaum à beira-mar nos limites de Zabulon e Neftali, para que se cumprisse o que foi dito pelo Profeta Isaías: "Terra de Zabulon e terra de Neftali, caminho do mar, região da Transjordânia, Galileia dos pagãos. O povo que estava nas trevas viu uma grande luz e para os que moravam na região escura da morte brilhou uma luz".

Então Jesus começou a pregar e a dizer: "Convertei-vos, pois o Reino dos Céus está próximo". Caminhando ao longo do Mar da Galileia, viu dois irmãos: Simão, chamado Pedro, e André, seu irmão, que estavam lançando a rede ao mar, pois eram pescadores. Jesus lhes disse: "Vinde comigo e eu farei de vós pescadores de homens". Deixando imediatamente as redes, eles o seguiram. Indo mais adiante viu outros dois irmãos: Tiago filho de Zebedeu e João, seu irmão. Juntamente com seu pai Zebedeu, consertavam as redes no barco. Jesus os chamou também. Eles prontamente deixaram o barco e o pai e o seguiram.

Jesus percorria toda a Galileia, ensinando nas sinagogas, pregando o Evangelho do reino e curando toda doença e enfermidade do povo (Mt 4,12-23).

A PRIMEIRA PALAVRA DE JESUS

O Evangelista Mateus cuida muito do cenário em que Jesus vai fazer sua aparição pública. Apaga-se a voz do Batista e começa-se a escutar a nova voz de Jesus. Desaparece a paisagem seca e sombria do deserto e ocupa o centro o verdor e a beleza da Galileia. Jesus abandona Nazaré e se desloca para Cafarnaum, à margem do lago. Tudo sugere o aparecimento de uma vida nova.

Mateus nos lembra que estamos na "Galileia dos pagãos". Já sabe que Jesus pregou nas sinagogas judaicas daquelas aldeias e não se moveu entre pagãos. Mas a Galileia é encruzilhada de caminhos; Cafarnaum, uma cidade aberta ao mar. Daqui chegará a salvação para todos os povos.

Naquele momento, a situação é trágica. Inspirando-se num texto do Profeta Isaías, Mateus vê que "o povo está nas trevas". Sobre a terra "há escuridão de morte". Reina a injustiça e o mal. A vida não pode crescer. As coisas não são como Deus quer. Aqui não reina o Pai.

Mas, no meio das trevas, o povo vai começar a ver "uma grande luz". Entre a escuridão de morte "começa a brilhar uma luz". Jesus é sempre isso: uma grande luz que brilha no mundo.

Segundo Mateus, Jesus começa sua pregação com um apelo: "Convertei-vos". Esta é sua primeira palavra. É a hora da conversão, hora de abrir-se ao Reino de Deus. Não ficar "sentados nas trevas", mas "caminhar na luz".

Dentro da Igreja há uma "grande luz". É Jesus. Nele Deus se revela a nós. Não devemos ocultá-lo com nosso protagonismo. Não devemos suplantá-lo com nada. Não devemos convertê-lo em doutrina teórica, em teologia fria ou em palavra enfadonha. Se a luz de Jesus se apaga, nós cristãos nos converteremos no que tanto temia Jesus: em "cegos que guiam outros cegos".

Por isso também hoje é essa a primeira palavra que devemos escutar: "Convertei-vos". Recuperai vossa identidade cristã; voltai a vossas raízes; ajudai à Igreja a passar a uma nova etapa de cristianismo mais fiel a Jesus; vivei com nova consciência de seguidores; colocai-vos a serviço do Reino de Deus.

Em que devemos mudar?

Não é difícil resumir a mensagem de Jesus: Deus não é um ser indiferente e longínquo que vive em seu mundo, só interessado em sua honra e seus direitos. É alguém que busca o melhor para todos. Sua força salvadora está agindo no mais íntimo da vida. Ele só quer a colaboração de suas criaturas para conduzir o mundo à sua plenitude. "O Reino de Deus está próximo. Mudai".

Mas, o que é colaborar no projeto de Deus? Em que devemos mudar? O apelo de Jesus não se dirige só aos "pecadores" para que abandonem sua conduta e se pareçam um pouco mais com os que já observam a lei de Deus. Não é isso que o preocupa. Jesus se dirige a todos, pois todos têm que aprender a atuar de maneira diferente. Seu objetivo não é que em Israel se viva uma religião mais fiel a Deus, mas que seus seguidores introduzam no mundo uma nova dinâmica: a que corresponde ao projeto de Deus. Vou assinalar os pontos-chave dessa dinâmica.

Primeiro. A compaixão deve ser sempre o princípio de atuação. É preciso introduzir compaixão no mundo para com os que sofrem: "Sede compassivos como vosso Pai". Não bastam belas palavras que falam de justiça, igualdade ou democracia. Sem compaixão para com os últimos não somos nada. Sem ajuda prática aos desgraçados desta terra não há progresso humano.

Segundo. A dignidade dos últimos deve ser a primeira meta. "Os últimos serão os primeiros". É preciso imprimir na história uma nova direção. É preciso direcionar a cultura, a economia, as democracias e as igrejas tendo em vista os que não podem viver de maneira digna.

Terceiro. Deve ser impulsionado um processo de cura que liberte a humanidade do que a destrói e degrada: "Ide e curai". Jesus não encontrou uma linguagem melhor. O decisivo é curar, aliviar o sofrimento, sanar a vida, construir uma convivência orientada para uma vida mais sadia, digna e feliz para todos, uma vida que alcançará sua plenitude no encontro definitivo com Deus.

Esta é a herança de Jesus. Nunca, em parte alguma, se construirá a vida tal como Deus a quer, se não for libertando os últimos de sua humilhação e sofrimento. Nunca será abençoada por Deus uma religião, seja qual for, se ela não buscar justiça para eles.

Nunca é tarde

Não gostamos de falar de conversão. Quase instintivamente pensamos em algo triste, penoso, muito ligado à penitência, à mortificação e à ascese. Um esforço quase impossível para o qual não nos sentimos dispostos nem com forças.

No entanto, se nos detivermos diante da mensagem de Jesus, vamos escutar, antes de mais nada, um apelo alentador para mudar nosso coração e aprender a viver de uma maneira mais humana, porque Deus está perto e quer sanar nossa vida.

A conversão de que fala Jesus não é algo forçado. É uma mudança que vai crescendo em nós à medida que vamos tomando consciência de que Deus é alguém que quer fazer nossa vida mais humana e feliz.

Porque converter-se não é, antes de tudo, tentar fazer tudo melhor, mas saber que nos encontramos com esse Deus que nos quer melhores e mais humanos. Não se trata só de "tornar-se uma boa pessoa", mas de voltar àquele que é bom conosco.

Por isso, a conversão não é algo triste, mas a descoberta da verdadeira alegria. Não é deixar de viver, mas sentir-nos mais vivos do que nunca. Descobrir para onde temos de viver. Começar a intuir tudo o que significa viver.

Converter-se é algo prazeroso. É limpar nossa mente de egoísmos e interesses que minimizam nosso viver cotidiano. Libertar o coração de angústias e complicações criadas por nosso afã de poder e possuir. Libertar-nos de objetos dos quais não precisamos e viver para pessoas que precisam de nós.

Alguém começa a converter-se quando descobre que o importante não é perguntar-se como posso ganhar mais dinheiro, mas como posso ser mais humano; não como posso chegar a conseguir algo, mas como posso chegar a ser eu mesmo.

Quando ouvimos o apelo de Jesus: "Convertei-vos, porque está próximo o Reino de Deus", pensemos que nunca é tarde para converter-nos, porque nunca é tarde para amar, nunca é tarde para ser mais feliz, nunca é tarde demais para deixar-nos ser perdoados e renovados por Deus.

Perdidos na crise religiosa

Vivemos tempos de crise religiosa. Parece que a fé vai ficando como que afogada na consciência de não poucas pessoas, reprimida pela cultura moderna e pelo estilo de vida da humanidade de hoje. Mas, ao mesmo tempo, é fácil observar que de novo desperta em muitas pessoas a busca de sentido, o anseio por uma vida diferente, a necessidade de um Deus Amigo.

É verdade que se difunde entre nós um ceticismo generalizado diante dos grandes projetos e das grandes palavras. Já não encontram eco os discursos religiosos que oferecem "salvação" ou "redenção". Diminuiu, a ponto de quase desaparecer, a própria esperança de que realmente se possa ouvir em algum lugar uma Boa Notícia para a humanidade.

Ao mesmo tempo cresce em não poucos a sensação de que perdemos a direção certa. Alguma coisa afunda sob nossos pés. Estamos ficando sem metas nem pontos de referência. Achamos que podemos solucionar "problemas", mas somos cada vez menos capazes de resolver "o problema" da vida. Será que não estamos mais necessitados do que nunca de salvação?

Vivemos também tempos de "fragmentação". A vida se atomizou. Cada um vive em seu compartimento. Já está bem longe aquele humanismo que buscava a verdade e o sentido de totalidade. Hoje não se escuta a quem sabe da vida, mas ao especialista que sabe muito sobre uma parcela, mas ignora tudo sobre o sentido da vida.

Ao mesmo tempo, muitas pessoas começam a sentir-se mal neste mundo vertiginoso de dados, informações e cifras. Não podemos evitar as interrogações eternas do ser humano: donde viemos, para onde vamos, onde podemos encontrar um sentido último para a vida?

Vivemos também tempos de pragmatismo científico. O ser humano moderno decidiu (não se sabe por quê) que só existe o que pode ser comprovado pela ciência. Nada mais. O que escapa à ciência, simplesmente não existe. Naturalmente, nesta hipótese tão simples como pouco científica, Deus não tem cabimento e a fé religiosa permanece relegada ao mundo defasado dos não progressistas.

Contudo, já são muitos aqueles que vão tomando consciência de que esta suposição tem pouca consistência, pois não corresponde à realidade. A vida não é uma "grande máquina", nem o ser humano só "uma peça" de um mundo que pode ser desentranhado pela ciência. Por toda parte se pressente o mistério, tanto no interior do ser humano, como na imensidade do cosmos e na história da humanidade.

Por isso surge a suspeita: não serão justamente as "questões" sobre as quais a ciência guarda silêncio que constituem o sentido da vida? Não será um grave erro esquecer a resposta ao mistério da existência? Não é uma tragédia prescindir tão ingenuamente de Deus? Neste ínterim, continuam valendo as palavras de Jesus: "Convertei-vos, porque está próximo o Reino de Deus".

Seguir a Jesus

Se perguntássemos aos cristãos o que entendem por fé, descobriríamos que, para muitos, a fé se reduz a pertencer à Igreja, confessar o credo, aderir à moral católica e cumprir os ritos cultuais prescritos.

Nas primeiras comunidades nos teriam respondido que ser cristão é "seguir" a Jesus. Esse é o termo quase técnico usado pelos primeiros crentes. Cristão é aquele que se esforça para construir sua vida seguindo as pegadas de Jesus. É o que fazem aqueles pescadores da Galileia respondendo ao seu chamado.

Talvez, depois de vinte séculos, nós cristãos tenhamos que recordar de novo que o elemento essencial e primordial da fé cristã consiste em seguir a Jesus Cristo.

Mas devemos entender bem este seguimento. Não se trata de uma postura infantil e imatura de imitação, na qual falta espírito criativo. Seguir a Jesus é, principalmente, inspirar-se nele para continuar hoje, de maneira responsável, a obra apaixonante começada por Ele e com Ele. Assumir as grandes atitudes que deram sentido à sua vida e vivê-las hoje em nosso próprio contexto histórico, de maneira criativa.

Assim considerada, a fé cristã adquire outro dinamismo e outra vitalidade. Ser cristão é ir descobrindo, pouco a pouco, o significado salvador que se encerra em Jesus, identificar-nos com as atitudes fundamentais que deram sentido à sua existência, ir adquirindo seu "modo de vida".

Seguir a Jesus é crer no que Ele acreditou, dar importância ao que Ele deu importância, interessar-se pelo que Ele se interessou, defender a causa que Ele defendeu, olhar as pessoas como Ele as olhou, aproximar-nos dos necessitados como Ele o fez, amar as pessoas como Ele as amou, confiar no Pai como Ele confiou, enfrentar a vida com a esperança com que Ele a enfrentou. Os primeiros cristãos entenderam a vida cristã como uma aventura constante de renovação, um ir fazendo de si mesmo um "ser humano novo".

Se a fé consiste em seguir a Jesus, todos devemos perguntar-nos sinceramente a quem seguimos em nossa vida, a que mensagens prestamos ouvidos, a que líderes aderimos, que causas defendemos e a que interesses obedecemos, ao mesmo tempo em que pretendemos ser cristãos, isto é, "seguidores" de Jesus Cristo.

7
Bem-aventuranças

Ao ver aquela multidão, Jesus subiu ao monte, sentou-se e dele se aproximaram os discípulos. Ele então tomou a palavra e começou a ensinar: "Felizes os que têm espírito de pobre, porque deles é o Reino dos Céus.
Felizes os mansos, porque eles possuirão a terra.
Felizes os que choram, porque eles serão consolados.
Felizes os que têm fome e sede de justiça, porque eles serão saciados.
Felizes os misericordiosos, porque alcançarão misericórdia.
Felizes os puros de coração, porque eles verão a Deus.
Felizes os que promovem a paz, porque serão chamados 'filhos de Deus'.
Felizes os perseguidos por causa da justiça, porque deles é o Reino dos Céus.
Felizes sois vós quando vos insultarem e perseguirem, e por minha causa disserem todo tipo de calúnia contra vós. Alegrai-vos e exultai, porque grande será a vossa recompensa no céu" (Mt 5,1-12a).

A felicidade de Jesus
Não é difícil desenhar o perfil de uma pessoa feliz na sociedade do tempo de Jesus. Seria o caso de um homem adulto e de boa saúde, casado com uma mulher honesta e fecunda, com filhos homens e terras ricas, observante da religião e respeitado em seu povoado. O que mais se podia pedir?

Certamente não era este o ideal ao qual Jesus aspirava. Sem esposa nem filhos, sem terras nem bens, percorrendo a Galileia como um ambulante, sua vida não correspondia a nenhum tipo de felicidade convencional. Sua maneira de viver era provocativa. Se era feliz, o era de maneira contracultural, ao revés do estabelecido.

Na verdade, Ele não pensava muito em sua felicidade. Sua vida girava muito mais em torno de um projeto que o entusiasmava e o fazia viver intensamente. Esse projeto se chamava "Reino de Deus". Parece que só era feliz quando podia fazer felizes os outros. Sentia-se bem devolvendo às pessoas a saúde e a dignidade que lhes foram arrebatadas injustamente.

Não buscava seu próprio interesse, mas vivia criando novas condições de felicidade para todos. Não sabia ser feliz sem incluir os outros. Propunha a todos critérios novos, mais livres e radicais, para construir um mundo mais digno e feliz.

Acreditava num "Deus feliz", o Deus Criador que olha com amor entranhável todas as suas criaturas, o Deus amigo da vida e não da morte, mais atento ao sofrimento das pessoas do que a seus pecados.

A partir da fé nesse Deus, rompia os esquemas religiosos e sociais. Não pregava "Felizes os justos e piedosos, porque receberão o prêmio de Deus". Não dizia "Felizes os ricos e poderosos, porque contam com a bênção de Deus". Seu clamor era desconcertante para todos: "Felizes os pobres, porque Deus será sua felicidade".

O convite de Jesus vem a dizer isto: "Não busqueis a felicidade na satisfação de vossos interesses, nem na prática interessada de vossa religião. Sede felizes trabalhando de maneira fiel e paciente por um mundo mais feliz para todos".

ESCUTAR DE PERTO AS BEM-AVENTURANÇAS

Quando Jesus sobe o monte e se senta para anunciar as bem-aventuranças, há uma multidão de gente naquelas imediações, mas só "os discípulos se aproximam" dele para escutar melhor sua mensagem. E nós, discípulos de Jesus, o que ouvimos hoje, se nos aproximamos dele?

Felizes "os que têm espírito de pobre" os que sabem viver com pouco, confiando sempre em Deus. Feliz uma Igreja com alma de pobre, porque terá menos problemas, estará mais atenta aos necessitados e viverá o Evangelho com mais liberdade. Dela é o Reino de Deus.

Felizes "os sofridos", os que vivem com coração benévolo e clemente. Feliz uma Igreja cheia de mansidão, pois será uma dádiva para este mundo cheio de violência. Ela herdará a terra prometida.

Felizes "os que choram", porque padecem injustamente sofrimentos e marginalização. Com eles pode-se criar um mundo melhor e mais digno. Feliz a Igreja que sofre por ser fiel a Jesus. Um dia será consolada por Deus.

Felizes "os que têm fome e sede de justiça", os que não perderam o desejo de ser mais justos nem o afã de construir um mundo mais digno. Feliz a Igreja que busca com paixão o Reino de Deus e sua justiça. Nela surgirá o melhor do espírito humano. Um dia seu desejo ardente será saciado.

Felizes "os misericordiosos" que atuam, trabalham e vivem movidos pela compaixão. São os que, na terra, mais se parecem com o Pai do céu. Feliz a Igreja que Deus lhe arranca o coração de pedra e lhe dá um coração de carne. Ela alcançará misericórdia.

Felizes "os que trabalham pela paz" com paciência e fé, buscando o bem para todos. Feliz a Igreja que introduz no mundo paz e não discórdia, reconciliação e não enfrentamento. Ela será "filha de Deus".

Felizes os que, "perseguidos por causa da justiça", respondem com mansidão às injustiças e ofensas. Eles nos ajudam a vencer o mal com o bem. Feliz a Igreja perseguida por seguir a Jesus. Dela é o Reino de Deus.

CONTEÚDO INESGOTÁVEL

Quem se aproxima sempre de novo das bem-aventuranças de Jesus percebe que seu conteúdo é inesgotável. Sempre surgem novas ressonâncias.

Sempre encontramos nelas uma luz diferente para o momento que estamos vivendo. Assim "ressoam" hoje para mim as palavras de Jesus:

Felizes os que têm espírito de pobre, os que sabem viver com pouco. Estes terão menos problemas, estarão mais atentos aos necessitados e viverão com mais liberdade. O dia em que chegarmos a entender isto seremos mais humanos.

Felizes os mansos, os que esvaziam seu coração de violência e agressividade. Estes são uma dádiva para o nosso mundo violento. Quando todos agirmos assim, poderemos conviver em verdadeira paz.

Felizes os que choram ao ver os outros sofrer. São pessoas boas. Com elas se pode construir um mundo mais fraterno e solidário.

Felizes os que têm fome e sede de justiça, os que não perderam o desejo de ser mais justos, nem a vontade de construir uma sociedade mais digna. Neles sobrevive o melhor do espírito humano.

Felizes os misericordiosos, os que sabem perdoar do fundo do seu coração. Só Deus conhece sua luta interior e sua grandeza. Eles são os que podem melhor nos aproximar da reconciliação.

Felizes os que mantêm seu coração limpo de ódios, falsidades e interesses ambíguos. Neles se pode confiar para construir o futuro.

Felizes os que trabalham pela paz com paciência e com fé, sem desanimar diante dos obstáculos e dificuldades, buscando sempre o bem de todos. Precisamos deles para reconstruir a convivência.

Felizes os que são perseguidos porque agem com justiça e respondem com mansidão às injustiças e ofensas. Eles nos ajudam a vencer o mal com o bem.

Felizes os que são insultados, perseguidos e caluniados porque seguem fielmente a trajetória de Jesus. Seu sofrimento não se perderá inutilmente.

No entanto, deformaríamos o sentido destas bem-aventuranças, se não acrescentássemos algo que é sublinhado em cada uma delas. Com belas expressões, Jesus coloca Deus diante de seus olhos como garantia última da felicidade humana. Aqueles que vivem inspirando-se neste programa de vida, "serão consolados", "ficarão saciados de justiça", "alcançarão misericórdia", "verão a Deus" e desfrutarão eternamente em seu reino.

O Deus dos que sofrem

Se algo se mostra claro nas bem-aventuranças é que Deus é dos pobres, dos oprimidos, dos que choram e sofrem. Deus não é insensível ao sofrimento. Não é apático. Deus "sofre onde sofre o amor" (Jürgen Moltmann). Por isso, o futuro projetado e querido por Deus pertence aos que sofrem, porque dificilmente há um lugar para eles na sociedade e no coração dos irmãos.

Não são raros os pensadores que creem observar um aumento crescente da apatia na sociedade moderna. Parece que está crescendo a nossa incapacidade de perceber o sofrimento alheio. É a atitude do cego que já não percebe a dor. É o embotamento de quem permanece insensível diante do sofrimento.

De mil maneiras vamos evitando a relação e o contato com os que sofrem. Levantamos muros que nos separam da experiência e da realidade do sofrimento alheio. Procuramos manter-nos o mais longe possível da dor. Só nos preocupamos com o que é nosso e vivemos "assepticamente" em nosso mundo privado, depois de colocar o correspondente *Do not disturb*.

Por outro lado, a organização da vida moderna parece ajudar a encobrir a miséria e solidão das pessoas, ocultando o sofrimento. Raramente experimentamos de forma sensível e imediata o sofrimento e a angústia dos outros. É difícil encontrar-se de perto com o rosto perdido de um ser humano marginalizado. Não sentimos a solidão e o desespero de quem vive junto de nós.

Reduzimos os problemas humanos a números e dados. Contemplamos o sofrimento alheio de forma indireta, através da tela de TV. Corremos para as nossas ocupações, sem tempo para deter-nos diante de quem sofre.

Mas, no meio dessa apatia social, torna-se mais significativa a fé cristã em um "Deus amigo dos que sofrem", um Deus crucificado, que quis sofrer junto com os abandonados deste mundo: o Deus das bem-aventuranças.

"Podemos mudar as condições sociais sob as quais sofrem as pessoas... Podemos fazer retroceder e inclusive suprimir o sofrimento que ainda hoje se cria para proveito de uns poucos. Mas em todos esses caminhos tropeçamos com fronteiras que não se deixam ultrapassar. Não é só a morte..., mas também o embrutecimento e a falta de sensibilidade. O único meio de ultrapassar essas fronteiras consiste em compartilhar a dor com os que sofrem, não deixá-los sozinhos e tornar mais eficaz seu grito" (Dorothee Sölle).

É BOM CRER

Muitas vezes se pensa que a fé é algo que tem a ver com a salvação eterna do ser humano, mas não com a felicidade concreta de cada dia, que é o que precisamente agora nos interessa. Além disso, há os que suspeitam que sem Deus e sem religião seríamos mais felizes. Por isso é conveniente lembrar algumas convicções cristãs que caíram no esquecimento ou ficaram encobertas por uma apresentação errada ou insuficiente da fé. Eis a seguir algumas delas.

Deus nos criou só por amor, não para seu próprio proveito ou penando em seu interesse, mas buscando a nossa felicidade. A única coisa que interessa a Deus é o nosso bem.

Deus quer a nossa felicidade não só a partir da morte, na assim chamada "vida eterna", mas agora mesmo, nesta vida. Por isso está presente em nossa existência potenciando nosso bem, nunca nosso dano.

Deus respeita as leis da natureza e a liberdade do ser humano. Não força a liberdade humana nem a criação. Mas está junto de nós apoiando nossa luta por uma vida mais humana e atraindo nossa liberdade para o bem. Por isso, em cada momento contamos com a graça de Deus para sermos o mais felizes possível.

A moral não consiste em cumprir leis impostas arbitrariamente por Deus. Se Ele quer que demos ouvidos às exigências morais que levamos dentro do coração, é porque seu cumprimento é bom para nós. Deus não proíbe o que é bom para o ser humano nem obriga ao que pode ser prejudicial. Ele só quer o nosso bem.

Converter-se a Deus não significa decidir-se por uma vida mais infeliz e fastidiosa, mas orientar a própria liberdade para uma existência mais humana, mais sadia e, em última análise, mais feliz, ainda que isso exija sacrifícios e renúncia. Ser feliz sempre tem suas exigências.

Ser cristão é aprender a "viver bem" seguindo o caminho aberto por Jesus. As bem-aventuranças são o núcleo mais significativo e "escandaloso" desse caminho. Caminha-se para a felicidade com coração simples e transparente, com fome e sede de justiça, trabalhando pela paz com entranhas de misericórdia, suportando o peso do caminho com mansidão. Este caminho traçado nas bem-aventuranças leva a conhecer já nesta terra a felicidade vivida e experimentada pelo próprio Jesus.

8
Vós sois o sal da terra

Disse Jesus a seus discípulos:
"Vós sois o sal da terra. Mas, se o sal perder o gosto, com que se há de salgar? Já não servirá para nada, apenas para ser jogado fora e pisado pelas pessoas. Vós sois a luz do mundo. Não se pode ocultar uma cidade situada sobre um monte, nem se acende uma lâmpada para colocá-la debaixo de uma vasilha, mas num candelabro para que ilumine todos os da casa. É assim que deve brilhar a vossa luz diante das pessoas, para que vejam vossas obras e glorifiquem vosso Pai que está nos céus" (Mt 5,13-16).

Se o sal perder o gosto...

Poucos escritos podem sacudir hoje o coração dos cristãos com tanta força como o pequeno livro de Paul Evdokimov, *O amor louco de Deus*. Com fé ardente e palavras de fogo, o teólogo de São Petersburgo põe a descoberto nosso cristianismo rotineiro e satisfeito.

É assim que P. Evdokimov vê o momento atual: "Os cristãos fizeram todo o possível para esterilizar o Evangelho; dir-se-ia que o submergiram num líquido neutralizante. Tudo o que impressiona, supera ou inverte é amortecido. Assim, uma vez convertida em algo inofensivo, esta religião nivelada, prudente e razoável, o ser humano não pode senão vomitá-la". Donde procede este cristianismo inoperante e amortecido?

As críticas do teólogo ortodoxo não se detêm em questões secundárias, mas apontam para o essencial. A Igreja aparece a seus olhos não como "um organismo vivo da presença real de Cristo", mas como uma organização estática e "um lugar de autonutrição". Os cristãos não têm sentido da missão, e a fé cristã "perdeu estranhamente sua qualidade de fermento". O Evangelho vivido pelos cristãos de hoje "não encontra mais do que a total indiferença".

Segundo Evdokimov, os cristãos perderam o contato com o Deus vivo de Jesus Cristo e se perdem em disquisições doutrinais. Confunde-se a verdade de Deus com as fórmulas dogmáticas que na realidade só são "ícones" que convidam a abrir-nos ao Mistério santo de Deus. O cristianismo se desloca para o exterior e o periférico, quando Deus habita no profundo.

Busca-se então um cristianismo rebaixado e cômodo. Como dizia Marcel More, "os cristãos encontraram a maneira de sentar-se, não sabemos como, de forma confortável na cruz". Esquece-se que o cristianismo "não é uma doutrina, mas uma vida, uma encarnação". E quando na Igreja já não brilha mais a vida de Jesus, dificilmente se constata alguma diferença com o mundo. A Igreja "se converte em espelho fiel do mundo", que ela reconhece como "carne de sua carne".

Muitos reagirão, sem dúvida, colocando nuanças e reparos a uma denúncia tão contundente, mas é difícil não reconhecer o fundo de verdade para o qual aponta Evdokimov: na Igreja falta santidade, fé viva, contato com Deus; faltam santos que escandalizem porque encarnam "o amor louco de Deus", faltam testemunhas vivas do Evangelho de Jesus Cristo.

As páginas ardentes do teólogo russo não fazem mais do que recordar as de Jesus: "Vós sois o sal da terra. Mas se o sal perder o gosto, com que se há de salgar? Só serve para ser jogado fora e pisado pelas pessoas".

ONDE ESTÁ O SAL?

Com uma pincelada não isenta de humor, Jesus define o que são seus seguidores, com um traço para o qual nós cristãos provavelmente prestamos pouca atenção. Jesus vê seus discípulos como homens e mulheres chamados a ser "sal da terra", pessoas que colocam sal na vida: "Vós sois o sal da terra. Mas se o sal perder seu gosto, com o que se há de salgar?"

Os especialistas se aprofundaram nos diversos aspectos do simbolismo religioso do sal, muito espalhado no mundo antigo. O sal aparece como imagem do que purifica, do que dá sabor, do que conserva e dá vida aos alimentos. Provavelmente, as pessoas simples que escutavam a Jesus captavam em toda a sua frescura o simbolismo encerrado no sal, e entendiam que o Evangelho pode pôr na vida do ser humano um sabor e uma "graça" desconhecidos.

O teólogo norte-americano Harvey Cox dizia há anos que o homem ocidental "ganhou todo o mundo e perdeu sua alma. Comprou a prosperidade ao preço de um vertiginoso empobrecimento de seus elementos vitais". O tédio, o aborrecimento, o sem-sentido da vida parecem ameaçar a muitos.

As raízes deste fenômeno, sem dúvida, são complexas. Parece que a sociedade industrial nos tornou mais produtivos, metódicos e organizados, mas também menos festivos, lúdicos e imaginativos. As análises dos observadores nos falam que o caráter festivo, a ternura, a fantasia, a criatividade ou o prazer de compartilhar "se acham em estado lamentável".

Com frequência buscamos angustiosa e obsessivamente passar bem, sem encontrar dentro de nós uma verdadeira fonte de vida. Será que caímos numa "anemia de vida interior" que nos impede experimentar e viver a vida de cada momento de maneira mais intensa, feliz e fecunda?

Onde está o sal dos crentes? Onde há crentes capazes de fazer seu entusiasmo contagiar os demais? Será que a nossa fé não perdeu seu sabor? Precisamos redescobrir que a fé é sal que pode fazer-nos viver tudo de maneira nova: a convivência e a solidão, a alegria e a tristeza, o trabalho e a festa.

Dar sabor à vida

Uma das tarefas mais urgentes da Igreja de hoje e de sempre é conseguir que a fé chegue aos seres humanos como "boa notícia".

Muitas vezes entendemos a evangelização como uma tarefa quase exclusivamente doutrinal. Evangelizar seria levar a doutrina de Jesus Cristo àqueles que ainda não a conhecem ou a conhecem de maneira insuficiente.

Neste caso nos preocupamos em assegurar o ensino religioso e a propagação da fé diante de outras ideologias e correntes de opinião. Buscamos homens e mulheres bem formados que conheçam perfeitamente a mensagem cristã e a transmitam de maneira correta. Tratamos de melhorar nossas técnicas e organização pastoral.

É claro que tudo isto é importante, pois a evangelização implica anunciar a mensagem de Jesus Cristo. Mas o essencial não é só isto. Evangelizar não significa somente anunciar verbalmente uma doutrina, mas tornar presente na vida das pessoas a força humanizadora, libertadora e salvadora que se encerra no acontecimento e na pessoa de Jesus Cristo.

Se assim entendermos a evangelização, o mais importante não será contar com meios poderosos e eficazes de propaganda religiosa, mas saber atuar com o modo libertador de Jesus.

O decisivo não é contar com homens e mulheres bem formados doutrinalmente, mas poder contar com testemunhas vivas do Evangelho, crentes em cuja vida se possa ver a força humanizadora e salvadora que se encerra no Evangelho, quando acolhido com convicção e de maneira responsável.

Nós cristãos confundimos muitas vezes a evangelização com o desejo de que se aceite socialmente "nosso cristianismo". As palavras de Jesus chamando-nos a ser "sal da terra" e "luz do mundo" nos obrigam a fazer-nos perguntas muito sérias como as que seguem:

Será que nós cristãos somos uma "boa notícia" para alguém? O que se vive em nossas comunidades cristãs, o que se observa entre os crentes, é "boa notícia" para as pessoas de hoje?

Será que nós cristãos colocamos na atual sociedade algo que dê sabor à vida, algo que purifique, cure e liberte da decomposição espiritual e do egoísmo brutal e insolidário? Vivemos algo que possa iluminar as pessoas nestes tempos de incerteza, oferecendo uma esperança e um horizonte novo aos que buscam salvação?

A LUZ DAS BOAS OBRAS

Nós humanos temos a tendência de parecer diante dos outros como mais inteligentes, melhores e mais nobres do que realmente somos. Passamos a vida tratando de aparentar diante dos outros e de nós mesmos uma perfeição que não possuímos.

Os psicólogos dizem que esta tendência se deve, sobretudo, ao desejo de afirmar-nos diante de nós mesmos e diante dos outros, para defender-nos assim de sua possível superioridade.

Falta-nos a verdade das "boas obras", e enchemos nossa vida de palavrório e de todo tipo de disquisições. Não somos capazes de dar aos filhos um exemplo de vida digna, e passamos os dias exigindo deles o que nós não vivemos.

Não somos coerentes com a nossa fé cristã, e tratamos de justificar-nos criticando aqueles que abandonaram a prática religiosa. Não somos testemunhas do Evangelho e nos dedicamos a pregá-lo aos outros.

Talvez devamos começar por reconhecer pacientemente nossas incoerências para apresentar aos outros só a verdade de nossa vida. Se temos a coragem de aceitar nossa mediocridade, será mais fácil abrir-nos à ação desse Deus que pode ainda transformar nossa vida.

Jesus fala do perigo de o "sal se tornar insípido". São João da Cruz o diz de outra maneira: "Deus nos livre que o sal comece a evanescer-se, porque, por mais que pareça algo por fora, em substância já não será mais nada, quando se está certo de que as boas obras não podem ser feitas a não ser em virtude de Deus".

Para ser "sal da terra", o importante não é o ativismo, a agitação, o protagonismo superficial, mas "as boas obras" que nascem do amor e da ação do Espírito em nós.

Com que atenção deveríamos ouvir hoje na Igreja estas palavras do próprio São João da Cruz: "Advirtam, pois, aqui, os que são muito ativos e pensam abraçar o mundo com suas pregações e obras exteriores, que seriam muito mais úteis à Igreja e agradariam muito mais a Deus... se gastassem a metade que fosse desse tempo em estar com Deus em oração".

Do contrário, segundo o místico doutor, "tudo é martelar e fazer um pouco mais do que nada, e às vezes nada, e ainda às vezes causar dano". No meio de tanta atividade e agitação, onde estão nossas "boas obras"? Jesus dizia a seus discípulos: "Que vossa luz brilhe diante das pessoas para que vejam vossas boas obras e deem glória ao Pai".

Contra a corrupção

Um dia sim e no outro também surgem nos meios de comunicação novos casos escandalosos de corrupção e fraudes. Não são fatos que brotaram de repente entre nós, mas o resultado lamentável de uma contradição que acompanhou a gestação da moderna sociedade democrática desde suas origens.

Por um lado, a filosofia democrática proclama e postula liberdade e igualdade para todos. Mas, por outro lado, um pragmatismo econômico selvagem, orientado para o lucro e proveito máximo, segrega no interior dessa mesma sociedade democrática desigualdade e exploração dos mais fracos.

Este é o principal caldo de cultura da corrupção atual. Como diz o escritor italiano Claudio Magris, "vivemos a vida como uma rapina". Continuamos defendendo os valores democráticos de liberdade, igualdade e solidariedade para todos, mas o que importa é ganhar dinheiro seja como for. O "vale-tudo" com o fim de obter lucro vai corrompendo a conduta das pessoas, viciando as instituições e esvaziando de conteúdo nossos solenes proclamas.

Confunde-se o progresso com o bem-estar crescente dos afortunados. A atividade econômica, sustentada pelo espírito de lucro selvagem, acaba por esquecer que sua meta é elevar o nível humano de todos os cidadãos. Tudo é sacrificado ao "deus" do interesse econômico: o direito de toda pessoa ao trabalho e a uma vida digna, a transparência e honestidade na função pública, a verdade da informação ou o nível cultural e educativo da televisão.

Há algum "sal" capaz de preservar-nos de tanta corrupção? Pede-se investigação e aplicação rigorosa da justiça. Pensa-se em novas medidas sociais e políticas. Mas faltam-nos pessoas capazes de sanear esta sociedade introduzindo nela honestidade. Homens e mulheres que não se deixem corromper, nem pela ambição do dinheiro, nem pelo atrativo do êxito fácil.

"Vós sois o sal da terra." Estas palavras dirigidas por Jesus aos que creem nele têm conteúdos bem concretos hoje. São uma advertência a manter-nos livres diante da idolatria do dinheiro e do bem-estar material quando ele escraviza, corrompe e produz marginalização. Um apelo a desenvolver a solidariedade responsável frente a tantos corporativismos interessados. Um convite a introduzir compaixão numa sociedade desapiedada que parece reprimir cada vez mais "a civilização do coração".

9
AMOR AO INIMIGO

Disse Jesus a seus discípulos:
"Ouvistes o que foi dito: 'Olho por olho e dente por dente'. Pois eu vos digo: Não resistais ao malvado. Se alguém te bater na face direita, oferece-lhe também a outra. E se alguém quiser processar-te para tirar-te a túnica, deixa-lhe também o manto. Se alguém te obrigar a acompanhá-lo por uma milha, acompanha-o por duas. Dá a quem te pede e não voltes as costas ao que deseja um empréstimo.
Ouvistes o que foi dito: 'Amarás o teu próximo e odiarás teu inimigo'. Pois eu vos digo: Amai vossos inimigos e orai pelos que vos perseguem, para serdes filhos de vosso Pai que está nos céus. Porque Ele faz nascer o sol para bons e maus e chover sobre justos e injustos. Porque se amais somente os que vos amam, que recompensa tereis? Não o fazem também os cobradores de impostos? E se saudais apenas vossos irmãos, o que fazeis de extraordinário? Não o fazem também os pagãos? Portanto, sede perfeitos como vosso Pai celestial é perfeito" (Mt 5,38-48).

AMAR O INIMIGO
"Amai os vossos inimigos, fazei o bem aos que vos perseguem."
O que nós crentes de hoje podemos fazer diante destas palavras de Jesus? Suprimi-las do Evangelho? Apagá-las do fundo de nossa consciência? Deixá-las para tempos melhores?

Nas diferentes culturas, não muda muito a postura básica dos seres humanos diante do "inimigo", isto é, diante de alguém de quem só podemos esperar danos e perigos.

O ateniense Lísias (século V a.C.) expressa a concepção vigente na Antiguidade grega com uma fórmula que seria bem-acolhida em nossos tempos: "Considero como norma estabelecida que cada um deve procurar prejudicar seus inimigos e colocar-se a serviço de seus amigos".

Por isso temos de destacar a importância revolucionária que se encerra no mandato evangélico do amor ao inimigo, considerado pelos especialistas como o expoente mais diáfano da mensagem cristã.

Quando Jesus fala do amor ao inimigo, não está pensando em um sentimento de afeto e carinho por ele, menos ainda numa entrega apaixonada, mas numa relação radicalmente humana de interesse positivo por sua pessoa.

Este é o pensamento de Jesus. A pessoa é humana quando o amor está na base de toda a sua atuação. E nem sequer a relação com o inimigo deve ser uma exceção. Quem é humano até o fim descobre e respeita a dignidade humana do inimigo, por mais desfigurada que possa aparecer diante de nossos olhos. Não adota diante dele uma postura excludente de maldição, mas uma atitude de interesse real por seu bem.

É precisamente este amor universal que inclui a todos e busca realmente o bem de todos, sem exclusões, a contribuição mais positiva e humana que o cristão pode introduzir na sociedade violenta de nossos dias.

Esse amor ao inimigo parece quase impossível no clima de indignada irritação que se vive em certas situações. O simples fato de recordar as palavras evangélicas pode ser irritante. E, não obstante, é necessário fazê-lo, se quisermos ver-nos livres da desumanização gerada pelo ódio e pela vingança.

Existem duas coisas que os cristãos podem e devem lembrar hoje no meio desta sociedade, mesmo ao preço de serem rechaçados. Amar o deliquente injusto e violento não significa em absoluto dar por boa sua atuação injusta e violenta. Por outro lado, condenar de maneira taxativa a injustiça e crueldade da violência, não deve levar necessariamente ao ódio daqueles que a praticam.

INCLUSIVE OS INIMIGOS

É inegável que vivemos numa situação paradoxal. "Quanto mais aumenta a sensibilidade diante dos direitos pisoteados ou das injustiças violentas, mais cresce o sentimento de ter que recorrer a uma violência brutal ou desapiedada para realizar as profundas mudanças desejadas." Assim dizia há uns anos, em seu documento final, a Assembleia Geral dos Provinciais da Companhia de Jesus.

Parece que não há outro caminho para resolver os problemas, senão o recurso à violência. Não é estranho que as palavras de Jesus ressoem em nossa sociedade como um grito ingênuo além de discordante: "Amai vossos inimigos e fazei o bem aos que vos perseguem".

E, no entanto, talvez seja esta a palavra que mais precisamos ouvir nestes momentos em que, imersos na perplexidade, não sabemos o que fazer em concreto para ir arrancando do mundo a violência.

Alguém disse que "os problemas que só podem ser resolvidos com violência devem ser propostos de novo" (F. Hacker). E é precisamente aqui que o Evangelho de Jesus tem muito a trazer também hoje, não para oferecer soluções técnicas aos conflitos, mas sim para que possamos descobrir com que atitude devemos abordá-los.

Há uma convicção profunda em Jesus. Não se pode vencer o mal à base de ódio e violência. Ao mal só se vence com o bem. Como dizia Martin Luther King, "o último defeito da violência é que ela gera uma espiral descendente que destrói tudo o que gera. Em vez de diminuir o mal ela o faz crescer".

Jesus não se detém a precisar se, em alguma circunstância concreta, a violência pode ser legítima. Em vez disso, Ele nos convida a trabalhar e lutar para que nunca o seja. Por isso é importante buscar sempre caminhos que nos levam para a fraternidade e não para o fratricídio.

Amar os inimigos não significa tolerar as injustiças e retirar-se comodamente da luta contra o mal. O que Jesus viu com clareza é que não se luta contra o mal quando se destrói as pessoas. Deve-se combater o mal, mas sem buscar a destruição do adversário.

Mas não devemos esquecer algo importante: este convite a renunciar à violência deve dirigir-se não tanto aos fracos, que dificilmente têm poder ou acesso à violência destruidora, mas sobretudo aos que manejam o poder, o dinheiro ou as armas, e podem por isso oprimir violentamente os mais fracos e indefesos.

A NÃO VIOLÊNCIA

Nós cristãos nem sempre sabemos captar algo que Gandhi descobriu com alegria ao ler o Evangelho: a profunda convicção de Jesus de que só a não violência pode salvar a humanidade. Depois de seu encontro com Jesus, Gandhi escrevia estas palavras: "Lendo toda a história desta vida... me parece que o cristianismo está ainda por realizar... Enquanto não tenhamos arrancado pela raiz a violência da civilização, Cristo ainda não nasceu".

A vida inteira de Jesus foi um apelo a resolver os problemas da humanidade por caminhos não violentos. A violência sempre tende a destruir; pretende solucionar os problemas da convivência arrasando aquele que considera inimigo, mas não faz senão provocar reação em cadeia que não tem fim.

Jesus convida a "fazer violência à violência". O verdadeiro inimigo para o qual devemos dirigir nossa agressividade não é o outro, mas nosso próprio "eu" egoísta, capaz de destruir a quem se opõe a ele.

É um equívoco acreditar que o mal pode ser detido com o mal e a injustiça com a injustiça. O respeito total ao ser humano, tal como Jesus o entende, está pedindo um esforço constante para suprimir a mútua violência e promover o diálogo e a busca de uma convivência sempre mais justa e fraterna.

Nós cristãos devemos perguntar-nos por que não soubemos extrair do Evangelho todas as consequências da "não violência" de Jesus, e por que não lhe demos o papel central que há de ocupar na vida e na pregação da Igreja.

Não basta denunciar o terrorismo. Não é suficiente assustar-nos e mostrar nossa repulsa cada vez que se atenta contra a vida. Dia a dia temos de construir entre nós uma sociedade diferente, suprimindo pela raiz "o olho por olho e dente por dente", e cultivando uma atitude reconciliadora difícil, mas possível. As palavras de Jesus nos interpelam e nos sustentam: "amai vossos inimigos, fazei o bem aos que vos perseguem".

Não somos inocentes

O que sabeis de salvação, vós que nunca pecastes?

Com essas palavras, fustigava o escritor francês Georges Bernanos determinados católicos de seu tempo, condenando seu cristianismo de caráter farisaico, que sempre se acha limpo e imaculado, sem necessidade alguma de conversão.

À raiz dos brutais atentados de Madri pudemos escutar condenações terríveis do terrorismo, e silêncio quase total sobre nossa possível cumplicidade em sua gestação. Ao que parece, o que sucede no mundo é "uma história de bons e maus". Nós, naturalmente, somos os bons. Os cristãos são mais humanos que os muçulmanos; os povos desenvolvidos, mais justos que os que vivem roçando a miséria. Não é verdade.

O terrorismo é, sem dúvida, um crime execrável e sem nenhuma justificação. Mas é também um sintoma. Não acontece porque um ódio diabólico se apoderou de repente de uns desalmados, mas nasce do desespero e do fanatismo, do medo e do ódio aos poderosos da terra, da impotência diante dos que querem dominar seus povos. Tudo se mescla de maneira irracional. Mas também nós não somos inocentes.

Convertemos o mundo em um "holocausto global". Cada ano morrem de fome muitos milhões de pessoas e nós queremos que ninguém nos moleste. Seguimos desenvolvendo nosso afã de supremacia e poder para assegurar nosso próprio bem-estar. E pretendemos que no mundo haja paz. Nós não precisamos organizar "atos terroristas" para semear fome e morte em diferentes povos da terra. Nós o fazemos a partir de nossa política injusta e não solidária.

Diante da tragédia do 11-M pudemos ouvir gritos magníficos de solidariedade: "Todos somos madrilenses"; todos estávamos nesse trem". Mas é insuficiente, se não expandirmos ainda mais esse grito: "Todos somos iraquianos, palestinos ou ruandeses"; "todos vínhamos nessa patera".

Nossa atitude seria diferente se vivêssemos como filhos de um Pai bom que "faz nascer o sol sobre maus e bons e faz chover para justos e injustos".

A CORDIALIDADE

Não é a manifestação sensível dos sentimentos o melhor critério para verificar o amor cristão, mas o comportamento solícito pelo bem do outro. De modo geral, um serviço humilde ao necessitado encerra, quase sempre, mais amor que muitas palavras comovedoras.

Mas às vezes se insistiu tanto no esforço da vontade que chegamos a privar a caridade de seu conteúdo afetivo. E, não obstante, o amor cristão que nasce do profundo da pessoa inspira também os sentimentos, e se traduz em afeto cordial.

Amar o próximo exige fazer-lhe bem, mas significa também aceitar respeitá-lo, valorizar o que há de amável nele, fazê-lo sentir nossa acolhida e nosso amor. A caridade cristã induz a pessoa a adotar uma atitude cordial de simpatia, solicitude e afeto, superando posturas de antipatia, indiferença ou rejeição.

Naturalmente, nosso modo pessoal de amar vem condicionado pela sensibilidade, pela riqueza afetiva ou pela capacidade de comunicação de cada um. Mas o amor cristão promove a cordialidade, o afeto sincero e a amizade entre as pessoas.

Essa cordialidade não é mera cortesia externa exigida pela boa educação, nem simpatia espontânea que nasce no contato com as pessoas agradáveis, mas a atitude sincera e purificada de quem se deixa vivificar pelo amor cristão.

Talvez não se tenha sublinhado bastante a importância que tem o cultivo desta cordialidade no seio da família, no âmbito do trabalho e em todas as nossas relações. No entanto, a cordialidade ajuda as pessoas a se sentirem melhor, suaviza as tensões e conflitos, aproxima posturas, fortalece a amizade e faz crescer a fraternidade.

A cordialidade ajuda a libertar-nos de sentimentos de indiferença e rejeição, pois opõe diretamente a nossa tendência a dominar, manipular ou fazer sofrer o próximo. Os que sabem comunicar afeto de maneira sadia e generosa criam em seu entorno um mundo mais humano e habitável.

Jesus insiste em desenvolver esta cordialidade não só diante do amigo ou da pessoa agradável, mas também diante de quem nos rejeita. Basta lembrar estas suas palavras que revelam seu modo de ser: "Se saudais só a vossos irmãos, o que fazeis de extraordinário?"

10
Deus ou o dinheiro

Disse Jesus a seus discípulos:

"Ninguém pode servir a dois senhores. Porque ou odiará um e amará o outro, ou será fiel a um e abandonará o outro. Não podeis servir a Deus e ao dinheiro.

Por isso vos digo: Não vos preocupeis com vossa vida, com o que comereis, nem com o corpo, com o que vos vestireis. Não será a vida mais do que o alimento e o corpo mais do que as vestes? Olhai os pássaros do céu: não semeiam, nem colhem, nem guardam em celeiros, mas o Pai celeste os alimenta. E vós, não valeis muito mais do que eles? Quem de vós, com suas preocupações, pode aumentar a duração de sua vida de um momento sequer? Observai como crescem os lírios do campo: não trabalham nem fiam. Mas eu vos digo que nem Salomão, com toda a sua glória, se vestiu como um deles. Se Deus veste assim a erva do campo, que hoje cresce e amanhã será lançada ao fogo, quanto mais a vós, gente de pouca fé!

Por isso não vos preocupeis dizendo: O que vamos comer? O que vamos beber? Com o que nos vamos vestir? São os pagãos que se preocupam com tudo isto. Ora, vosso Pai celeste sabe que necessitais de tudo isto. Buscai em primeiro lugar o Reino de Deus e sua justiça e todas estas coisas vos serão dadas de acréscimo. Não vos preocupeis com o dia de amanhã. O dia de amanhã terá suas próprias dificuldades. A cada dia basta o seu peso" (Mt 6,24-34).

Deus ou o dinheiro

Uma das exortações mais decisivas de Jesus e, ao mesmo tempo, mais escandalosas foi recolhida por Mateus com estes termos: "Não podeis servir a Deus e ao dinheiro".

O pensamento de Jesus é de uma lógica contundente. Deus não pode reinar entre nós, a não ser preocupando-se com todos e fazendo justiça aos que ninguém faz. Portanto, Deus só pode ser servido por aqueles que promovem a solidariedade e a fraternidade.

Por conseguinte, os ricos e privilegiados são chamados a compartilhar seus bens com os necessitados. O Pai, que ama todos os seus filhos e filhas, não pode ser servido por quem vive dominado pelo dinheiro e esquecido de seus irmãos.

Precisamente por isso, Jesus vai condenar duramente, ao longo de sua vida, aqueles que acumulam e possuem mais do que o necessário para viver, sem preocupar-se com os que, junto deles, padecem necessidade. Enquanto continuar havendo pobres e necessitados, toda a riqueza que a pessoa acumula para si mesma, sem necessidade, é "injusta", porque está privando a outros do que necessitam.

No fundo, a riqueza de alguns pode manter-se e crescer à custa da pobreza de outros. Por isso, quem trabalha excessivamente para aumentar seu próprio capital, sem preocupar-se com os necessitados, está impedindo o nascimento dessa sociedade fraterna querida por Deus. Ou se serve ao Deus que quer fraternidade entre todos os seus filhos, ou se serve ao próprio interesse econômico.

É inútil a pessoa afirmar que vive em atitude de desapego interior de bens, se ela desfruta deles comodamente, sem maior preocupação com os outros. Quando se tem "espírito de pobre" e verdadeiro desapego interior, busca-se compartilhar de alguma maneira o que se tem para libertar os necessitados de uma pobreza desumanizadora.

Também não adianta pensar que os ricos são sempre os outros. Muitos de nós também o somos, num grau ou noutro, pois rico é, em última análise, quem continua tendo só para si mais do que necessita, enquanto outros carecem do indispensável.

Alguma coisa está errada na nossa vida cristã, quando somos capazes de viver desfrutando despreocupadamente de nossas coisas, sem jamais sentir-nos interpelados pela mensagem de Jesus e pelas necessidades dos pobres.

O BEZERRO DE OURO

Os chamados "países livres" do Ocidente são mais escravos do que nunca de um "capitalismo sem entranhas" que, para buscar o bem-estar relativo de bilhões de pessoas, não duvida em condenar à miséria os outros quatro bilhões e quinhentos milhões que povoam a Terra.

Os dados nos dizem que, pouco a pouco, mas de maneira inexorável, "o pão é repartido entre cada vez menos bocas". Aquela Europa que há uns anos oferecia "acolhida generosa" a trabalhadores estrangeiros que chegavam para fazer trabalhos que ninguém queria fazer, dita hoje "leis de estrangeiros" para pôr barreiras intransponíveis aos famintos que nós mesmos estamos contribuindo para criar no mundo.

A quem importa, na Europa, que dois continentes inteiros – a África e a América Latina – tenham hoje um nível de vida mais baixo do que há dez anos? Quem é que vai preocupar-se, nesta Europa em que continua crescendo a rejeição racista, às vezes de maneira descarada e quase sempre maquilada de mil formas diferentes, pelos catorze milhões de crianças que morrem de fome cada ano?

Já vamos nos habituando a contemplar, bem acomodados em nossa poltrona, como são expulsos esses albaneses enfermos, famintos e desesperados que chegam aos portos italianos. Ninguém parece reagir com muita convicção diante do espetáculo desses africanos que tentam "a travessia impossível" para acabar no fundo do mar.

A Igreja não pode anunciar hoje o Evangelho na Europa, sem desmascarar toda essa desumanidade, e sem fazer-se as perguntas que quase ninguém se quer fazer.

Por que há pessoas que morrem de fome, se Deus pôs em nossas mãos uma terra que tem recursos suficientes para todos?

Por que temos de ser competitivos, em vez de sermos humanos?

Por que a competitividade tem de marcar as relações entre as pessoas e entre os povos, e não a solidariedade?

Por que temos de aceitar como algo lógico e inevitável um sistema econômico que, para conseguir o maior bem-estar de alguns, submerge tantas vítimas na pobreza e na marginalização?

Por que temos de continuar alimentando o consumismo como "filosofia de vida", se ele está provocando em nós uma "espiral insaciável" de necessidades artificiais que vai nos esvaziando de sensibilidade e espírito humanitários?

Por que temos de continuar desenvolvendo o culto ao dinheiro como o único deus que oferece segurança, poder e felicidade?

Será que é esta, por acaso, "a nova religião" que fará o ser humano de hoje progredir para níveis de maior humanidade?

Estas perguntas não são para os outros. Cada um de nós deve escutá-las em sua consciência como eco daquelas palavras de Jesus: "Não podeis servir a Deus e ao dinheiro".

ACUMULAR DINHEIRO

Pouca gente está consciente do dano que provocam em muitas pessoas alguns critérios e pautas de ação que a atual economia considera "valores indiscutíveis". Luiz González-Carvajal os considera "os demônios da economia", que andam soltos entre nós.

O primeiro talvez seja o *rendimento*. Durante muitos anos, a humanidade tinha o senso comum suficiente para não trabalhar mais do que é preciso para levar uma vida satisfatória. O capitalismo moderno, pelo contrário, elevou o trabalho a "sentido da vida". Atribui-se a Benjamin Franklin a famosa frase "o tempo é ouro". Quem não o aproveita para ganhar está perdendo sua vida.

Sem dúvida, esse afã de rendimento contribuiu para o progresso material da humanidade, mas também cresce cada vez mais o número de pessoas prejudicadas pelo excesso de trabalho. Cria-se mais riqueza, mas será que somos mais felizes? Por outro lado, vamos esquecendo o desfrute de atividades que não são produtivas. Que sentido pode ter a contemplação estética? Para que pode servir o cultivo da amizade ou a poesia? Que utilidade pode ter a oração?

O segundo demônio seria a *obsessão* por *acumular dinheiro*. Todos sabemos que o dinheiro começou sendo um meio inteligente para medir o valor das coisas e facilitar os intercâmbios, as trocas. Hoje, no entanto, "acumular dinheiro" é para muitos uma espécie de dever. É difícil chegar a "ser alguém", se não se tem poder econômico.

Muito semelhante a este último demônio é o demônio da *competição*. Para muitas pessoas, o decisivo é competir para superar os demais rivais. É inegável que uma "dose sadia" de competitividade pode ter aspectos benéficos, mas, quando uma sociedade funciona motivada quase exclusivamente pela rivalidade, as pessoas correm o risco de desumanizar-se, pois a vida acaba sendo uma corrida onde o importante é ter mais êxito que os outros.

Há alguns anos, o filósofo Emmanuel Mounier descrevia assim o burguês ocidental: "Um tipo de homem absolutamente vazio de todo mistério, do sentido do ser e do sentido do amor, do sofrimento e da alegria, dedicado à felicidade e à segurança; envernizado nas zonas mais altas com uma camada de cortesia, de bom humor e virtude de raça; por baixo, emparedado entre a leitura sonolenta do jornal, as reivindicações profissionais ou o aborrecimento dos domingos e a obsessão por figurar, por ter importância".

Para Jesus, a vida é outra coisa. Suas palavras convidam a viver a partir de outro horizonte: "Não podeis servir a Deus e ao dinheiro... Não vos preocupeis com a vida, pensando no que haveis de comer, nem com o corpo, pensando no que haveis de vestir... Buscai em primeiro lugar o Reino de Deus e sua justiça e todas essas coisas vos serão dadas de acréscimo".

Uma "nova religião"

O consumismo penetra em nós de forma sutil. Ninguém escolhe esta maneira de viver depois de um processo de reflexão. Vamos submergindo nela, vítimas de uma sedução quase inconsciente. A habilidade da publicidade e o atrativo da moda vão captando suavemente nossa vontade. Afinal, parece-nos impossível viver de outra maneira.

Não é preciso pensar muito para saber como viver. Para a maioria das pessoas o projeto de vida é muito simples: trabalhar para ganhar o dinheiro que é necessário para poder desfrutar de uns períodos de tempo (fim de semana, férias) nos quais se gasta o dinheiro ganho e se recuperam as forças para voltar a trabalhar.

O consumismo converteu-se em uma "nova religião" do ser humano moderno. A meta absoluta consiste em possuir e desfrutar (doutrina dogmática). Para isso é necessário trabalhar e ganhar dinheiro (ética e méritos). Os praticantes fazem fielmente sua compra semanal (preceito de fim de semana). Vivem com devoção intensa as grandes festas (Natal, Páscoa, férias, bodas, dia do pai, da mãe...).

Não é fácil libertar-se da escravidão do consumismo. Como dizia Erich Fromm, "O homem pode ser um escravo sem grilhões". O consumismo não fez mais do que deslocar os grilhões do exterior para o interior. Por dentro estamos encadeados a um sem-fim de caprichos e falsas ilusões. Esses grilhões interiores são mais fortes do que os que se veem por fora. Como libertar-nos dessa escravidão, se vivemos acreditando que somos livres?

Nossa vida é insensata. A obesidade e a anorexia que vemos em não poucas pessoas são uma imagem gráfica da letargia e da perda de vitalidade de muitos espíritos. Temos de tudo e carecemos de paz e alegria interior. Queremos viver triunfando, mas somos cúmplices da miséria e da fome de muitos.

Imersos na sociedade do bem-estar, preocupamo-nos com selecionar o restaurante em que vamos comer, a qualidade do vinho que vamos tomar ou a marca da roupa que vamos vestir. Jesus tinha sua maneira de ver as coisas. É importante pensar no "que vais comer", "no que vais beber" ou "com que vais te vestir". Mas não deves viver preocupado com tudo isto: "Buscai em primeiro lugar o Reino de Deus e sua justiça e tudo o mais vos será dado de acréscimo".

Não podemos olhar só a Europa

Quando as pessoas sofrem demais costumam ficar mudas. A opressão as deixa caladas. Não são capazes de gritar seu protesto ou de articular sua defesa. Sua queixa é só um gemido. Assim é hoje, pelo mundo afora, a voz de milhões de crianças exploradas como escravos em seu trabalho ou a voz de milhões de mulheres violentadas e humilhadas de mil formas em sua dignidade. Assim é a voz dos povos que se consomem na fome e na miséria.

Não ouviremos sua voz na rádio ou na TV. Não a reconheceremos nos espaços de publicidade. Ninguém os entrevista nas revistas da moda, nem pronunciam discursos em foros internacionais. O gemido dos últimos da Terra só o ouve cada um no fundo de sua consciência.

Não é fácil. Para ouvir essa voz, primeiro é preciso querer ouvi-la: prestar atenção ao sofrimento e à impotência desses seres; ser sensível à injustiça e ao abuso que reinam no mundo. Além disso, é necessário deixar de ouvir outras mensagens que nos convidam a continuar pensando só em nosso bem-estar, não fazer caso das vozes que nos incitam a viver encerrados em nosso pequeno mundo, indiferentes à dor e à destruição dos últimos.

Mas, principalmente é necessário arriscar-se, porque, se ouvimos de verdade a voz dos que sofrem, já não podemos viver de qualquer maneira. É preciso fazer algo: procurar saber como podemos compartilhar mais e melhor o que temos "nós os ricos do mundo"; colaborar em projetos de desenvolvimento; apoiar campanhas em favor dos povos pobres da Terra.

A intensidade com que se vive entre nós a crise econômica não há de impedir nossa Igreja de desenvolver a solidariedade com os povos empobrecidos por nós mesmos. Não podemos olhar só a Europa. O Espírito de Cristo nos interpela a partir dos pobres e famintos da Terra.

Nada é mais importante e decisivo na vida do verdadeiro discípulo, nem nos projetos de uma Igreja fiel a seu Senhor. Primeiro é preciso buscar uma vida digna e feliz para todos. Tudo o mais vem depois. Mais uma vez as palavras de Jesus nos lembram isto: "Buscai primeiro o Reino de Deus e sua justiça; tudo o mais vos será dado de acréscimo".

11
CONSTRUIR SOBRE A ROCHA

Disse Jesus a seus discípulos:
"Nem todo aquele que me diz: 'Senhor, Senhor, entrará no Reino dos Céus, mas quem fizer a vontade de meu Pai que está nos céus'. Naquele dia muitos me dirão: 'Senhor, Senhor, não profetizamos em teu nome, não expulsamos demônios em teu nome, não fizemos muitos milagres em teu nome?' Então lhes declararei: 'Nunca vos conheci. Afastai-vos de mim, vós que praticais o mal'. Portanto, todo aquele que ouve estas minhas palavras e as põe em prática, será como um homem prudente que construiu sua casa sobre a rocha. Caiu a chuva, vieram as enxurradas, sopraram os ventos e deram contra a casa, mas ela não desabou, porque estava fundada na rocha.
Todo aquele que ouve estas minhas palavras e não as põe em prática será como um homem tolo que construiu sua casa sobre a areia. Caiu a chuva, vieram as enxurradas, sopraram os ventos e deram contra aquela casa e ela desabou. E grande foi sua ruína" (Mt 7,21-27).

COMO ESTAMOS CONSTRUINDO?
Os seguidores de Jesus davam às "palavras" dele uma importância transcendental. O céu e a terra poderão passar, mas as palavras de Jesus nunca passarão. Na Galileia haviam conhecido a força dessa palavra que libertava da enfermidade, do sofrimento, do pecado ou dos medos. Agora, nas comunidades cristãs, os seguidores de Jesus experimentam que essa palavra introduz verdade em suas vidas, "ressuscita-os" por dentro e os enche de vida e de paz.

Por isso Mateus recolhe uma parábola na qual é sublinhado algo que nós cristãos devemos lembrar continuamente: ser cristão é "praticar" as palavras de Jesus "tornar realidade" seu Evangelho. Se isto não acontece, nosso cristianismo é "insensato", não tem sentido.

A parábola é breve, simétrica e rítmica. Provavelmente foi redigida desta forma para facilitar seu ensino na catequese. É importante que todos saibam que isto é o principal que deve ser buscado na comunidade cristã: "escutar" e "pôr em prática" as palavras que vêm de Jesus. Não há outra maneira de construir uma Igreja de seguidores, nem um mundo melhor.

O homem sensato não constrói sua casa de qualquer maneira. Preocupa-se com o essencial: edificar sobre "rocha" firme. O insensato, ao contrário, não pensa no que está fazendo: constrói sobre "areia", no fundo do vale. Ao chegar a chuva do inverno, as enxurradas e o vendaval, a casa construída sobre rocha se mantém firme, mas a edificada sobre areia "desaba totalmente".

A palavra é uma grave advertência e nos obriga a perguntar-nos se estamos construindo a Igreja de Jesus sobre rocha, escutando e pondo em prática suas palavras, ou se estamos edificando sobre areias inseguras que não possuem a solidez nem a garantia do Evangelho.

A crise atual está pondo a descoberto a verdade ou a mentira de nossa vida cristã. Não basta fazer análises sociológicas. Será que não chegou o momento de fazer um exame de consciência em nossas comunidades e na Igreja, em todos os níveis, para questionar falsas seguranças e dar um nome concreto à falta de vida evangélica? Não basta chamar Jesus de "Senhor, Senhor", se não fazemos a vontade do Pai.

Reexaminar os alicerces da Igreja

Talvez estejamos vivendo um dos momentos mais adequados para ouvir essa palavra tão instrutiva com a qual Jesus termina o Sermão da montanha.

Dois homens constroem uma casa. Aparentemente os dois fazem a mesma coisa. Ambos estão comprometidos em fazer algo bonito e duradouro: construir uma casa. Mas não estão construindo da mesma maneira. Ao chegar a tormenta, descobre-se que um havia assentado a casa sobre rocha, enquanto o outro havia edificado a casa sobre areia.

O ensinamento de Jesus é claro: não se pode construir algo duradouro de qualquer maneira. Só quem escuta suas palavras e as põe em prática está construindo sobre rocha.

A crise que nós cristãos estamos vivendo tem raízes sociológicas e culturais bem concretas, mas nos obriga a reexaminar os alicerces e observar sobre que bases estamos construindo nossa vida cristã.

Talvez não tenhamos arraigado o nosso cristianismo no alicerce sólido do Evangelho, mas em costumes, modas e tradições nem sempre de acordo com o Espírito de Jesus.

Pretendemos apoiar nossa religião na segurança de nossas fórmulas e no rigor da disciplina, mas talvez não nos tenhamos esforçado muito em buscar a verdade do Evangelho.

Vivemos às vezes muito atentos a códigos, rubricas, normas e consignas, e não aprendemos a enfrentar nossa própria responsabilidade e os riscos da liberdade cristã.

Estamos acostumados a receber os sacramentos como o recurso fácil e seguro para obter a graça e a salvação. E, talvez, uma vez cumpridas as nossas "obrigações religiosas", já não nos preocupamos tanto em fazer do sacramento a expressão verdadeira de nossa conversão sincera.

A hora da crise também pode ser a hora da graça e da conversão, "a hora da verificação fundamental" (P.A. Liège). Não se trata de reduzir o cristianismo ao "mínimo indispensável" para continuar subsistindo, mas de reanimar nossa fé a partir do espírito do Evangelho.

No meio de tantas incertezas, discussões e divergências, hoje como sempre temos de fazer esforço para voltar à verdade do Evangelho. Chegou o momento de perguntar-nos com realismo e honestidade quais são as bases sobre as quais estamos construindo a vida de nossas comunidades cristãs. Não basta continuar chamando Jesus de "Senhor, Senhor". É necessário escutar juntos sua Palavra e animar-nos mutuamente a colocá-la em prática.

PÔR HOJE EM PRÁTICA O EVANGELHO

Existem muitas maneiras de viver o momento atual. Uns se dedicam a reprovar essa corrupção pública que parece não ter fim. Outros vivem a lamentar-se de uma crise econômica para a qual não se vê uma saída fácil. A maioria só se preocupa em desfrutar enquanto se pode. Não obstante, é possível reagir de uma maneira mais sadia. Em que direção?

Diante de um pragmatismo que reduz tudo a cálculos interessados – defesa da pessoa. Temos que defender sempre as pessoas como o que há de maior, o que nunca há de ser sacrificado a nada e a ninguém.

Diante de um individualismo exacerbado que difunde a consigna do "salve-se quem puder" – solidariedade e preocupação pelas vítimas. Nenhum ser humano há de ficar abandonado à sua desgraça, excluído de nossa ajuda solidária.

Diante da violência e do enfrentamento destruidor – diálogo e reconciliação. Não é possível construir juntos o futuro, se não for a partir do respeito mútuo, da tolerância e da aproximação de posturas.

Diante da apatia e da insensibilidade social que proíbe pensar nas vítimas do desenvolvimento – compaixão. Só é humano de verdade quem sabe olhar a vida a partir do sofrimento dos excluídos do bem-estar.

Diante de um tipo de organização social que busca eficácia e rendimento sem atender às necessidades do coração humano – ternura e misericórdia. É cada vez maior o número de pessoas que carecem de afeto, carinho e companhia para não cair no desespero.

Diante de uma permissividade ingênua que prega "liberdade" para sucumbir depois nas novas escravidões do dinheiro, do sexo ou da moda –

lucidez. Só quem vive a partir de uma liberdade interior e é capaz de amar com generosidade desfruta da vida com coração libertado.

Diante do desencanto e da crise de esperança – fé em um Deus Amigo do ser humano. Eliminado Deus, o ser humano vai se convertendo em uma pergunta sem resposta, um projeto impossível, um caminhar sem rumo. Estamos necessitados de um olhar mais positivo e confiante. Faz bem crer no "Deus da esperança".

Esta pode ser a forma concreta de escutar hoje o convite de Jesus para "construir" nossa vida sobre a "rocha" do Evangelho.

Os evangelhos de Jesus

Quando os primeiros discípulos de Jesus se convenceram de que Deus o havia ressuscitado, desautorizando aqueles que o haviam condenado, tomaram consciência de que na vida e na mensagem de Jesus se encerrava algo único, confirmado pelo próprio Deus.

Aconteceu então um fato singular e desconhecido em toda a literatura universal. Os discípulos começaram a recolher as palavras que tinham ouvido de Jesus durante sua vida terrena, mas não como se recolhe o testamento de um mestre que já morreu para sempre, mas como palavras de alguém que está vivo e continua falando ainda hoje aos que creem nele. Nasceu assim um gênero literário novo e desconhecido: os evangelhos.

Nas primeiras comunidades cristãs, os evangelhos eram lidos não como palavras ditas por Jesus no passado, mas como palavras que em cada tempo o Senhor ressuscitado está dizendo a seus seguidores. Os cristãos as escutam como palavras que são "espírito e vida", palavras que fazem viver na verdade, "palavras de vida eterna".

Por isso, um cristão nunca confunde o Evangelho com qualquer outro escrito. Quando se dispõe a ler as palavras de Jesus, sabe que não vai ler um livro, mas que vai escutar Cristo que fala ao coração. O Concílio Vaticano II quis despertar de novo esta fé dos primeiros cristãos proclamando solenemente que "Cristo está presente na Palavra, pois é Ele mesmo que fala enquanto se leem na Igreja as Sagradas Escrituras".

Quando nós cristãos abrimos os evangelhos, não estamos lendo a biografia de um personagem defunto. Não nos aproximamos de Jesus como algo acabado. Sua vida não terminou com sua morte. Suas palavras não permaneceram silenciadas para sempre. Jesus continua vivo. Quem souber ler o Evangelho com fé o escutará no fundo de seu coração. Nunca se sentirá sozinho.

É o próprio Jesus que nos convida a construir nossa vida sobre suas palavras. "Aquele que escuta estas minhas palavras e as põe em prática é semelhante ao homem prudente que edificou sua casa sobre rocha".

ESCUTAR A PALAVRA DE DEUS

Grande número de pessoas têm hoje algum exemplar da Bíblia em sua casa, mas poucas a abrem e leem com certa frequência. As razões são diversas: não encontramos tempo ou nos falta uma preparação adequada; não sabemos por onde começar; não estamos habituados a alimentar na Bíblia nossa vida cristã.

No entanto, a leitura pessoal da Bíblia é um dos meios mais válidos para "escutar as palavras de Jesus e colocá-las em prática". Ao convidar todos nós a fazer uma leitura frequente da Bíblia, o Vaticano II nos repete as palavras de São Jerônimo: "Desconhecer as Escrituras é desconhecer a Cristo".

O que pode fazer um cristão que não tem preparação alguma e, mesmo assim, deseja ler a Bíblia? Como aprender a escutar Deus nas Escrituras? Eis algumas orientações práticas:

• Reservar todos os dias quinze minutos para dedicá-los a ler e saborear a Bíblia com calma e tranquilidade.

• Começar fazendo um minuto de silêncio para afastar-nos das impressões e preocupações do dia, e tomar consciência do que vamos fazer: "Não vou ler um livro qualquer; vou escutar Deus que quer dizer-me algo".

• Antes de ler um trecho, convém saber que livro vou ler, quem o escreveu e com que intenção. Para isso basta ler as breves mas substanciosas introduções de cada livro que as bíblias costumam trazer.

• Durante a leitura é muito útil ler as notas que vêm ao pé da página, porque elas nos esclarecem frases e palavras que talvez não tenhamos entendido bem.

• Devemos ler o texto muito devagar, bem mais devagar do que costumamos ler, para captar exatamente o que ele quer dizer. Não devemos ter pressa para acabar uma passagem ou um capítulo.

• As frases obscuras ou difíceis de interpretar podemos passá-las por alto e deter-nos naquilo que se mostra claro. Um dia, mais tarde, vamos entendê-las.

• Convém ler a Bíblia seguindo um plano. O melhor é começar pelos evangelhos nesta ordem: Lucas, Marcos, Mateus e João; depois os Atos dos Apóstolos, as cartas de João, as cartas mais breves de Paulo... Pode ser um bom método ir lendo durante a semana as leituras que serão lidas na eucaristia do domingo seguinte.

• Depois de ler uma breve passagem, podemos fazer-nos estas perguntas: Neste texto, o que Deus me ensina? Que aspecto da vida me ilumina? Nesta passagem, a que Deus me convida? A que me comprometo? Neste fragmento, que confiança desperta Deus em mim? Que esperança me oferece?

12
Amigo de pecadores

Jesus viu um homem chamado Mateus, sentado junto ao balcão da coletoria e lhe disse:
"Segue-me." O homem se levantou e o seguiu. E aconteceu que, enquanto estava em casa sentado à mesa, chegaram muitos publicanos e pecadores e se assentaram com Jesus e os discípulos.
Vendo isso, os fariseus disseram aos discípulos: "Como é que vosso mestre come junto com cobradores de impostos e pecadores?" Jesus, que os ouvira, respondeu-lhes: "Não são os que têm saúde que precisam de médico, e sim os enfermos. Ide e aprendei o que significam as palavras: 'Quero misericórdia e não sacrifícios'. Porque não vim para chamar os justos, mas os pecadores" (Mt 9,9-13).

Antes de tudo, misericórdia
A cena é insólita. Para os setores mais religiosos de Israel, um escândalo inadmissível. Jesus está na casa de Mateus, sentado à mesa com os seus. Mas não estão sós. "Muitos publicanos e pecadores" chegam ao banquete e "se sentam à mesa com Jesus e seus discípulos". Jesus está num ambiente de "pecadores". O relato assinala que são "muitos". Todos se sentam à mesma mesa, misturados com os discípulos.

A acusação dos setores mais religiosos é imediata. Por que Jesus age de maneira tão escandalosa? Os "pecadores" são gente indesejável e desprezada, causa dos males sofridos pelo povo eleito. O melhor é excluir os que não vivem de acordo com a Aliança. Como se permite um homem de Deus acolhê-los de forma tão amistosa?

Jesus não faz caso das críticas. Todos estão convidados à sua mesa, porque Deus é de todos, também dos excluídos pela religião. Estes banquetes representam o grande projeto de um Deus que oferece a todos sua salvação: sua misericórdia de Pai não pode ser medida nem explicada pelos homens da religião.

Jesus responde às acusações descobrindo a profundidade de sua atuação. Em primeiro lugar, sua maneira de olhar os que, por razões diferentes, não vivem à altura moral dos que atuam conforme o prescrito. Ele os vê como "enfermos". Eles são mais "vítimas" do que "culpados"; mais necessitados de ajuda do que de condenação. Assim é o olhar de Jesus.

Em segundo lugar, seu modo de acolhê-los. "Não precisam de médico os que estão sãos, mas os enfermos". O que eles precisam primeiro não é de um mestre da lei que os julgue, mas de um médico amigo que os ajude a curar-se. Assim se via Jesus a si mesmo: não como juiz que dita sentenças, mas como médico que vem buscar e salvar aqueles que se encontram "perdidos".

Este comportamento não é a atuação simpática de um bom profeta. Aqui está se revelando a nós como é Deus. Por isso diz Jesus: deixai de fazer acusações e "aprendei" de minha atuação o que significam as palavras de Oseias: Deus quer misericórdia em vez de oferendas e culto.

Se não aprendemos de Jesus que o primordial para Deus é sempre a "misericórdia", falta-nos algo essencial para sermos seus discípulos. Uma Igreja sem misericórdia é uma Igreja que não segue os passos de Jesus.

Quando seremos chamados "amigos de pecadores"?

Não há nenhuma dúvida de que o gesto mais escandaloso de Jesus foi sua amizade com pecadores e pessoas indesejáveis. Nunca havia ocorrido algo parecido em Israel. O que Ele fazia era inaudito. Jamais se tinha visto um profeta convivendo com pecadores nessa atitude de confiança e amizade.

Como pode um homem de Deus aceitá-los como amigos? Como se atreve a comer com eles sem guardar as devidas distâncias? Não se come com qualquer um. Cada um acolhe em sua mesa os seus. Deve-se proteger a própria identidade e santidade sem misturar-se com gente pecadora. Esta era a norma entre os grupos mais piedosos daquele povo que se sentia santo.

Jesus, pelo contrário, senta-se para comer com qualquer pessoa. Sua identidade consiste precisamente em não excluir ninguém. Sua mesa está aberta a todos. Não é preciso ser santo. Não é necessário ser uma mulher honesta para sentar-se junto a Ele. Ele não exige previamente nenhum sinal de arrependimento. Não se preocupa que sua mesa seja santa ou não, mas que seja acolhedora.

O que o guia é sua experiência de Deus. Ninguém pode convencê-lo do contrário: Deus não discrimina ninguém. Jesus foi chamado "amigo de pecadores" e nunca o desmentiu, porque era verdade. Também Deus é amigo de pecadores e indesejáveis. Ele vive aquelas refeições como um processo de cura: "Não são os que gozam de saúde que necessitam de médico, mas os enfermos".

É verdade. Aqueles cobradores de impostos e prostitutas não o veem como um mestre de moral, mas o sentem como um amigo que os cura por dentro. Pela primeira vez podem sentar-se junto com um homem de Deus. Jesus rompe toda discriminação. Pouco a pouco cresce neles a dignidade e desperta uma nova confiança em Deus. Junto de Jesus tudo é possível, inclusive começar a mudar.

Onde se reproduz hoje em nossa Igreja algo parecido? Nós confessamos repetidamente que a Igreja é santa, como se temêssemos que ninguém o notasse. Quando seremos chamados "amigos de pecadores"? Casais desfeitos que não puderam manter sua fidelidade, jovens derrotados pela droga, delinquentes indesejáveis para todos, escravas da prostituição: será que todos estes nos veem como Igreja acolhedora?

O QUE SERIA A IGREJA SEM COMPAIXÃO?

A Deus lhe dói o sofrimento das pessoas. Por isso sua primeira reação diante do ser humano é a compaixão. Deus não quer ver ninguém sofrer. Jesus também não. O que Ele quer em primeiro lugar é eliminar ou aliviar o sofrimento. Se lhe dói o pecado, é precisamente porque o pecado faz sofrer ou permite que a pessoa continue sofrendo.

Por isso a compaixão não é uma virtude a mais, É a única maneira de nos assemelharmos a Deus, o único modo de ser como Jesus e de atuar como Ele. O que Jesus pede primeiro a seus seguidores é: "sede compassivos como vosso Pai é compassivo".

A compaixão deve ser, portanto, a atitude que inspire e configure toda a atuação da Igreja. Se o que fazemos a partir da Igreja não nasce do amor compassivo, será quase sempre irrelevante e inclusive perigoso, pois acabará desfigurando o verdadeiro rosto de Deus.

Para a Igreja, como para toda instituição, nem sempre é fácil reagir com compaixão. Menos ainda manter acima de tudo a supremacia da compaixão. Custa-nos pôr-nos na carne das pessoas concretas que sofrem. Custa à Igreja chamada "institucional" e custa também à Igreja chamada "progressista".

Mas, o que é uma Igreja sem compaixão? Quem a escutará? Em que coração terá eco sua mensagem? Sem dúvida, a sociedade necessita de diretrizes morais e princípios de orientação, mas as pessoas concretas, com seus problemas, sofrimentos e contradições precisam ser compreendidas. Uma palavra não penetrada de compaixão dificilmente será bem acolhida.

Não basta somente que os cristãos façam "obras de misericórdia", mas que a Igreja inteira seja sinal da misericórdia e do amor compassivo de Deus para com o homem e a mulher de hoje. Esta sociedade "enferma" necessita urgentemente de uma palavra de crítica e de alento. E a Igreja pode comunicá-la a partir do Evangelho. Mas, para ser ouvida, esta palavra deve provir de uma Igreja próxima e compassiva – nunca permissiva –, uma Igreja que pode ser vista sofrer com as feridas físicas, morais e espirituais das pessoas. Jesus o disse: "Não são os que gozam de saúde que necessitam de médico, mas os enfermos".

Deus é para os pecadores

São muitos os que se sentem mal ao ouvir falar de Deus. Não podem pensar nele sem experimentar sua própria indignidade e pecado. Para estas pessoas, Deus é o exigente, aquele que de forma permanente e implacável reprova nosso modo de viver. Um Deus que nos devolve a imagem de nossa pequenez e mediocridade. Alguém sempre à espera de nossa confissão de culpabilidade. É impossível aproximar-se dele sem prévia humilhação.

É normal então a tentação de evitar esse Deus. No fundo é defender-se de uma experiência sumamente fastidiosa. Ninguém é atraído para sentir-se humilhado, sempre acusado de alguma coisa. É melhor manter esse Deus bem longe e esquecido.

O que essas pessoas não sabem é que esse não é o Deus revelado em Jesus Cristo, mas uma falsa projeção do "superego" de que fala Sigmund Freud, esse "olho eternamente aberto em nosso interior" que, sem o mínimo pestanejo, vigia nossos atos, lembra o que devemos ser e reprova as transgressões.

A psicanálise nos ensinou muito sobre a culpabilidade. O sentimento de culpa pode contribuir para o nosso amadurecimento e crescimento, mas também pode ser um fator repressivo e destruidor. Reconhecer-se culpado para transformar-se e mudar é sinal de maturidade; fechar-se no remorso para condenar-se sem piedade é destruir-se. Por isso a religião pode ajudar a viver a culpa de maneira sadia e libertadora, mas também pode reforçar seu desvio patológico e aniquilador.

Não basta crer em Deus. O importante é saber em que Deus se crê. Ele não deve ser confundido com o olho vigilante da consciência. O Deus encarnado em Jesus é radicalmente misericórdia. Para encontrar-se com Ele não é necessário passar sempre por uma humilhação prévia.

Sabemos hoje que o sentimento de culpa nasce com frequência de um medo profundo de sermos abandonados ou rejeitados por aquele de quem precisamos radicalmente para viver. Mas, diante do Deus Amor, a culpa sempre pode ser vivida de maneira confiante. Quando o crente se entrega ao amor insondável de Deus, o sentimento de pecado não afasta, mas aproxima dele.

Diante de Deus não devemos sentir-nos acusados, mas devolvidos à paz e convidados à transformação. Basta lembrar as palavras de Jesus: "Não são os que gozam de saúde que necessitam de médico, mas os enfermos... Não vim para salvar os justos, mas os pecadores".

O pecado não nos afasta de Deus

Sem dúvida são muitos hoje os que "passam" sem Deus e vivem numa atitude de total indiferença a qualquer postura religiosa. Seus ouvidos já se fecharam há tempo a qualquer convite à graça.

Mas também há muitos homens e mulheres em cujo coração a lembrança de Deus permanece viva. Um Deus talvez esquecido e relegado a um canto, mas que não está ausente de suas consciências.

Entretanto, um bom número deles não vive em paz com Deus. Ele lhes recorda imediatamente sua vida obscura, empobrecida pelo egoísmo, pela mediocridade e pela busca superficial do prazer. São crentes que sentem necessidade de Deus, mas que não se atrevem a aproximar-se dele a partir de sua consciência de pecado.

Todos nós temos a tentação de pensar que o pecado é algo que afasta Deus de nós. Poucos creem num Deus que se aproxima de nós precisamente quando nos vê mais desorientados e necessitados de paz e de perdão. Cremos em um Deus que olha com complacência aqueles que vivem uma vida fiel, mas cujo rosto se entristece diante dos pecadores.

Com frequência fazemos de Deus uma caricatura à nossa imagem e semelhança, imaginando-o pequeno e mesquinho como nós, alguém que ama exclusivamente aqueles que o amam e que rejeita aqueles que o contrariam. É difícil para nós crer em um Deus grande que nos ama sem fim, não porque o mereçamos, mas porque necessitamos dele.

Devemos lembrar sempre de novo a atuação e as palavras de Jesus: "Não são os que gozam de saúde que necessitam de médico, mas os enfermos. Não vim para salvar os justos, mas os pecadores". Cometemos um grave erro quando buscamos primeiramente ocultar nosso pecado, pacificar nossa consciência ou justificar nossa vida para, num segundo momento, podermos apresentar-nos com certa dignidade diante de Deus.

Por mais grave que seja o nosso pecado, não há de ser nunca um obstáculo para aproximar-nos humildemente de Deus. Ao contrário, poucas vezes o ser humano está tão perto de Deus como quando se reconhece pecador e acolhe agradecido o perdão de Deus e sua força renovadora.

No próprio interior de nosso pecado, podemos sempre encontrar-nos com o Deus de Jesus Cristo que nos perdoa, nos chama e nos convida a uma vida melhor, mais digna e feliz.

13
Missão curadora

Vendo Jesus o povo, sentiu compaixão dele porque estava cansado e abatido, como ovelhas sem pastor. Então disse a seus discípulos:
"A colheita é grande, mas os trabalhadores são poucos. Pedi, pois, ao dono da colheita que mande trabalhadores para a sua colheita".
Jesus convocou os doze discípulos e deu-lhes poder sobre os espíritos impuros para os expulsar e para curar toda enfermidade e doença.
Estes são os nomes dos doze apóstolos: o primeiro, Simão, chamado Pedro, e André, seu irmão; Tiago, filho de Zebedeu, e João, seu irmão; Filipe e Bartolomeu, Tomé e Mateus, o cobrador de impostos; Tiago, filho de Alfeu, e Tadeu; Simão o Zelotes e Judas Iscariotes, que o traiu. A estes doze Jesus os enviou, com estas recomendações:
"Não sigais pelos caminhos dos pagãos, nem entreis em cidade de samaritanos. Ide, antes, às ovelhas perdidas da casa de Israel. Pelo caminho, proclamai que está próximo o Reino dos Céus. Curai os enfermos, ressuscitai os mortos, limpai os leprosos, expulsai os demônios. Recebestes de graça, dai de graça!" (Mt 9,36–10,8).

Autoridade para curar a vida

Jesus vivia muito atento às pessoas necessitadas que encontrava em seu caminho. Olha compadecido o paralítico de Cafarnaum, os cegos de Jericó, a velhinha encurvada pela enfermidade, e suas entranhas se comovem. Não é capaz de passar ao largo sem fazer alguma coisa para aliviar o sofrimento deles.

Mas os evangelhos no-lo apresentam, também, fixando com frequência seu olhar nas "multidões". Via o povo com fome ou com todo tipo de enfermidades e outros males, e sempre acontecia o mesmo: sentia compaixão.

Havia algo que lhe doía de maneira especial. É Mateus que no-lo recorda: "Ao ver as multidões, compadecia-se delas, porque estavam extenuadas e abandonadas, como ovelhas sem pastor". Nem os representantes de Roma, nem os dirigentes religiosos de Jerusalém se preocupam com essa gente.

Essa compaixão de Jesus não é um sentimento passageiro. É sua maneira de ver as pessoas e de viver buscando seu bem, sua forma de encarnar a misericórdia de Deus. Desta compaixão nasce sua decisão de chamar os "doze apóstolos" para enviá-los às "ovelhas perdidas de Israel".

Para isso, Ele mesmo dá "autoridade", mas o que lhes dá não é um poder sagrado para que o utilizem segundo sua própria vontade. Não é um poder de governar o povo como os romanos que "governam as nações com seu poder". É uma "autoridade" orientada" para fazer o bem, "expulsando espíritos malignos" e "curando toda enfermidade e aliviando todo sofrimento".

A autoridade que existe na Igreja nasce e se baseia nesta compaixão de Jesus pelo povo. É orientada para curar, aliviar o sofrimento e fazer o bem. É um dom de Jesus. Os que o exercem devem fazê-lo "de graça", pois a Igreja é um dom de Jesus a todas as pessoas.

Por isso os discípulos devem pregar o que Jesus pregava, não outra coisa: "Pregai que o Reino de Deus está próximo"; que as pessoas podem escutar essa notícia e entrar no projeto de Deus. Mas hão de fazê-lo colocando saúde, vida e libertação do demoníaco. Assim o indicam as quatro ordens de Jesus: "curai enfermos", "ressuscitai mortos", limpai leprosos", "expulsai demônios".

INTRODUZIR VIDA NA SOCIEDADE ATUAL

O Reino de Deus não é só uma salvação que começa depois da morte. É uma irrupção de graça e de vida já em nossa vida atual. Mais ainda. O sinal mais claro de que o reino está próximo é precisamente essa corrente de vida que começa a abrir-se passagem na terra. "Ide e proclamai que o Reino dos Céus está próximo. Curai os enfermos, ressuscitai os mortos, limpai os leprosos, expulsai os demônios." Hoje, mais do que nunca, nós crentes deveríamos escutar o convite de Jesus de pôr nova vida na sociedade.

Um inquietante abismo está se abrindo entre o progresso técnico e o nosso desenvolvimento espiritual. Dir-se-ia que o ser humano não tem força espiritual para animar e dar sentido a seu incessante progresso. Os resultados são palpáveis. Muitos se veem empobrecidos por seu dinheiro e pelas coisas que pensam possuir. O cansaço da vida e o aborrecimento se apoderam de outros tantos. A "contaminação interior" está sujando o melhor de não poucas pessoas. Há homens e mulheres que vivem perdidos, sem poder encontrar um sentido para sua vida. Há pessoas que vivem correndo, imersas numa nervosa e intensa atividade, esvaziando-se por dentro, sem saber exatamente o que querem.

Será que não estamos de novo diante de homens e mulheres "enfermos" que precisam ser curados, "mortos" que precisam ser ressuscitados, "possessos" que esperam ser libertados de tantos demônios que os impedem de viver como seres humanos? Há pessoas que, no fundo, querem voltar a viver. Querem curar-se e ressuscitar. Querem tornar a rir e desfrutar da vida, enfrentar cada dia com alegria.

E só há um caminho: aprender a amar. E aprender de novo coisas que o amor exige e que não estão muito na moda: simplicidade, acolhimento, amizade, solidariedade, atenção gratuita ao outro, fidelidade... Entre nós continua faltando amor. Alguém tem que despertá-lo. O que vai salvar os seres humanos de hoje não será o conforto, nem a eletrônica, mas o amor. Se existe em nós capacidade de amar, temos que compartilhá-la. O que nos foi dado de graça, devemos de graça compartilhar de muitas maneiras com os que encontramos no nosso caminho.

PROGRAMA LIBERTADOR

Muitos cristãos pensam estar vivendo sua fé com responsabilidade, porque se preocupam em cumprir determinadas práticas religiosas e tratam de ajustar seu comportamento a leis morais e normas eclesiásticas.

Do mesmo modo, muitas comunidades cristãs pensam que estão cumprindo fielmente sua missão, porque se esfalfam em oferecer serviços de catequese e educação da fé, e se esforçam por celebrar com dignidade o culto cristão.

Será que é só isto que Jesus queria pôr a caminho ao enviar seus discípulos pelo mundo afora? É esta a vida que Ele queria infundir no coração da história?

Precisamos ouvir de novo as palavras de Jesus para redescobrir a verdadeira missão dos cristãos no meio desta sociedade. Assim resume o evangelista a ordem de Jesus: "Ide e proclamai que o Reino dos Céus está próximo. Curai os enfermos, ressuscitai os mortos, limpai os leprosos, expulsai os demônios. De graça recebestes, dai de graça".

Nossa primeira tarefa também hoje é proclamar que Deus está perto de nós, empenhado em salvar a felicidade da humanidade. Mas este anúncio de um Deus salvador não se faz só através de discursos e palavras sugestivas. Não se assegura só com catequese, ou com aulas de religião. Jesus nos lembra a maneira de proclamar Deus: trabalhar gratuitamente para infundir nos seres humanos nova vida.

"Curar os enfermos" quer dizer libertar as pessoas de tudo que lhes rouba vida e as faz sofrer. Sarar a alma e o corpo dos que se sentem destruídos pela dor e angustiados pela dureza impiedosa da vida diária.

"Ressuscitar os mortos" quer dizer libertar as pessoas daquilo que bloqueia sua vida e mata sua esperança. Despertar novamente o amor à vida, a confiança em Deus, a vontade de lutar e o desejo de liberdade em tantos homens e mulheres nos quais a vida vai morrendo pouco a pouco.

"Limpar os leprosos", quer dizer limpar esta sociedade de tanta mentira, hipocrisia e convencionalismo. Ajudar as pessoas a viver com mais verdade, simplicidade e honradez.

"Expulsar os demônios", isto é, libertar as pessoas de tantos ídolos que as escravizam e pervertem nossa convivência. Onde se está libertando as pessoas, ali se está anunciando a Deus.

Olhar as pessoas como Jesus as olhava

Jesus dava uma importância muito grande à maneira de olhar as pessoas. Desse olhar depende, em boa parte, nossa maneira de agir. O Evangelista Mateus cita esta observação de Jesus: "A lâmpada de teu corpo são teus olhos. Se teus olhos estão sadios, todo o teu corpo ficará iluminado, mas se teus olhos estiverem doentes, todo o teu corpo ficará na escuridão" (Mt 6,22-23). Um olhar claro permite que a luz entre dentro de nós e possamos agir com lucidez.

Como era o olhar de Jesus? Como Ele via as pessoas? Os evangelistas repetem sempre de novo que seu olhar era diferente. Não era como o dos fariseus radicais que só viam no povo impiedade, ignorância da lei e indiferença religiosa. Também não era como o do Batista que via pecado, corrupção e inconsciência diante da iminente chegada de Deus.

O olhar de Jesus estava sempre cheio de carinho, respeito e amor. "Ao ver as multidões, Ele se compadecia delas, porque as pessoas estavam extenuadas e abandonadas como ovelhas sem pastor". Sofria ao ver tanta gente perdida e sem orientação. Doía-lhe o abandono em que se encontravam tantas pessoas sós, cansadas e maltratadas pela vida.

Aquelas pessoas eram muito mais vítimas do que culpadas. Não precisavam ouvir mais ordens, mas conhecer uma vida mais sadia. Por isso Jesus iniciou um movimento novo e inconfundível. Chamou seus discípulos e deu-lhes "autoridade" não para condenar, mas para "curar toda enfermidade e sofrimento".

Na Igreja, só vamos mudar quando começarmos a olhar as pessoas como Jesus as olhava. Quando chegarmos a ver as pessoas mais como vítimas do que como culpadas, quando nos fixarmos mais em seu sofrimento do que em seu pecado, quando olharmos a todos com menos medo e mais piedade.

Ninguém recebeu de Jesus "autoridade" para condenar, mas para curar. Jesus não nos chama para julgar o mundo, mas para sanar a vida. Nunca quis inaugurar um movimento para combater, condenar e derrotar seus adversários. Pensava em discípulos que vão olhar o mundo com ternura. Queria vê-los dedicados a aliviar o sofrimento e a infundir esperança. Essa é sua herança, não outra.

Não esquecer dos que sofrem

Há uns anos, voltava eu de Ruanda, depois de passar lá o Natal. Enquanto voltávamos de Kigali para Bruxelas, um pensamento ocupava minha mente. Deixávamos para trás o horror, a miséria e a morte que subsistia nesses povos dos Grandes Lagos da África. Na Europa nos esperava uma sociedade obsediada por seu próprio bem-estar. Como é possível que, a poucas horas de avião, esteja morrendo toda essa gente, enquanto vivemos aqui alheios a tudo que não seja nosso interesse? Como podemos tolerar que o mundo "funcione" assim? Só me ocorria uma explicação: nossa incrível inconsciência.

Por isso voltei a ler estes dias algumas páginas de Johann-Baptist Metz, esse grande teólogo que há anos vem advertindo que só "a lembrança do sofrimento dos inocentes" pode humanizar-nos. A partir de onde pensar de novo o ser humano? Como humanizar a história? Diz Metz: "Na realidade eu só conheço uma categoria universal por excelência, que se chama *memória passionis*".

Segundo o teólogo de Münster, o sofrimento dos inocentes desafia qualquer teoria do ser humano, qualquer filosofia, política ou religião que não o tome a sério. É desumana toda proposta de uma causa, se ela trivializa o sofrimento das vítimas. A única autoridade que nos julga a todos é "a autoridade dos que sofrem".

Daí a importância de escutar não só aquele que argumenta ou que ora, mas sobretudo aquele que sofre. Quando se esquece o sofrimento concreto das pessoas, a humanidade corre perigo. Quando a política utiliza o sofrimento humano como estratégia, degrada sua própria causa. Quando a religião vive de costas para os que padecem, ela se desumaniza. Quando a Igreja não se aproxima deles, ela se afasta do Crucificado.

Metz insiste na necessidade de desenvolver uma cultura em cujo centro esteja presente "a lembrança do sofrimento". Temos de lutar contra a amnésia; reagir diante do esquecimento fácil daquele que sofre fome, sequestro, tortura ou morte. Só a preocupação com o que sofre revela a verdade de nossa defesa do ser humano. Só fazendo nossa a sua causa é que nos tornamos humanos.

O Evangelho nos lembra que Jesus dedicava seu tempo e suas forças não só para pregar nas sinagogas, mas para libertar do sofrimento e da enfermidade os encurvados, os humilhados pelo mal. Por isso, ao confiar a seus discípulos a tarefa da evangelização, não os envia só a pregar, mas também a libertar do sofrimento. "Ide e proclamai que o Reino de Deus está próximo. Curai os enfermos, ressuscitai os mortos, limpai os leprosos, expulsai os demônios. De graça recebestes, dai de graça."

14
Não tenhais medo

Disse Jesus a seus discípulos:
"Não tenhais medo dos homens, porque não há nada encoberto que não venha a ser revelado, nem escondido que não venha a ser conhecido. Dizei à luz do dia o que vos digo na escuridão, e proclamai de cima dos telhados o que vos digo ao pé do ouvido. Não tenhais medo dos que matam o corpo, mas não podem matar a alma. Deveis ter medo daquele que pode fazer perder-se a alma e o corpo no inferno. Não se vendem dois pardais por uma moedinha de cobre? E nenhum deles cai por terra sem a vontade de vosso Pai. Quanto a vós, até mesmo todos os cabelos de vossa cabeça estão contados. Portanto, não tenhais medo. Valeis mais do que muitos pardais.
Todo aquele, pois, que der testemunho de mim diante dos outros, também eu darei testemunho dele diante de meu Pai que está nos céus. Mas todo aquele que me negar diante dos outros, também eu o negarei diante de meu Pai que está nos céus" (Mt 10,26-33).

Seguir a Jesus sem medo
A lembrança da execução de Jesus estava ainda muito viva entre os seus seguidores. Pelas comunidades cristãs circulavam diversas versões de sua paixão. Todos sabiam que era perigoso seguir alguém que havia terminado tão mal. Recordava-se uma frase de Jesus: "O discípulo não está acima de seu mestre". Se a Ele o chamaram de belzebu, o que não dirão de seus seguidores?

Jesus não queria que seus discípulos alimentassem falsas ilusões. Ninguém pode pretender segui-lo de verdade sem compartilhar de alguma maneira sua sorte. Em algum momento, alguém nos rechaçará, maltratará, insultará ou condenará. O que se deve fazer?

A resposta de Jesus lhe sai de dentro: "Não tenhais medo". O medo é mau. Não deve paralisar nunca seus discípulos. Não hão de calar-se, nem cessar de propagar sua mensagem por nenhum motivo.

Jesus lhes explica como devem situar-se diante da perseguição. Com Ele já começou a revelação da Boa Notícia de Deus. Devem confiar. O que ainda está "encoberto" e "escondido" a muitos, um dia estará patente: será conhecido o Mistério de Deus, seu amor ao ser humano e seu projeto de uma vida mais feliz para todos.

Os seguidores de Jesus são chamados a tomar parte desde agora nesse processo de revelação: "O que vos digo na escuridão, dizei-o à luz do dia". O que lhes explica ao anoitecer, antes de retirar-se para descansar, devem eles comunicá-lo sem medo "em pleno dia". "O que vos digo ao pé do ouvido, proclamai-o de cima dos telhados". O que lhes sussurra ao ouvido para que penetre bem em seu coração, devem torná-lo público.

Jesus insiste em que não tenham medo. "Quem está do meu lado", nada deve temer. O último juízo será para ele uma surpresa feliz. O juiz será "meu Pai do céu", Ele que vos ama sem fim. O defensor serei eu mesmo que "me colocarei de vosso lado". Quem pode infundir-nos mais esperança no meio das provas?

Jesus imaginava seus seguidores como um grupo de crentes que sabem "pôr-se de seu lado", sem medo. Por que somos tão pouco livres para abrir novos caminhos mais fiéis a Jesus? Por que não nos atrevemos a expor de maneira simples, clara e concreta o essencial do Evangelho?

LIBERTAR NOSSAS COMUNIDADES DO MEDO

As fontes cristãs apresentam Jesus dedicado a libertar as pessoas do medo. Ele se afligia ao ver as pessoas aterrorizadas pelo poder de Roma, intimidadas pelas ameaças dos mestres da lei, distanciadas de Deus pelo medo de sua ira, culpabilizadas por sua pouca fidelidade à lei. Do coração de Jesus, cheio de Deus, só podia brotar um desejo: "Não tenhais medo". São palavras de Jesus que se repetem sempre de novo nos evangelhos. As que mais deveriam também repetir-se hoje em sua Igreja.

O medo se apodera de nós quando em nosso coração cresce a desconfiança, a insegurança ou a falta de liberdade interior. Este medo é o problema central do ser humano e só podemos libertar-nos dele enraizando nossa vida em um Deus que só busca o nosso bem.

Assim o via Jesus. Por isso dedicou-se, antes de tudo, a despertar a confiança no coração das pessoas. Sua fé profunda e simples era contagiosa: se Deus cuida com tanta ternura dos pardais do campo, os pequeninos pássaros da Galileia, como não vai cuidar de vós? Para Deus sois mais importantes e queridos que todos os pássaros do céu. Um cristão da primeira geração recolheu bem sua mensagem: "Descarregai em Deus tudo que vos abate ou oprime, pois a Ele só interessa o vosso bem".

Com que força falava Jesus a cada enfermo: "Tem fé. Deus não se esqueceu de ti". Com que alegria os despedia quando podia vê-los curados: "Vai em paz. Vive bem". Seu grande desejo era que as pessoas vivessem em paz, sem medos nem angústias: "Não vos julgueis, nem vos condeneis mutuamente, não vos causeis dano. Vivei de maneira amistosa".

São muitos os medos que fazem as pessoas sofrer em segredo. O medo causa dano, muito dano. Onde cresce o medo, perde-se Deus de vista e se afoga a bondade que há no coração das pessoas. A vida se apaga, a alegria desaparece.

Uma comunidade de seguidores de Jesus deve ser, antes de muitas outras coisas, um lugar onde as pessoas se libertem de seus medos e aprendam a viver confiando em Deus. Uma comunidade onde se possa respirar uma paz contagiosa e viver uma amizade entranhável que tornam possível escutar o apelo de Jesus: "Não tenhais medo!"

Aprender a confiar em Deus

Estou convencido de que a experiência de Deus, tal como Jesus a oferece e comunica, infunde sempre uma paz inconfundível em nosso coração, cheio de inquietações, medos e inseguranças. Esta paz é quase sempre o melhor sinal de que escutamos do fundo do nosso ser seu apelo: "Não tenhais medo, pois valeis mais do que muitos pardais". Como aproximar-nos desse Deus?

Talvez o primeiro a fazer seja deter-nos a experimentar Deus só como amor. Tudo o que nasce dele é amor. Dele só nos chega vida, paz e bem. Eu posso afastar-me dele e esquecer seu amor, mas Ele não muda. A mudança se opera só em mim. Ele nunca deixa de amar-me.

Há, todavia, algo ainda mais comovedor. Deus me ama incondicionalmente, tal como sou. Não tenho que merecer seu amor. Não tenho que conquistar seu coração. Não tenho que mudar nem ser melhor para ser amado por Ele. Além disso, sabendo que Ele me ama assim, posso mudar, crescer e ser bom.

Agora posso pensar em minha vida: o que Deus pede de mim? O que Ele espera de mim? Que eu aprenda a amar, só isto. Não sei em que circunstâncias posso encontrar-me e que decisões terei de tomar, mas Deus só espera de mim que ame as pessoas e busque seu bem; que me ame a mim mesmo e me trate bem, que ame a vida e me esforce por fazê-la mais digna e humana para todos. Que eu seja sensível ao amor.

Uma coisa nunca hei de esquecer, é que nunca estarei só. Todos "vivemos, nos movemos e existimos" em Deus. Ele será sempre essa presença compreensiva e exigente de que necessito, essa mão forte que me sustentará na fraqueza, essa luz que me guiará por seus caminhos. Ele me convidará sempre a caminhar dizendo "sim" à vida. Um dia, quando terminar minha peregrinação por este mundo, conhecerei junto de Deus a paz e o descanso, a vida e a liberdade.

OLHAR O FUTURO SEM PERDER A PAZ

Em todas as épocas sempre apareceram os "profetas agoureiros" ou vaticinadores de desgraças, prontos para anunciar todo tipo de males para o futuro. Também hoje aparecem aqui ou ali pessoas pouco equilibradas que profetizam catástrofes e outros desastres, talvez porque elas mesmas vivem como um fracasso e projetam sobre o mundo seus próprios desejos de destruição.

Esses falsos profetas podem arruinar a alma frágil de alguns, mas não são os mais perigosos. Maior dano ainda causam aqueles que constantemente destilam seu pessimismo, envenenando a vida cotidiana com sua visão sombria e seus prognósticos pessimistas.

O cristão não se ilude sobre a situação do mundo. Não se engana "resolvendo" os problemas a partir de uma fé ingênua. Conhece a força do mal, mas sua fé em Deus o ajuda a não esquecer que o mundo não está abandonado à sua desgraça. Além das manchetes da imprensa e dos dados das estatísticas, o crente vê a realidade em sua profundidade última que é a salvação que vem de Deus.

Esta é a confiança fundamental que Jesus quer transmitir a seus discípulos: "Não tenhais medo dos que matam o corpo, mas não podem matar a alma". É claro que a vida está cheia de experiências negativas, e que a fé não oferece receitas mágicas para resolver os problemas. Mas a existência do ser humano está nas mãos de Deus. Só nele está nossa salvação da morte e do fracasso final.

Esta fé firme em Deus não leva à evasão ou à passividade. Traduz-se, pelo contrário, em coragem para tomar decisões e assumir responsabilidades. Leva a enfrentar riscos e aceitar sacrifícios para ser fiel a si mesmo e à própria dignidade. O verdadeiro crente não se caracteriza pela covardia e pela resignação, mas pela audácia e pela criatividade.

Outra consequência da confiança em Deus é a paciência, essa arte de resistir à agressividade do mal sem perder a própria dignidade, nem destruir-se. A palavra "paciência", na primitiva linguagem grega das primeiras comunidades cristãs, é designada por um termo que significa literalmente "permanecer em pé", suportando o mal de cada dia. É essa a atitude secreta de quem põe sua confiança última em Deus.

Não ao medo

Não é pecar por dramatismo constatar que cresce entre nós o medo social e a insegurança. A vida está cada vez mais difícil ou, pelo menos, assim o percebe muita gente que se sente ameaçada de muitas maneiras e não vê claro seu futuro.

Este medo social é um tanto difuso, mas real. É a impressão quase imperceptível de que as instituições sociais, políticas e econômicas existentes não são capazes de resolver os problemas atuais.

Este medo nem sempre se manifesta da mesma maneira, nem tem os mesmos efeitos em todos. Existem aqueles que sentem necessidade de consumir mais, para se sentirem mais seguros, e lançar-se numa vida de divertimento que lhes permita esquecer os problemas de cada dia.

Outros caem na passividade, na resignação e no desencanto, pois se sentem dominados por uma sensação de impotência ao ter poucas oportunidades de protagonismo numa sociedade tão complexa e tão submissa ao interesse dos privilegiados.

Também não faltam os que, acovardados diante do risco de uma maior liberdade social, desejam voltar a situações mais ditatoriais e anseiam por um Estado forte, defensor de uma ordem rígida e segura, com o risco de construir uma sociedade menos livre e mais inumana.

A superação do medo não é só nem principalmente uma questão de boa vontade. O ser humano precisa encontrar uma esperança definitiva e uma força que dê sentido à sua luta diária. Precisa descobrir uma razão para viver, uma confiança para morrer.

A fé é, talvez, antes de tudo, força contra todo medo e coragem para continuar crendo no futuro do ser humano, a partir de um compromisso humilde e a partir de uma confiança ilimitada no Pai de todos. A isso nos convida permanentemente o apelo de Jesus: "Não tenhais medo".

encerrados em nosso pequeno mundo, indiferentes à dor e à esperança dos ultimos.

Vivamos tudo para tudo ser acessível: arriscar, esperança, ser ouvintes de verdade e voz dos que sofrem. Já não podemos viver de outra qualquer maneira. É preciso fazer algo, procurar saber como podemos acompanhar mais e melhorar que temos. Mas os ricos do mundo, colaborar em projetos de desenvolvimento, abrir caminhos em favor dos povos pobres da Terra.

A intensidade com que nos encontramos a crise econômica não há de impedir nossa Igreja de desenvolver a solidariedade com os povos empobrecidos prestos nós mesmos. Não podemos olhar só a Europa. O Espírito de Cristo nos interpela a partir dos pobres e famintos da Terra.

Nada é mais importante e decisivo na vida do verdadeiro discípulo, nem nos projetos de uma Igreja fiel a seu Senhor. Primeiro é preciso buscar uma vida digna e feliz para todos. Tudo o mais vem depois. Mais uma vez as palavras de Jesus nos lembram isto: "Buscai primeiro o Reino de Deus e sua justiça; tudo o mais vos será dado de acréscimo".

15
COMO SEGUIR A JESUS

Disse Jesus a seus discípulos:
"Quem ama seu pai ou sua mãe mais do que a mim, não é digno de mim. E quem ama seu filho ou sua filha mais do que a mim, não é digno de mim. E quem não toma a sua cruz e me segue, não é digno de mim. Quem procura a sua vida, há de perdê-la; e quem perde a vida por amor de mim, há de encontrá-la.
Quem vos recebe, a mim recebe, e quem me recebe, recebe aquele que me enviou. Quem recebe um profeta na qualidade de profeta, receberá recompensa de profeta; e quem recebe um justo na qualidade de justo, receberá recompensa de justo. E quem der de beber a um desses pequeninos, por ser meu discípulo, ainda que seja um copo de água fresca, eu vos garanto que não perderá sua recompensa" (Mt 10,37-42).

DISPOSTOS A SOFRER

Jesus não queria ver ninguém sofrer. O sofrimento é um mal. Jesus nunca o buscou nem para si mesmo, nem para os outros. Ao contrário, toda sua vida consistiu em lutar contra o sofrimento e o mal, que tanto dano causam às pessoas.

As fontes sempre o apresentam combatendo o sofrimento que se esconde na enfermidade, nas injustiças, na solidão, no desespero ou na culpabilidade. Assim foi Jesus: um homem dedicado a eliminar o sofrimento, suprimindo injustiças e transmitindo força para viver.

Mas buscar o bem e a felicidade para todos traz muitos problemas. Jesus o sabia por experiência. Não se pode estar com os que sofrem e buscar o bem dos últimos, sem provocar a rejeição e a hostilidade daqueles aos quais não interessa nenhuma mudança. É impossível estar com os crucificados e não ver-se um dia "crucificado".

Jesus nunca ocultou isto aos seus seguidores. Empregou em várias ocasiões uma metáfora inquietante que Mateus assim resumiu: "Quem não toma a sua cruz e me segue, não é digno de mim". Ele não podia ter escolhido uma linguagem mais clara. Todos conheciam a terrível imagem do condenado que, desnudo e indefeso, era obrigado a levar sobre os ombros o madeiro horizontal da cruz até o local da execução, onde já estava fixo no solo o madeiro vertical.

"Carregar a cruz" era parte do ritual da crucifixão. Seu objetivo era que o condenado aparecesse diante da sociedade como culpado, um ser humano indigno de continuar vivendo entre os seus. Todos descansariam vendo-o morto.

Os discípulos tentavam entender o que Ele queria dizer. E Jesus lhes disse mais ou menos o seguinte: "Se me seguis, deveis estar dispostos a ser rejeitados. O mesmo que acontecer a mim, vos acontecerá. Aos olhos de muitos parecereis culpáveis e vos condenarão. Farão isto para que não molesteis. Tereis que levar vossa cruz. Estão sereis semelhantes a mim. Sereis dignos seguidores meus. Compartilhareis a sorte dos crucificados. Com eles entrareis um dia no Reino de Deus".

Carregar a cruz não é buscar "cruzes", mas aceitar a "crucifixão" que nos chegará, se seguirmos os passos de Jesus. Simplesmente isto.

O perigo de um cristianismo sem cruz

Um dos maiores riscos do cristianismo atual é ir passando pouco a pouco da "religião da cruz" a uma "religião do bem-estar". Há uns anos tomei nota de uma frase de Reinhold Niebuhr que me fez pensar muito. Falava o teólogo norte-americano do perigo de uma "religião sem aguilhão" que acabaria pregando "um Deus sem cólera que conduz uns homens sem pecado a um reino sem juízo, por meio de um Cristo sem cruz". O perigo é real e temos de evitá-lo.

Insistir no amor incondicional de um Deus Amigo não deve absolutamente significar fabricar-nos um Deus de acordo com a nossa conveniência, o Deus permissivo que legitime uma "religião burguesa" (Johann-Baptist Metz). Ser cristão não é buscar o Deus que me convém e me diz "sim" a tudo, mas encontrar-me com o Deus que, precisamente por ser Amigo, desperta minha responsabilidade e, por isso mesmo, mais de uma vez me faz renunciar à minha própria vontade.

Descobrir o Evangelho como fonte de vida e estímulo de crescimento sadio não significa viver "imunizado" do sofrimento. O Evangelho não é um tranquilizante para uma vida organizada a serviço de nossos fantasmas de prazer e bem-estar. Cristo faz sentir prazer e faz sofrer, Ele consola e inquieta, apoia e contradiz. Só assim Ele é Caminho, Verdade e Vida.

Crer em um Deus Salvador que, já desde agora e sem esperar o mais além, busca libertar-nos do que nos causa dano, não há de levar-nos a entender a fé cristã como uma religião de uso privado a serviço exclusivo de nossos problemas e sofrimentos. O Deus de Jesus Cristo sempre nos quer olhando para quem sofre. O Evangelho não concentra a pessoa em seu próprio sofrimento, mas no sofrimento dos outros. Só assim se vive a fé como experiência de salvação.

Na fé, como no amor, tudo costuma andar bem mesclado: a entrega confiante e o desejo de posse, a generosidade e o egoísmo. Por isso não devemos extinguir do Evangelho essas palavras de Jesus que, por duras que pareçam, nos põem diante da verdade de nossa fé: "Quem não toma a sua cruz e me segue não é digno de mim. Quem procura sua vida, há de perdê-la, e quem perde sua vida por amor de mim, há de encontrá-la".

APRENDER A DAR

Às vezes não é tão fácil responder as perguntas mais simples. Ouvimos dizer com frequência que amar é dar. Mas, o que é dar? Muitos supõem que dar é só privar-se de algo, renunciar a algo, "sacrificar-se" desprendendo-se de algo. Estamos tão condicionados por nossa sociedade do bem-estar e tão inclinados a possuir, acumular e ganhar, que "dar" nos parece algo improdutivo, um empobrecimento que não estamos dispostos a aceitar. Na nossa sociedade, quem dá sem receber é uma pessoa pouco prática, sem sentido realista, pouco inteligente.

No entanto, dar é algo totalmente diferente. O gesto de dar é a expressão mais rica de vitalidade, de abundância e poder criador. Quando damos algo de verdade, experimentamos a nós mesmos cheios de vida, transbordantes, com capacidade de enriquecer a outros, ainda que em grau bem modesto. "Só o amor faz que a vida mereça ser vivida. Só a ajuda aos outros fomenta a grande alegria de viver" (Karl Tillmann).

Dar significa estar vivo e ser rico. Quem tem muito e não sabe dar, não é rico. É uma pessoa pequena, impotente, empobrecida, por muito que possua. Na realidade, só é rico quem é capaz de dar algo de si mesmo aos outros.

Todos nós precisamos escutar com mais atenção e profundidade as palavras de Jesus. Ele diz que não ficará sem recompensa nem sequer o copo de água fresca que saibamos dar a um pobre sedento. Temos que aprender a dar o que está vivo em nós e pode fazer bem aos outros; dar nossa alegria, compreensão, alento, esperança, acolhida ou proximidade.

Muitas vezes não se trata de coisas grandes nem espetaculares. Simplesmente "um copo de água fresca", um sorriso acolhedor, uma escuta sem pressa, uma ajuda para levantar o ânimo decaído, um gesto de solidariedade, uma visita, um sinal de apoio e amizade. Não devemos esquecer que no fundo da vida há alguém que abençoa, acolhe e recompensa todo gesto de amor, por pequeno que possa parecer. Chama-se Deus, nosso Pai.

Artistas anônimos

Seus rostos não aparecem na TV. Ninguém cita seu nome na rádio ou na imprensa. Mas são grandes homens e mulheres, porque sua vida é uma bênção no meio desta sociedade. Eles formam esse exército pacífico de voluntários que trabalham de maneira gratuita e calada, só porque lhes nasce do coração o estar junto dos que sofrem.

Jovens que passam o fim de semana com o desvalido necessitado de amizade e companhia. Mulheres que assumem esses idosos que não têm ninguém que cuide deles. Casais que acolhem em sua casa um toxicômano para acompanhá-lo em sua reabilitação.

Eu já os encontrei servindo os vagabundos no restaurante social "Aterpe" ou nos albergues para transeuntes. Já os vi escutando com solicitude, através do "Telefone da Esperança", pessoas mergulhadas na depressão ou na angústia. Conheço sua constância de ir à penitenciária, domingo após domingo, para compartilhar umas horas com os presos.

Os voluntários não são pessoas de qualidades excepcionais. São simplesmente humanos. Têm olhos para descobrir as necessidades das pessoas, ouvidos para ouvir seu sofrimento, pés para aproximar-se de quem está só, mãos para estendê-las a quem precisa de ajuda e, sobretudo, um coração grande onde cabe todo ser desvalido.

O mais importante é precisamente isso: os voluntários introduzem verdadeiro amor na sociedade atual. Eles nos ajudam a descobrir que não se deve confundir o amor com o sentimentalismo ou com a esmola. Que a solidariedade se constrói com gestos, não com palavras. Que amar o ser humano significa amar pessoas concretas, não somente proclamar grandes ideais.

Os voluntários não cobram nada, mas ganham muitíssimo. Ganham o sorriso do enfermo, o carinho do preso, as lágrimas agradecidas do idoso. Ganham, sobretudo, o prazer de aliviar o sofrimento do irmão.

Gloria Fuertes, com sua ternura de mulher poeta, diz que o prêmio do voluntário é que ele se converte em um artista: "O voluntário não pintou um quadro, não fez uma escultura, não inventou uma música, nem escreveu um poema, mas fez uma obra de arte com suas horas livres".

Jesus pensa num prêmio ainda maior para eles: "Quem der de beber, ainda que seja um copo de água fresca, a um desses pequeninos... eu vos garanto que não perderá sua recompensa".

UMA VOCAÇÃO ADMIRÁVEL

Um dos fatos mais positivos e esperançosos de nossa sociedade é, sem dúvida, o crescimento do voluntariado social. São cada vez mais as pessoas que dedicam seu tempo livre a atividades e serviços de caráter gratuito. Como se desperta essa admirável vocação para viver gratuitamente a serviço dos outros?

Primeiramente é abrir os olhos e tomar consciência de que nem todos desfrutam de bem-estar. O olhar do futuro voluntário se detém no sofrimento, na marginalização e nos problemas de tantas pessoas necessitadas de apoio e companhia. Em seu coração desperta então o desejo de "fazer alguma coisa" para aliviar este sofrimento.

Mas não bastam os bons desejos. O voluntário toma uma decisão: comprometer-se a servir os necessitados num campo concreto. Não o faz por moda, também não por sentimentalismos tolos, mas por coerência com suas convicções humanas, ou inspirado por sua fé cristã. Seu compromisso não é uma espécie de entretenimento ou *hobby*. É uma forma concreta de viver que vai marcando cada vez mais sua pessoa.

O voluntário não dá coisas, mas se dá a si mesmo. Oferece sua pessoa, suas qualidades, seu tempo livre. Em sua vida há um tempo que é para os outros. Um tempo dedicado aos que sofrem e necessitam de algum tipo de ajuda. É esta a sua maneira concreta de viver a solidariedade ou o amor cristão.

O voluntário não busca retribuição alguma. Atua movido somente por um amor desinteressado. Por isso sua vida nos faz pensar: o dinheiro não é tudo. Enquanto muitos vivem dependentes de seu próprio bem-estar, ele se dedica a pôr amor, companhia e ajuda nessas vidas em que tudo parece sofrimento, marginalização e desgraça.

O voluntário não trabalha habitualmente sozinho, nem de forma esporádica. Sabe que seu serviço será mais eficaz se ele se integrar numa associação ou instituição concreta. Por sua vez, o voluntário cristão alimenta e mantém seu compromisso na vida de uma comunidade cristã.

Em tudo isto não basta a boa vontade. O voluntário precisa de preparo tanto teórico como prático. Esta preocupação por sua capacitação pessoal é prova da seriedade de seu compromisso para oferecer um serviço eficaz.

Para aliviar a dor humana não é suficiente o serviço técnico nem a contribuição profissional. Pensemos na longa lista de idosos que vivem sós, de enfermos crônicos mal-atendidos, de deficientes físicos e psíquicos sem apoio familiar, de depressivos mergulhados na solidão... Sua necessidade de companhia, de apoio próximo e acompanhamento afetuoso está pedindo algo mais do que o serviço técnico do profissional. Segundo Jesus, nada ficará sem recompensa, nem sequer o "copo de água fresca" que se dê a "um desses pobrezinhos".

16
LIBERTAR A VIDA

João, que no cárcere ouviu falar das obras de Jesus, enviou seus discípulos para perguntar-lhe:
"És tu aquele que há de vir ou devemos esperar outro?"
Jesus lhes respondeu:
"Ide anunciar a João o que ouvis e vedes: os cegos veem e os coxos andam, os leprosos ficam limpos e os surdos ouvem. Os mortos ressuscitam e aos pobres é anunciada a Boa Notícia. Feliz é aquele que não se escandalizar de mim".
Quando eles foram embora, Jesus começou a falar de João ao povo:
"O que fostes ver no deserto? Um caniço agitado pelo vento? Mas, então, o que fostes ver? Um profeta? Sim, eu vos digo, e mais do que um profeta. Este é de quem está escrito: 'Eis que eu envio o meu mensageiro à tua frente; ele vai preparar o teu caminho diante de ti'. Eu vos garanto que dentre os nascidos de mulher, ninguém é maior do que João Batista. Mas o menor no Reino dos Céus é maior do que ele" (Mt 11,2-11).

A IDENTIDADE DE JESUS

Na Prisão de Maqueronte, onde está preso por Antipas, chegam ao Batista notícias de Jesus. O que ele ouve o deixa desconcertado. Não corresponde a suas expectativas. Ele espera um Messias que se imponha com a força terrível do juízo de Deus, salvando aqueles que acolheram seu batismo e condenando os que o recusaram. Quem é Jesus?

Para tirar as dúvidas, encarrega dois discípulos para ir perguntar a Jesus sobre sua verdadeira identidade: "És tu o que há de vir, ou devemos esperar um outro?" A pergunta era decisiva nos primeiros momentos do cristianismo.

A resposta de Jesus não é teórica, mas bem concreta e precisa: comunicai a João "o que estais vendo e ouvindo". Perguntam-lhe por sua identidade e Jesus lhes responde com sua atuação curadora a serviço dos enfermos, dos pobres e desgraçados que encontra pelas aldeias da Galileia, sem recursos nem esperança para uma vida melhor: "Os cegos veem e os coxos andam; os leprosos ficam limpos e os surdos ouvem; os mortos ressuscitam e aos pobres é anunciada a Boa Notícia".

Para conhecer Jesus, o melhor é ver de quem Ele se aproxima e a que Ele se dedica. Para captar bem sua identidade, não basta confessar teoricamente que Ele é o Messias, Filho de Deus. É necessário sintonizar com seu modo de ser Messias, que não é outro senão o de aliviar o sofrimento, curar a vida e abrir um horizonte de esperança aos pobres.

Jesus sabe que sua resposta pode decepcionar aqueles que sonham com um Messias poderoso. Por isso Ele acrescenta: "Feliz é aquele que não se escandalizar de mim". Que ninguém espere outro Messias, um Messias que realize outro tipo de "obras". Que ninguém invente outro Cristo mais a seu gosto, pois o Filho foi enviado para tornar a vida mais digna e feliz para todos, até alcançar sua plenitude na festa final do Pai.

A que Messias nós cristãos de hoje seguimos? Será que nos dedicamos às "obras" que Jesus fazia? E, se não, o que estamos fazendo neste mundo? O que as pessoas estão "vendo e ouvindo" na Igreja de Jesus? O que veem em nossas vidas? O que escutam em nossas palavras?

Gestos libertadores

A atuação de Jesus não foi de força e opressão. As "obras" que Ele apresenta aos enviados do Batista não são gestos justiceiros, mas serviço libertador aos que necessitam de vida.

O gesto que melhor revela sua verdadeira identidade é sua tarefa de curar, sanar e libertar a vida. Podemos resumir assim sua resposta a João: "Eu sou: os cegos veem e os coxos andam. Os leprosos ficam limpos e os surdos ouvem; os mortos ressuscitam e aos pobres é anunciada a Boa Notícia". A vida de Jesus é a de alguém próximo aos necessitados. Um profeta totalmente entregue a libertar homens e mulheres de tudo que bloqueia o crescimento da vida e impede a humanidade de viver com esperança. Um homem no qual Deus se encarna para salvar seus filhos e filhas do mal.

Heinrich Böll viu isto com toda clareza. "No Novo Testamento há uma teologia da ternura que sempre é curativa: com palavras, com as mãos, com carícias, com beijos, com uma refeição em comum... Este elemento do Novo Testamento, a ternura, ainda não foi descoberto; tudo foi transformado em rixas e gritos; há, porém, certos seres que podem ser curados simplesmente por uma voz, ou por uma refeição em comum... E então, imaginem-se algo assim como uma ternura socialista".

Talvez devamos ler com atenção o texto do escritor alemão. Às vezes desqualificamos apressadamente qualquer gesto de acolhida, de serviço pessoal ou de presença solidária junto aos desvalidos, como uma atitude suspeita de "reformismo", incapaz de renovar nossa sociedade. Pensamos com ingenuidade que o "novo povo, libertado e solidário", nascerá do enfrentamento, da luta e da violência.

É preciso lutar com firmeza e tenacidade contra toda forma de injustiça e opressão, desmascarando todos os mecanismos sociais que as geram. Mas isto não é suficiente para fazer surgir um "homem novo".

Há algo que não pode ser resolvido nem pela reforma mais profunda, nem pela revolução mais radical: o afeto que falta a tantas pessoas, a solidão, a crise do sentido da vida, o vazio interior, o desafeto e a desesperança que não poucos experimentam. O afeto a cada pessoa, a proximidade amistosa, o respeito e a escuta a cada ser humano, a acolhida e compreensão de cada vida, não podem ser garantidos, se não surgem do coração de homens e mulheres animados pelo Espírito de Jesus.

O AMOR À VIDA

Diante das diferentes tendências destrutivas que podem ser detectadas na sociedade contemporânea (necrofilia), Erich Fromm fez um apelo vigoroso a desenvolver tudo que seja amor à vida (biofilia), se não quisermos cair no que o célebre cientista chama "síndrome de decadência".

Devemos certamente estar muito atentos às diversas formas de agressividade, violência e destruição que são geradas na sociedade moderna. Mais de um sociólogo fala de autêntica "cultura da violência". Mas existem outras formas mais sutis e, por isso mesmo, mais eficazes de destruir o crescimento e a vida das pessoas.

A mecanização do trabalho, a massificação do estilo de vida, a burocratização da sociedade, a coisificação das relações são outros tantos fatores que estão levando muitas pessoas a sentir-se não seres vivos, mas peças de uma engrenagem social.

Milhões de indivíduos vivem hoje no Ocidente vidas cômodas, mas monótonas, onde a falta de sentido e de projeto pode afogar todo crescimento verdadeiramente humano.

Então, algumas pessoas acabam por perder o contato com tudo o que é vivo. Sua vida se enche de coisas. Só parecem vibrar adquirindo novos artigos. Funcionam segundo o programa que lhes dita a sociedade.

Outras pessoas buscam todo tipo de estímulos. Precisam trabalhar, produzir, agitar-se ou divertir-se. Hão de experimentar sempre novas emoções, algo excitante que lhes permita sentir-se ainda vivas.

Se algo caracteriza a personalidade de Jesus é seu amor apaixonado pela vida, sua biofilia. Os relatos evangélicos o apresentam lutando contra tudo que bloqueia, mutila ou minimiza a vida. Sempre atento ao que pode fazer as pessoas crescer, sempre semeando vida, saúde, sentido.

Ele mesmo nos traça sua tarefa com expressões tomadas de Isaías: "Os cegos veem e os coxos andam; os leprosos ficam limpos e os surdos ouvem: os mortos ressuscitam e aos pobres é anunciada a Boa Notícia. E feliz aquele que não se escandalizar de mim".

Verdadeiramente felizes são aqueles que descobrem que ser crente não é odiar a vida, mas amá-la; não é bloquear ou mutilar nosso ser, mas abri-lo às suas melhores possibilidades. Muitas pessoas abandonam hoje a fé em Jesus Cristo, antes de ter experimentado a verdade destas suas palavras: "Eu vim para que os seres humanos tenham vida e a tenham em abundância" (Jo 10,10).

ATOS, NÃO PALAVRAS

Os entendidos nos falam de um curioso fenômeno linguístico próprio de nossos dias. Em poucos anos espalhou-se pelas sociedades desenvolvidas uma linguagem de caráter técnico, asséptico e eufemista para falar dos que sofrem problemas ou enfermidades. Inclusive na América foi publicado um dicionário politicamente correto, onde se indica como designar certas pessoas e grupos.

Assim, na sociedade moderna já não há pobres, mas gente "economicamente fraca": não há velhos, mas pessoas que chegaram à "terceira idade"; os cegos são agora "não videntes" e os moribundos são "doentes em fase terminal"; os que vivem sem teto converteram-se em "transeuntes"; os negros são agora felizmente "pessoas de cor" e as empregadas domésticas alcançaram a dignidade de "colaboradoras domésticas".

Esta linguagem reflete, sem dúvida, uma atitude mais respeitosa e cuidada para essas pessoas, mas pode indicar ao mesmo tempo uma postura mais asséptica, distante e tranquilizadora, pois de alguma maneira dissimula o sofrimento e a tragédia. Não devemos preocupar-nos muito, pois são problemas dos quais deve ocupar-se a Administração Pública, a Seguridade Social ou as Instituições.

Por isso não é supérfluo lembrar a advertência cristã: o amor ao que sofre não consiste em usar palavras corretas e amáveis, mas em ajudá-lo com obras. Já o diz um escrito cristão do século I: "Meus filhos, não amemos só com palavras e com a língua, mas com obras e em verdade" (1Jo 3,18).

A cena evangélica é instrutiva. O Profeta João envia seus discípulos para fazer uma pergunta decisiva a Jesus: "És tu o que há de vir ou devemos esperar outro?" Jesus não responde com um discurso teórico. O importante para captar sua identidade não são as palavras, mas os atos. "Ide anunciar a João o que estais vendo e ouvindo: os cegos veem e os coxos andam; os leprosos ficam limpos e os surdos ouvem; os mortos ressuscitam e aos pobres é anunciada a Boa Notícia".

O que identifica o verdadeiro Messias e os que o seguem é seu serviço aos que sofrem; não as belas palavras, mas as obras. Li que o filósofo dinamarquês Søren Kierkegaard começa um de seus tratados com estas palavras: "Estas são reflexões cristãs. Por isso não se fala aqui de amor, mas das obras do amor". Simplesmente genial. O amor cristão ao que sofre não é um amor explicado, cantado, exaltado. O amor verdadeiro não consiste em palavras, mas em atos.

Não se escandalizar de Jesus

Nestes tempos de crise religiosa e confusão interior é importante lembrar que Jesus Cristo não é propriedade particular das igrejas. É de todos. Dele podem aproximar-se todos aqueles que o confessam como Filho de Deus e também aqueles que andam buscando um sentido mais humano para sua vida.

Há alguns anos, o conhecido pensador Roger Garaudy, marxista convicto naquele tempo, bradava assim aos cristãos: "Vós acolhestes e conservastes esta esperança que é Jesus Cristo. Devolvei-a a nós, pois ela pertence a todo o mundo".

Quase na mesma época, Jean Onimus publicava seu apaixonante e insólito livro sobre Jesus com o provocativo título *Le Perturbateur*. Dirigindo-se a Jesus, dizia assim o escritor francês: "Por que vais continuar sendo propriedade privada dos pregadores, dos doutores e de alguns eruditos, tu que disseste coisas tão simples, palavras diretas, palavras que continuam sendo para os seres humanos, palavras de vida eterna?"

Por isso poucas coisas me trazem mais alegria do que saber que homens e mulheres, distantes da prática religiosa habitual, buscam em meus escritos encontrar-se com Jesus. Estou convicto de que Ele pode ser para muitos o melhor caminho para encontrar-se com o Deus Amigo e para dar um sentido mais esperançoso a suas vidas.

Jesus não deixa indiferente ninguém que se aproxima dele. A pessoa se encontra, enfim, com alguém que vive na verdade, alguém que sabe por que há de viver e por que vale a pena morrer. Intui que esse modo de viver "tão de Jesus" é a maneira mais acertada e humana de enfrentar a vida e a morte.

Jesus cura. Sua paixão pela vida põe a descoberto nossa superficialidade e convencionalismo. Seu amor aos indefesos desmascara nossos egoísmos e mediocridade. Sua verdade revela nossos autoenganos. Mas é sobretudo sua fé incondicional no Pai que convida a sair da incredulidade e a confiar em Deus.

Aqueles que hoje abandonam a Igreja porque não se encontram à vontade dentro dela, ou porque não concordam com alguma de suas atuações ou diretrizes concretas, ou porque simplesmente a liturgia cristã perdeu para eles todo interesse vital, não deveriam por isso abandonar automaticamente a Jesus.

Quando alguém perdeu outros pontos de referência e sente que "algo" está morrendo em sua consciência, pode ser decisivo não perder o contato com Jesus Cristo. O texto evangélico nos lembra suas palavras: "Feliz aquele que não se escandalizar de mim!" Feliz aquele que é capaz de entender o que Cristo pode significar em sua vida.

17

O PAI SE REVELA AOS SIMPLES

Jesus exclamou:
"Eu te louvo, Pai, Senhor do céu e da terra, porque escondeste estas coisas aos sábios e entendidos e as revelaste aos pequeninos. Sim, Pai, porque assim foi do teu agrado. Tudo me foi entregue por meu Pai. Ninguém conhece o Filho senão o Pai, e ninguém conhece o Pai senão o Filho e aqueles a quem o Filho o quiser revelar.
Vinde a mim vós todos que estais cansados e sobrecarregados, e eu vos aliviarei. Tomai sobre vós o meu jugo e aprendei de mim, que sou manso e humilde de coração, e achareis descanso para vossas almas. Pois o meu jugo é suave e meu peso é leve (Mt 11,25-30).

DEUS SE REVELA AOS SIMPLES

Um dia, Jesus surpreendeu a todos louvando a Deus por seu êxito com as pessoas simples da Galileia e por seu fracasso entre os mestres da lei, escribas e sacerdotes. "Eu te louvo, Pai... porque escondeste estas coisas aos sábios e entendidos e as revelaste aos pequeninos". Pode-se ver Jesus contente: "Sim, Pai, porque assim foi do teu agrado", assim te pareceu melhor. É a maneira de Deus revelar suas "coisas".

A gente simples e ignorante, aqueles que não têm acesso a grandes conhecimentos, os que não contam na religião do templo, estão se abrindo a Deus com coração limpo. Estão dispostos a deixar-se instruir por Jesus. O Pai está revelando a eles seu amor através dele. Eles entendem Jesus como ninguém.

Mas os "sábios e entendidos" não entendem nada. Eles têm sua própria visão erudita de Deus e da religião. Acham que sabem tudo. Não aprendem nada novo de Jesus. Sua visão fechada e seu coração endurecido os impedem de abrir-se à revelação do Pai através de seu Filho.

Jesus termina sua oração, mas continua pensando na "gente simples". Essas pessoas vivem oprimidas pelos poderosos e não encontram alívio na religião do templo. Sua vida é dura e a doutrina que os "entendidos" lhes oferecem a fazem ainda mais dura e difícil. Jesus lhes faz três apelos: "Vinde a mim vós todos que estais cansados e sobrecarregados". É o primeiro apelo, que é dirigido a todos que sentem a religião como um peso e aos que vivem sobrecarregados de normas e doutrinas que os impedem de captar a alegria da salvação. Se vierem a encontrar-se vitalmente com Jesus, experimentarão um alívio imediato: "Eu vos aliviarei".

"Tomai sobre vós o meu jugo... porque é suave e meu peso é leve". É o segundo apelo. É preciso mudar de jugo. Abandonar o dos "sábios e entendidos", pois não é suave, e carregar o de Jesus que torna a vida mais leve. Não porque Jesus exige menos. Ele exige mais, porém de outra maneira. Exige o essencial: o amor que liberta e faz viver.

"Aprendei de mim que sou manso e humilde de coração". É o terceiro apelo. É preciso aprender a cumprir a lei e viver a religião com seu espírito. Jesus não "complica" a vida, Ele a faz mais simples e humilde. Não oprime, ajuda a viver de maneira mais digna e humana. É um "descanso" encontrar-se com Ele.

Aprender dos simples

Jesus não teve problemas com as pessoas simples do povo. Sabia que o entendiam. O que o preocupava era saber se um dia os líderes religiosos, os especialistas da lei e os grandes mestres de Israel chegariam a captar sua mensagem. Cada dia se tornava mais evidente que o que enchia de alegria o povo simples, os deixava indiferentes.

Aqueles camponeses que viviam defendendo-se da fome e dos grandes proprietários de terras o entendiam muito bem: Deus queria vê-los felizes, sem fome nem opressores. Os enfermos confiavam nele e, animados por sua fé, voltavam a crer no Deus da vida. As mulheres que se atreviam a sair de sua casa para ouvi-lo intuíam que Deus devia amar, como dizia Jesus, com entranhas de mãe. Os simples do povo sintonizavam com Ele. O Deus que Jesus lhes anunciava era precisamente o Deus pelo qual eles ansiavam e do qual necessitavam.

A atitude dos "entendidos" era diferente. Caifás e os sacerdotes de Jerusalém o viam como um perigo. Os mestres da lei não entendiam por que Ele se preocupava tanto com o sofrimento das pessoas e se esquecia das exigências da religião. Por isso, entre os seguidores mais próximos de Jesus não havia sacerdotes, escribas nem mestres da lei.

Um dia, Jesus manifestou a todos o que sentia em seu coração: Cheio de alegria rezou assim a Deus: "Pai, Senhor do céu e da terra, eu te louvo porque escondeste estas coisas dos sábios e entendidos, e as revelaste aos pequeninos".

Sempre é assim: o olhar dos simples é em geral mais limpo. Não há em seu coração tanto interesse torto. Eles vão diretamente ao essencial. Sabem o que é sofrer, sentir-se mal e viver sem segurança. São os primeiros que entendem o Evangelho.

Essa gente simples é o melhor que temos na Igreja. Deles devemos aprender nós bispos, teólogos, moralistas e entendidos em religião. A eles Deus lhes revela algo que a nós nos escapa. Nós eclesiásticos corremos o risco de racionalizar, teorizar e "complicar" demasiadamente a fé. Só duas perguntas: Por que há tanta distância entre nossa palavra e a vida das pessoas? Por que nossa mensagem quase sempre é mais obscura e complicada do que a de Jesus?

Deus é para gente simples

Há muitos anos, na Escola Bíblica de Jerusalém, um mestre em exegese nos iniciava na difícil arte de desentranhar o Evangelho de Mateus. Tudo parecia pouco para captar o sentido último do texto: crítica textual, análise literária, estrutura da passagem. Um dia chegamos a esses versículos nos quais Jesus exclama: "Eu te louvo, Pai, Senhor dos céus e da terra, porque escondeste estas coisas dos sábios e entendidos e as revelaste aos pequeninos". O professor fez um longo silêncio. Depois disse bem devagar: "Não esqueçam nunca essas palavras. Todo o mais vocês podem esquecer". Esta foi provavelmente a melhor lição de exegese que recebi. Depois, ao longo dos anos, pude ver que é exatamente assim.

Sempre que tive a impressão de estar junto a uma pessoa próxima de Deus, tratava-se de alguém de coração simples. Às vezes uma pessoa sem grandes conhecimentos, outras vezes alguém de notável cultura, mas sempre um homem ou mulher de alma humilde e limpa, pura.

Em mais de uma ocasião pude comprovar que não basta falar de Deus para despertar a fé. Para muita gente, certos conceitos religiosos estão muito gastos e, ainda que se trate de tirar-lhes todo o vigor e sabor que tiveram em sua origem, Deus continua como que "fossilizado" em suas consciências. No entanto, encontrei-me com pessoas simples que parecem não necessitar de grandes ideias nem de raciocínios. Intuem logo depois que Deus é "um Deus oculto", e de seu coração nasce espontânea uma invocação: "Senhor, mostra-me teu rosto".

Encontrei-me também com pessoas que se movem sempre no terreno do útil. Algumas abandonam a Deus porque Ele lhes é inteiramente inútil; outras o retêm e lhe prestam culto porque lhes é útil. Mas também pude conhecer pessoas simples que vivem dando graças a Deus. Desfrutam do bom da vida, suportam com paciência os males; sabem viver e fazer viver. Não sei como o conseguem, mas de seu coração parece estar sempre brotando o louvor ao Criador. Sua vida é um acerto.

Expus muitas vezes temas religiosos e falei de Deus diante de pessoas as mais diversas. Em certas ocasiões encontrei-me com pessoas que faziam perguntas e mais perguntas sobre todo tipo de questões teológicas, sem mostrar o menor interesse em querer encontrar-se com Deus. Mas também vi gente simples cujos olhos brilhavam de forma especial quando eu lia textos como este do Profeta Isaías: "Eu sou o Senhor, teu Deus... Já que contas muito para mim, me és caro e eu te amo... Não tenhas medo, pois estou contigo!" (Is 43,4); ou quando pronunciava o Sl 103: "Como um pai ama seus filhos com ternura, assim o Senhor se enternece por aqueles que o temem, pois Ele sabe de que somos feitos, lembra-se de que somos pó (Sl 103,13-14). Sim, Deus se revela às pessoas simples.

A ARTE DE DESCANSAR

Não somos poucos os que vivemos hoje sujeitos a um ritmo duro de trabalho que vai nos desgastando ao longo dos meses. Por isso, ao chegar o verão, todos buscamos, de uma maneira ou de outra, um tempo de descanso que nos ajude a libertar-nos da tensão, do cansaço e do desgaste que fomos acumulando ao longo dos dias.

Mas, o que é descansar? É suficiente recuperar nossas forças físicas, tomando sol durante horas e mais horas na praia de algum mar? Será que basta esquecer nossos problemas e conflitos mergulhando-os no ruído de nossas festas e noitadas? Ao retornar das férias, não poucos sentem em seu interior a sensação de tê-las perdido. Acontece que também nas férias podemos cair na tirania da agitação, do ruído, da superficialidade e da ansiedade do desfrute fácil e esgotante. Nem todos sabem descansar. Talvez o ser humano moderno sinta a necessidade de iniciar-se urgentemente na arte do verdadeiro descanso.

Antes de mais nada, precisamos encontrar-nos profundamente conosco mesmos e buscar o silêncio, a calma e a serenidade que tantas vezes nos faltam durante o ano, para escutar o melhor que há dentro de nós e ao nosso redor.

Precisamos lembrar que uma vida intensa não é uma vida agitada. Queremos ter tudo, açambarcar tudo e desfrutar de tudo. E nos fazemos rodear de mil coisas supérfluas e inúteis que afogam nossa liberdade e espontaneidade.

Precisamos redescobrir a natureza, contemplar a vida que brota perto de nós. Deter-nos diante das coisas pequenas e das pessoas simples e boas. Experimentar que a felicidade tem pouco a ver com a riqueza, os êxitos e o prazer fácil.

Precisamos lembrar que o sentido último da vida não se esgota no esforço, no trabalho e na luta. Pelo contrário, Ele se revela a nós com mais claridade na festa, na alegria compartilhada, na amizade e na convivência fraterna.

Mas, além disso, precisamos enraizar nossa vida nesse Deus "amigo da vida", fonte do verdadeiro e definitivo descanso. Pode o coração do ser humano descansar sem encontrar-se com Deus? Escutemos com fé as palavras de Jesus: "Vinde a mim todos vós que estais cansados e sobrecarregados e eu vos darei descanso".

Necessitamos de algo mais do que de umas férias

Há cansaços próprios da sociedade atual que não se curam com as férias. Não desaparecem com o simples fato de irmos descansar alguns dias. A razão é simples. As férias podem ajudar a refazer-nos um pouco, mas não podem dar-nos o descanso interior, a paz do coração e a tranquilidade de espírito de que necessitamos.

Existe um primeiro cansaço que provém de um ativismo esgotador. Não respeitamos os ritmos naturais da vida. Fazemos cada vez mais coisas em menos tempo. Vivemos acelerados, em desgaste permanente, desfazendo-nos cada dia um pouco mais. Logo virão as férias para "recarregar as pilhas".

É um erro. As férias não servem para resolver este cansaço. Não basta "desconectar-se" de tudo. Ao voltar de férias tudo continuará igual. O que devemos fazer é não acelerar mais a nossa vida, aprender um ritmo mais humano, deixar de fazer algumas coisas, viver mais devagar e de maneira mais descansada.

Há um tipo de cansaço que nasce da saturação. Vivemos um excesso de atividade, relações, encontros, almoços ou jantares. Por outro lado, os recursos automáticos e outros como o computador e o correio eletrônico facilitam nosso trabalho. Mas introduzem em nossa vida uma saturação. Estamos em toda parte, sempre localizáveis, sempre "conectados". Logo chegarão as férias para "desaparecer" e "desconectar".

É um erro. O que devemos fazer é aprender a "ordenar" nossa vida: cuidar do importante, relativizar o acidental, dedicar mais tempo ao que nos dá paz interior e sossego.

Há também outro cansaço mais difuso, difícil de precisar. Vivemos cansados de nós mesmos, fartos de nossa mediocridade, sem encontrar o que do fundo anseia o nosso coração. Como umas férias vão nos curar? Por isso não é supérfluo escutar as palavras de Jesus: "Vinde a mim vós todos que estais cansados e sobrecarregados, e eu vos darei descanso". Há um descanso que só se pode encontrar no mistério de Deus acolhido em nosso coração, seguindo os passos de Jesus.

18
Semear o Evangelho

Jesus saiu de casa e sentou-se junto ao lago. Em volta dele reuniu-se tanta gente que Ele teve de entrar num barco para sentar-se, enquanto a multidão ficou na praia. Falou-lhes então muitas coisas em parábolas:
"O semeador saiu a semear. Ao semear, uma parte caiu à beira do caminho. Vieram os pássaros e a comeram. Outra parte caiu em terreno pedregoso, onde não havia muita terra e logo germinou porque a terra não era profunda. Mas quando o sol se levantou ficou queimada e, como não tinha raízes, secou. Outra parte caiu no meio dos espinhos; os espinhos cresceram e a sufocaram. Outra parte caiu em terra boa e deu frutos, uma cem, outra sessenta, outra trinta. Quem tiver ouvidos que ouça".

Aproximaram-se então os discípulos e lhe perguntaram: "Por que lhes falas em parábolas?" Jesus respondeu: "Porque a vós vos foi dado conhecer os mistérios do Reino dos Céus. Mas a estes não. A quem tem será dado e terá em abundância; mas de quem não tem será tirado até mesmo o que tem. É por isso que lhes falo em parábolas: porque olhando, não enxergam e, ouvindo, não ouvem nem compreendem. Neles se cumpre a profecia de Isaías que diz: 'Ouvireis com os ouvidos e não compreendereis, olhareis com os olhos e não enxergareis, porque o coração deste povo se endureceu, ouviram mal com os ouvidos e taparam os olhos, para não suceder que vejam com os olhos, ouçam com os ouvidos, entendam com o coração e se convertam, e assim eu os cure" (Mt 13,1-17).

APRENDER A SEMEAR COMO JESUS

Não foi fácil para Jesus levar adiante seu projeto. Sem tardar teve de enfrentar a crítica e a rejeição. Sua palavra não teve a acolhida que se esperava. Entre seus seguidores mais próximos começava a despertar o desalento e a desconfiança. Valeria a pena continuar trabalhando ao lado de Jesus? Tudo aquilo não era uma utopia impossível?

Jesus lhes disse o que pensava. Contou-lhes a parábola de um semeador para fazê-los ver o realismo com que trabalhava e a fé inquebrantável que o animava. As duas coisas. Há, certamente, um trabalho infrutífero que se pode dar por perdido, mas o projeto final de Deus não fracassará. Não se deve ceder ao desalento. É preciso continuar semeando. No final haverá colheita abundante.

Os que ouviam a parábola sabiam que Jesus estava falando de si mesmo. Assim era Jesus. Semeava sua palavra em qualquer parte onde via alguma esperança de que poderia germinar. Semeava gestos de bondade e misericórdia até nos ambientes mais suspeitos: entre pessoas muito afastadas da religião.

Jesus semeava com o realismo e a confiança de um lavrador da Galileia. Todos sabiam que a semeadura se perderia em mais de um lugar naquelas terras tão desiguais. Mas isso não conseguia desanimá-los. Nem por isso o lavrador deixava de semear. O importante era a colheita final. Algo semelhante ocorre com o Reino de Deus. Não faltam obstáculos e resistências, mas a força de Deus dará seu fruto. Seria absurdo deixar de semear.

Na Igreja de Jesus não precisamos de colhedores. Não se trata de colher êxitos, conquistar a rua, dominar a cidade, encher as igrejas, impor nossa fé religiosa. O que faz falta são semeadores: seguidores e seguidoras de Jesus que semeiam por onde passam palavras de esperança e gestos de compaixão.

É esta a conversão que devemos promover hoje entre nós: ir passando da obsessão por "colher" ao paciente trabalho de "semear". Jesus nos deixou em herança a Parábola do Semeador, não a do colhedor.

A força oculta do Evangelho

A Parábola do Semeador é um convite à esperança. A semeadura do Evangelho, muitas vezes inútil por diversas contrariedades e oposições, tem uma força que ninguém pode conter. Apesar de todos os obstáculos e dificuldades, e ainda com resultados muito diversos, a semeadura acaba em colheita fecunda que faz esquecer outros fracassos.

Não devemos perder a confiança por causa da aparente impotência do Reino de Deus. Sempre parece que "a causa de Deus" está em decadência e que o Evangelho é algo insignificante e sem futuro. Mas, não é assim. O Evangelho não é uma moral nem uma política, nem sequer uma religião com maior ou menor futuro. O Evangelho é a força salvadora de Deus "semeada" por Jesus no coração do mundo e da vida dos seres humanos.

Impelidos pelo sensacionalismo dos atuais meios de comunicação, parece que só temos olhos para ver o mal. E nem sabemos mais adivinhar essa força de vida que se encontra oculta sob as aparências mais desalentadoras.

Se pudéssemos observar o interior das vidas, ficaríamos surpresos ao encontrar tanta bondade, entrega, sacrifício, generosidade e amor verdadeiro. Há violência e sangue no mundo, mas cresce em muitos o anseio por uma verdadeira paz. Impõe-se o consumismo egoísta em nossa sociedade, mas são muitos os que descobrem a alegria de uma vida simples e compartilhada. A indiferença parece ter apagado a religião, mas em não poucas pessoas desperta a nostalgia de Deus e a necessidade da oração.

A energia transformadora do Evangelho está aí trabalhando a humanidade. A sede de justiça e de amor continuará crescendo. A semeadura de Jesus não terminará em fracasso. O que se pede de nós é que acolhamos a semente. Não descobrimos em nós mesmos essa força que não provém de nós e que nos convida sem cessar a crescer, a ser mais humanos, a transformar nossa vida, a tecer relações novas entre as pessoas, a viver com mais transparência, a abrir-nos com mais verdade a Deus?

SEMEAR COM FÉ

Em poucos anos estamos passando de uma sociedade profundamente religiosa, na qual o cristianismo tinha um papel decisivo na vida das pessoas e na convivência social, a um outro estilo de vida mais leigo e descrente, no qual o religioso vai perdendo importância.

Acostumados a uma "sociedade de cristandade" onde o religioso estava visivelmente presente em nossas ruas, praças, escolas e lares, são muitos os crentes que sentem mal-estar e sofrem diante de nova situação.

Mais ainda. Quase sem dar-nos conta, podemos chegar a pensar que o Evangelho perdeu sua virtualidade anterior, e a mensagem de Jesus já não tem garra nem força de convicção para o ser humano moderno.

Por isso se faz necessário escutar com atenção as palavras de Jesus. Mesmo em sua aparente insignificância e modéstia, o Evangelho continua encerrando uma poderosa vitalidade para "salvar" o ser humano do que o desumaniza. Dificilmente vamos encontrar algo ou alguém que possa dar um sentido mais humano e libertador a nossa vida.

É certo que para exercer sua força libertadora, este Evangelho deve ser apresentado com fidelidade, em toda sua verdade, suas exigências e sua esperança. Sem deformações nem covardias. Sem parcialismos intencionais, nem manipulações interessadas.

Também é certo que o Evangelho exige uma acolhida sincera e uma disponibilidade total. E são muitos os fatores que, como a riqueza, os interesses egoístas ou a covardia, podem sufocar e anular a eficácia da Palavra de Deus.

Mas o Evangelho continua tendo hoje uma energia humanizadora insuspeitada. Esquecê-lo seria um erro lamentável para a sociedade moderna. Seja como for, nós crentes não podemos esquecer que não é hora de "colher", mas hora de semear com fé na força renovadora que se encerra no Evangelho.

IMPULSIONAR A CRIATIVIDADE

Durante muitos séculos, as sociedades pré-modernas foram se desenvolvendo seguindo a tradição. As gerações aprendiam a viver olhando para o passado. A tradição oferecia um código de saberes, valores e costumes que se transmitia de pais para filhos. A sabedoria do passado servia para reger a vida das pessoas e da sociedade inteira.

Hoje não é mais assim. A tradição entrou em crise. A sociedade moderna muda de maneira tão acelerada que o passado quase não tem nenhuma autoridade, a não ser que se veja nele um interesse para o futuro. Vive-se olhando para frente. Não há razão para fazer as coisas como sempre foram feitas. As soluções do passado não servem para resolver os problemas inéditos do presente. Não basta olhar para a tradição, é preciso aprender a viver com criatividade.

Não é esta, em geral, a atitude na Igreja atual. A criatividade é um conceito praticamente ausente no magistério da Igreja. De modo geral, tende-se a abordar as questões inspirando-se na tradição. No entanto, uma Igreja sem criatividade é uma Igreja condenada a estagnar. Se o cristianismo é percebido como um "assunto do passado", cada vez interessará menos.

Na Igreja temos medo de promover a criatividade. Este medo tem algo de razoável, pois existem aqueles que confundem "criatividade" com espontaneidade, improvisação ou arbitrariedade. Mas inibir a criatividade e opor-se sistematicamente a novas maneiras de abordar os problemas inéditos pode levar a Igreja a um imobilismo que está longe do espírito que animou a Jesus.

É surpreendente a criatividade desenvolvida pela Igreja nos primeiros séculos, respondendo com audácia às novas circunstâncias que se ia enfrentando. Impressiona, por exemplo, sua coragem para abandonar o contexto cultural e religioso do mundo judeu para arraigar-se na cultura grega ou latina. Será que nós, cristãos de hoje, não temos direito a uma criatividade semelhante à dos cristãos de outras épocas?

A Parábola do Semeador continua interpelando a todos nós: que frutos poderia produzir hoje a palavra de Jesus acolhida com fé em nossos corações?

TER OUVIDOS E NÃO OUVIR

As palavras de Jesus cativaram sempre seus seguidores. Os evangelhos conservaram cerca de quarenta. Certamente as que Jesus repetiu mais vezes ou as que ficaram gravadas com mais força no coração e na memória de seus discípulos. Como ler essas parábolas? Como captar sua mensagem?

Mateus nos lembra antes de mais nada que as parábolas foram "semeadas" no mundo por Jesus. "Jesus saiu de sua casa" para ensinar sua mensagem ao povo, e sua primeira parábola começa precisamente assim: "O semeador saiu a semear". O semeador é Jesus. Suas parábolas são um convite para entender e viver a vida tal como Ele a entendia e vivia. Se não sintonizamos com Jesus, dificilmente entenderemos suas palavras.

O que Jesus semeia é "a palavra do reino". É o que diz Mateus. Cada parábola é um convite a passar de um mundo velho, convencional e pouco humano, a um "país novo", cheio de vida, tal como o quer Deus para seus filhos e filhas. Jesus o chamava "Reino de Deus". Se não seguimos a Jesus trabalhando por um mundo mais humano, como vamos entender suas parábolas?

Jesus semeia sua mensagem "no coração", isto é, no interior das pessoas. É aí que se opera a verdadeira conversão. Não basta apregoar as parábolas. Se nosso "coração" não se abre a Jesus, jamais vamos captar sua força transformadora.

Jesus não discrimina ninguém ao anunciar o Evangelho. O que ocorre é que os que são "discípulos" e caminham seguindo seus passos, a esses Deus lhes dá a "conhecer os segredos do reino". Aos demais não. Os discípulos têm a chave para captar o sentido das parábolas; seu conhecimento do projeto de Deus será cada vez mais profundo. Mas os que não dão o passo e vivem sem fazer a opção por Jesus não entendem sua mensagem, e acabam perdendo o pouco que escutam.

Nosso problema é acabar vivendo com o "coração embotado". Então acontece algo inevitável. Temos "ouvidos", mas não escutamos nenhuma mensagem. Temos "olhos", mas não vemos Jesus. Nosso coração não entende nada. Como se semeia o Evangelho em nossas comunidades cristãs? Como podemos despertar entre nós a acolhida ao Semeador?

19
Parábolas de Jesus

Jesus propôs esta parábola:
"O Reino dos Céus é semelhante a um homem que semeou boa semente em seu campo. Mas, enquanto todos dormiam, veio seu inimigo, semeou uma erva daninha, chamada joio, entre o trigo e foi embora. Quando o trigo germinou e fez a espiga, apareceu também o joio. Então os criados do proprietário foram perguntar-lhe: 'Senhor, não semeaste boa semente em teu campo? Donde vem, pois, o joio?' Ele respondeu: 'Foi um inimigo que fez isto'. Os criados lhe perguntaram: 'Queres que vamos arrancá-lo?' Ele respondeu: 'Não, para que não aconteça que, ao arrancar o joio, arranqueis também o trigo. Deixai que os dois cresçam juntos até a colheita. No tempo da colheita direi aos que cortam o trigo: colhei primeiro o joio e atai-o em feixes para ser queimado; depois recolhei o trigo no meu celeiro'".

Jesus lhes propôs outra parábola:
"O Reino dos Céus é semelhante a um grão de mostarda, que um homem toma e semeia em sua terra. É a menor de todas as sementes. Mas, quando cresce, é a maior das hortaliças e torna-se uma árvore, de modo que em seus ramos os passarinhos vêm fazer ninhos".

Contou-lhes mais esta parábola:
"O Reino dos Céus é semelhante ao fermento que uma mulher pegou e misturou com três medidas de farinha, e tudo ficou fermentado".

Jesus falou tudo isto à multidão em parábolas e nada lhes falava sem parábolas, para que se cumprisse o que foi dito pelo profeta: "Começarei a falar em parábolas, e anunciarei as coisas ocultas desde a criação do mundo".

Então Jesus deixou a multidão e foi para casa. Os discípulos se aproximaram dele e pediram: "Explica-nos a Parábola do Joio no campo". Ele lhes respondeu: "Aquele que semeia a boa semente é o filho do homem. O campo é o mundo. A boa semente são os filhos do Reino. O joio são os filhos do maligno. O inimigo que o semeia é o diabo. A colheita é o fim do mundo. Os que fazem a colheita são os anjos. Como se recolhe o joio para ser queimado ao fogo, assim acontecerá no fim do mundo. O Filho do homem enviará os seus anjos e eles recolherão do Reino todos os corruptores e todos os promotores da iniquidade, e os jogarão na fornalha acesa, onde haverá choro e ranger de dentes. Então os justos brilharão como o sol no Reino do Pai. Quem tiver ouvidos que ouça" (Mt 13,24-43).

A VIDA É MAIS DO QUE AQUILO QUE SE VÊ

De modo geral, procuramos encontrar Deus no espetacular e prodigioso, não no pequeno e insignificante. Por isso era difícil aos galileus crer em Jesus quando lhes dizia que Deus já estava atuando no mundo. Onde se podia sentir seu poder? Onde estavam os "sinais extraordinários" de que falavam os escritores apocalípticos?

Jesus teve que ensinar-lhes a captar a presença salvadora de Deus de outra maneira. Revelou-lhes sua grande convicção: a vida é mais do que aquilo que se vê. Enquanto vamos vivendo de maneira distraída, sem captar nada de especial, algo misterioso está acontecendo no interior da vida.

É com essa fé que Jesus vivia: não podemos experimentar nada extraordinário, mas Deus está atuando no mundo. Sua força é irresistível. É só com o tempo que se pode ver o resultado final. É preciso, sobretudo, fé e paciência para contemplar a vida até o fundo e intuir a ação secreta de Deus.

A parábola que mais os surpreendeu talvez tenha sido a da semente de mostarda. Ela é a menor de todas as sementes, como a cabeça de um alfinete, mas com o tempo se converte num belo arbusto. Todos podem ver bandos de pintassilgos abrigando-se em seus ramos. Assim é o "Reino de Deus".
O desconcerto foi geral. Não era assim que falavam os profetas. Ezequiel comparava Deus com um "cedro magnífico", plantado numa "montanha elevada e excelsa", com uma ramagem frondosa que servia de abrigo a todos os pássaros e aves do céu. Para Jesus a verdadeira metáfora de Deus não é o "cedro" que faz pensar em algo grandioso e poderoso, mas a "semente de mostarda" que sugere o pequeno e insignificante.

Para seguir a Jesus não é preciso sonhar com coisas grandiosas. Que seus seguidores busquem uma Igreja poderosa e forte que se imponha às outras, é um erro. O ideal não é o exaltado cedro no cume da montanha, mas o arbusto de mostarda que cresce junto aos caminhos e acolhe os pintassilgos.

Deus não está no êxito, no poder ou na superioridade. Para descobrir sua presença salvadora, devemos estar atentos ao pequeno, ao comum e cotidiano. A vida não é só aquilo que se vê. É muito mais. Assim pensava Jesus.

A FORÇA TRANSFORMADORA DO FERMENTO

O que Jesus repetia constantemente é isto: Deus já está aqui tratando de transformar o mundo; seu reinado está chegando. Não era fácil crer nisto. As pessoas esperavam algo mais espetacular: Onde podiam captar o poder de Deus impondo por fim seu reinado?

Jesus ainda se lembrava de uma cena que contemplava quando era menino no pátio de sua casa. Sua mãe e as outras mulheres se levantavam bem cedo, na véspera do sábado, para fazer o pão para toda a semana. Esta cena lhe sugeria agora a atuação maternal de Deus introduzindo seu "fermento" no mundo.

Com o Reino de Deus acontece o mesmo que sucede com o "fermento" que uma mulher "mistura" na massa de farinha para que "tudo" fique fermentado. Esse é também o modo de agir de Deus. Ele não vem impor de fora seu poder, como o imperador de Roma, mas vem transformar a vida a partir de dentro, de maneira calada e oculta.

Assim é Deus: não se impõe, mas transforma; não domina, mas atrai. E assim devem também atuar aqueles que colaboram em seu projeto: como "fermento" que introduz no mundo sua verdade, sua justiça e seu amor de maneira humilde, mas com força transformadora.

Nós seguidores de Jesus não podemos apresentar-nos nessa sociedade como "de fora", tratando de impor-nos para dominar e controlar aqueles que não pensam como nós. Não é essa a forma de abrir caminho ao Reino de Deus. Devemos viver "dentro" da sociedade, compartilhando as incertezas, crises e contradições do mundo atual, e trazendo nossa vida transformada pelo Evangelho.

Temos de aprender a viver nossa fé "em minoria" como testemunhas fiéis de Jesus. O que a Igreja precisa não é de mais poder social ou político, mas de mais humildade para deixar-se transformar por Jesus e poder ser o fermento de um mundo mais humano.

FERMENTO DE UMA VIDA MAIS HUMANA

Surpreende ver com que frequência Jesus se dirige a seus discípulos para adverti-los contra uma falsa "impaciência messiânica" que não sabe respeitar o ritmo da ação discreta, mas vigorosa, de Deus.

Aos que esperam que Ele dê início a um movimento contundente e arrojado, capaz de terminar com outras correntes e alternativas, Jesus lhes fala de uma ação mais humilde e respeitosa de Deus. O mundo é um campo de sementeiras opostas. E o Reino de Deus cresce aí na densidade dessa vida às vezes tão ambígua e complexa.

Aí está Deus salvando o ser humano: nesses comportamentos coletivos, animados umas vezes por grandes ideais e outras vezes por obscuros egoísmos; nesses mil gestos que fazemos cada dia e onde se mescla a generosidade com as mesquinharias mais inconfessáveis.

Àqueles que esperam o desenrolar imediato de algo espetacular e poderoso, Jesus lhes fala de um reinado de Deus mais simples e discreto. Algo que não visa desencadear movimentos grandiosos de massa. O Reino de Deus já está atuando, mas a modo de um grão de mostarda minúsculo e quase irrisório que germina com humildade, ou como uma porção quase imperceptível de fermento que se perde na massa fermentando-a totalmente.

Não é lançando excomunhões sobre outros grupos, partidos ou ideologias, nem condenando tudo o que não coincide com o nosso pensamento que vamos abrir caminho ao Reino de Deus. Não o implantaremos na sociedade concentrando grandes massas ou conseguindo o aplauso passageiro das multidões.

O Reino de Deus é um "fermento de humanidade" que cresce em qualquer rincão obscuro do mundo, onde se ama o ser humano e onde se luta por uma humanidade mais digna. Só abriremos caminho ao Reino de Deus deixando que a força do Evangelho transforme nosso modo de viver, amar, trabalhar, desfrutar, lutar e ser.

SEM CONDENAR A NINGUÉM
Vivemos numa sociedade onde é fácil observar um fato que alguns autores chamam "disseminação religiosa". Podemos encontrar-nos hoje com crentes piedosos e com ateus convictos, com pessoas indiferentes ao religioso e com adeptos de novas religiões, com gente que crê vagamente em "algo" e com indivíduos que fizeram uma "religião à la carte" para seu uso particular, com pessoas que não sabem se creem ou não creem, e com pessoas que desejam crer e não sabem como fazê-lo.

Apesar de vivermos juntos e encontrar-nos diariamente no trabalho, no descanso ou na convivência, a verdade é que sabemos muito pouco do que realmente pensa o outro sobre Deus, sobre a fé ou sobre o sentido da vida. Às vezes nem os casais conhecem o mundo interior um do outro. Cada um leva em seu coração questões, dúvidas, incertezas e buscas que não conhecemos.

Chamamos de "descrentes" aqueles que abandonaram a fé religiosa. Este termo não parece muito adequado. É verdade que essas pessoas abandonaram "algo" que um dia viveram, mas sua vida não se baseia nesta recusa ou abandono. São pessoas que vivem a partir de outras convicções, às vezes difíceis de formular, mas que lhes ajudam a viver, lutar, sofrer e até morrer com um determinado sentido. No fundo de cada vida existem convicções, compromissos e fidelidades que dão consistência à pessoa.

Não é fácil saber como Deus abre seu caminho na consciência de cada pessoa. A Parábola do Joio e Trigo nos convida a não precipitar-nos. Não cabe a nós qualificar cada indivíduo. Menos ainda excomungar aqueles que não se identificam com o "ideal de cristão" que nós nos fabricamos a partir de nossa maneira de entender a fé e que, provavelmente, não é tão perfeito como nos parece.

"Só Deus conhece os seus", dizia Santo Agostinho. Só Ele sabe quem vive com o coração aberto a seu Mistério, respondendo a seu desejo profundo de paz, amor e solidariedade entre os seres humanos. Nós que nos chamamos "cristãos" devemos estar atentos aos que se situam fora da fé religiosa, pois Deus também está vivo e operante em seus corações. Descobriremos que neles há muito de bom, nobre e sincero. Descobriremos, sobretudo, que Deus pode ser buscado sempre por todos.

APRENDER A CONVIVER COM NÃO CRENTES

Apesar da advertência de Jesus, caímos sempre de novo na velha tentação de pretender separar o trigo do joio, achando que somos, cada um de nós, naturalmente, "trigo limpo".

O que surpreende é a dureza com que certas pessoas, que se dizem "crentes", se atrevem a condenar aqueles que, por razões bem diversas, se afastaram da fé e da Igreja.

No entanto, crença e descrença, assim como o trigo e o joio da parábola, estão muito entremeados em nós. E o mais honesto seria descobrir o descrente que há em cada um de nós e reconhecer o crente que ainda palpita no fundo de muitos que estão afastados.

Por outro lado, não é o escândalo ou a perturbação a única reação possível diante dos que se afastam. Sua atuação pode, inclusive, ajudar-nos a entender e viver melhor nossa própria fé. Vou dizer algo de minha própria experiência.

Em primeiro lugar, o fato de haver homens e mulheres que podem viver sem crer em Deus me faz descobrir que sou livre ao crer. Minha fé não é algo que me vem por imposição. Não me sinto coagido por nada nem por ninguém. Minha fé é um ato de liberdade que nasce dentro de mim.

Por outro lado, os não crentes me ensinam a ser mais exigente ao viver minha fé. Com frequência observo que recusam um Deus ridículo e falso que não existe, mas que às vezes podem deduzi-lo da vida dos que se dizem crentes.

Não deveríamos esquecer as palavras do Vaticano II: "Nesta proliferação do ateísmo pode muito bem suceder que grande parte da responsabilidade podem ter os crentes, enquanto que, pelo descuido em educar sua fé ou por uma exposição deficiente da doutrina... ou também pelos defeitos de sua vida religiosa, moral ou social, se poderia dizer deles que mais ocultam do que revelam a face genuína de Deus e da religião".

Além disso, o que os crentes me obrigam a lembrar é que também em mim há um incrédulo. É certo que podemos falar hoje de crentes e não crentes, mas esta divisão é muito cômoda. A fronteira entre fé e descrença passa por dentro de cada um. Então aprendo a não ser um crente arrogante, envaidecido ou fanático, mas a seguir caminhando humildemente diante do mistério de Deus.

Não me sinto mal entre descrentes. Creio que Deus está neles e cuida de sua vida com amor infinito. Não posso esquecer aquelas palavras tão consoladoras de Deus: "Eu me deixei encontrar por aqueles que não perguntavam por mim; eu me deixei achar por aqueles que não me procuravam. Eu disse: "Aqui estou, aqui estou" aos que não invocavam meu nome" (Is 65,1).

20

UM TESOURO NÃO DESCOBERTO

Depois de explicar a Parábola do Joio e do Trigo, Jesus disse:
"O Reino dos Céus é semelhante a um tesouro escondido num campo. Quem o encontra, esconde-o de novo e, cheio de alegria, vai vender tudo o que tem e compra o campo.
O Reino dos Céus também é semelhante a um comerciante à procura de boas pérolas. Achando uma preciosa, vende tudo o que tem e a compra" (Mt 13,44-46).

UM TESOURO OCULTO

Nem todos se entusiasmavam com o projeto de Jesus. Em muitos surgiam não poucas dúvidas e interrogações. Seria razoável segui-lo? Não era uma loucura? São as perguntas daqueles galileus e de todos que se encontram com Jesus em um nível um pouco mais profundo.

Jesus contou duas breves parábolas para "seduzir" os que permaneciam indiferentes. Queria semear em todos uma pergunta decisiva: Não haverá na vida um "segredo" que ainda não foi descoberto?

Todos entenderam a parábola daquele lavrador pobre que, ao cavar numa terra que não era sua, encontrou um tesouro escondido em algum vaso de barro. E não pensou duas vezes. Era a ocasião de sua vida. Não podia desperdiçá-la. Vendeu tudo o que tinha e, cheio de alegria, foi comprar o campo e se fez com o tesouro.

O mesmo fez um rico comerciante de pérolas quando descobriu uma de valor incalculável. Nunca tinha visto algo semelhante. Vendeu tudo o que possuía, comprou-a e se fez com a pérola.

As palavras de Jesus eram sedutoras. Será que Deus é assim? Será isto encontrar-se com Ele? Descobrir um "tesouro" mais belo e atrativo, mais sólido e verdadeiro do que tudo que estamos vivendo e desfrutando?

Jesus está comunicando sua experiência de Deus: o que transformou por inteiro sua vida. Terá Ele razão? Será isto segui-lo? Encontrar o essencial, ter a imensa sorte de achar o que o ser humano está desejando desde sempre?

Entre nós, muita gente está abandonando a religião sem ter saboreado Deus. Eu entendo essa gente. Eu faria o mesmo. Se uma pessoa não descobriu um pouco a experiência de Deus que Jesus vivia, a religião é um tédio. Não vale a pena.

O triste é encontrar tantos cristãos cuja vida não está marcada pela alegria, pelo assombro ou pela surpresa de Deus, e nunca esteve. Vivem encerrados em sua religião, sem ter encontrado nenhum "tesouro". Entre os seguidores de Jesus, cuidar da vida interior não é uma coisa a mais. É imprescindível para viver abertos à surpresa de Deus.

DESCOBRIR O PROJETO DE DEUS

Não era fácil crer em Jesus. Alguns se sentiam atraídos por suas palavras. Em outros, pelo contrário, surgiam não poucas dúvidas. Seria razoável seguir a Jesus, ou seria uma loucura? Hoje acontece o mesmo: vale a pena comprometer-se em seu projeto de humanizar a vida, ou é mais prático ocupar-nos com o nosso próprio bem-estar? Neste ínterim, pode nossa vida passar sem tomarmos nenhuma decisão.

Jesus conta duas breves parábolas. Em ambos os relatos, o respectivo protagonista se encontra com um tesouro sumamente valioso ou com uma pérola de valor incalculável. Ambos reagem do mesmo modo: vendem tudo o que têm e se fazem com o tesouro ou a pérola. É, sem dúvida, o mais sensato e razoável que podem fazer.

O Reino de Deus está "oculto". Muitos não descobriram ainda o grande projeto de Deus para um mundo novo. Mas não é um mistério inacessível. Está "oculto" em Jesus, em sua vida e em sua mensagem. Uma comunidade cristã que não descobriu o Reino de Deus, não conhece bem a Jesus, não pode seguir seus passos.

A descoberta do Reino de Deus muda a vida de quem o descobre. Sua "alegria" é inconfundível. Encontrou o essencial, o melhor de Jesus, o que pode transformar sua vida. Se nós cristãos não descobrimos o projeto de Jesus, na Igreja não haverá alegria.

Os dois protagonistas das parábolas tomam a mesma decisão: "vendem tudo o que têm". Nada é mais importante do que "buscar o Reino de Deus e sua justiça". Tudo o mais vem depois, é relativo e há de ficar subordinado ao projeto de Deus.

Esta é a decisão mais importante a ser tomada na Igreja e nas comunidades cristãs: libertar-nos de tantas coisas acidentais para comprometer-nos no Reino de Deus. Despojar-nos do supérfluo. Esquecer-nos de outros interesses. Saber "perder" para "ganhar" em autenticidade. Se o fizermos, estaremos colaborando na conversão da Igreja.

BUSCAR A DEUS

Os estudos sociológicos dizem que a crise religiosa vai escorregando na Europa para uma "indiferença" cada vez maior. Uma indiferença tranquila, alheia a toda proposta sobre Deus. No entanto, cresce cada vez mais o número dos que, movidos por uma certa "nostalgia de Deus", sentem a necessidade de buscar algo diferente, uma maneira nova de crer nele. Como buscar a Deus?

Certamente, cada um deve partir de sua própria experiência. Não se deve copiar os outros, nem fazer nada forçado nem postiço. Cada um conhece seus próprios desejos e misérias, seus vazios e seus medos. Cada um sabe de sua "necessidade" de Deus. Sua voz não cala nunca. Não grita com os lábios, mas sussurra ao coração.

Precisamente por isso não basta buscar a Deus por fora: nos livros, nas discussões ou no debate. Uma coisa é "discutir religião" e outra bem diferente é buscar a Deus com coração sincero. A própria pessoa se dá conta quando está fugindo de Deus e quando está buscando a Deus de verdade. Santo Agostinho dizia assim: "Não te disperses. Concentra-te em tua intimidade. A verdade reside no ser humano interior".

Buscar a Deus exige esforço, mas encontrar-se com Ele não é nunca resultado de um voluntarismo fanático, nem de uma rigorosa ascese. Deus é um dom, e o importante é acolhê-lo com "simplicidade de alma". Recordemos a reflexão da velha priora no *Diálogo das carmelitas,* de Georges Bernanos: "Uma vez saídos da infância, temos de sofrer muito para voltar a ela, como só depois de uma longa noite torna a aparecer a aurora. Será que voltei a ser criança de novo?"

O mais acertado não é buscar a Deus apoiando-nos só nas nossas próprias intuições. Há muitas formas de enganar-se ou de andar dando voltas sobre nós mesmos, sobre nossos sentimentos e ideias. Por isso é melhor compartilhar e contrastar a própria experiência com alguém que possa guiar-nos a partir de sua vivência de Deus. Esse mútuo compartilhar pode ser o melhor estímulo para continuar buscando a Deus.

Em sua Parábola do "Tesouro Escondido no Campo", Jesus fala do homem que, "cheio de alegria", vende tudo o que tem para comprar o tesouro. Buscar a Deus não gera tristeza nem amargura; ao contrário, gera alegria e paz, porque a pessoa começa a descobrir onde está a verdadeira felicidade. Lembremos o que disse Santo Agostinho: "Só o que faz o homem ser bom pode fazê-lo feliz".

POR ONDE COMEÇAR?
Há algum tempo fazia eu uma conferência diante de um público jovem de San Sebastián. Depois da conferência houve um animado debate sobre a fé. Em certo momento, uma jovem, depois de juntar-se aos que confessavam uma postura agnóstica, veio a dizer mais ou menos isto: "Hoje continuo sendo agnóstica, mas está despertando em mim o desejo ou a necessidade de crer. Por onde devo começar?"

A pergunta me calou bem fundo: "Por onde começar?" Sinceramente tive de responder-lhe que eu não sei por experiência como se sai do agnosticismo e como se volta a recuperar uma fé viva em Deus. Por outro lado, creio que os caminhos podem ser diversos. Mas a pergunta da jovem está me obrigando a pensar o que posso trazer de minha experiência de crente a quem busca recuperar ou "refundar" sua fé.

Antes de tudo, penso que, de fora, não se pode "ensinar" ninguém a crer, como não se pode ensinar a sentir, a chorar ou a gozar. Posso compartilhar com alguém minha experiência e mostrar-lhe como vivo o mistério da vida, mas o caminho da fé cada um deve percorrê-lo "atraído" secretamente por Deus.

Também estou convicto de que a fé não é uma questão de raciocínios e discussões. Crer é outra coisa. O essencial não é chegar a verificar de maneira razoável a "hipótese" de Deus. O verdadeiro problema está em outra parte. Sempre que discuti com alguém sobre questões teóricas de fé, tive a impressão de que não estávamos falando do "importante".

Talvez a primeira coisa a fazer seja encontrar-se sinceramente consigo mesmo e descer até o "coração", esse lugar simbólico e secreto onde se tomam as decisões fundamentais. Vivemos em geral muito distraídos e ocupados, e não conseguimos colocar a vida diante do mistério último da existência. Essa atitude interior sincera me parece decisiva.

Por isso é tão importante a oração. Tu oras ou não? Acho que estamos abordando algo essencial. A oração não é teoria, nem discussão, nem reflexão.

É uma atitude responsável e livre diante do mistério último da vida. Quando rezo, estou me fazendo as perguntas mais decisivas: Posso confiar em alguém ou constituo a mim mesmo como centro absoluto de minha vida? Será que minha vida termina em mim mesmo, ou posso esperar em Deus?

Não conheço uma postura mais honesta e corajosa do que a do homem ou da mulher que, a partir de uma atitude de busca sincera, sabe dizer de verdade: "Deus, se existes, faze que eu creia em ti". O mistério de Deus, segundo Jesus, é semelhante a um "tesouro escondido no campo". Quem um dia o encontra se desprende de tudo para adquiri-lo.

Encontrar-nos com Deus

Muitos cristãos vivem hoje num estado intermediário entre o cristianismo tradicional que alimentou os primeiros anos de sua vida e uma descristianização que foi aos poucos invalidando-o totalmente.

Talvez sem expressá-lo com palavras, muitas pessoas vivem com a secreta inquietude de que as profundas mudanças socioculturais que estão acontecendo ameaçam fazer desaparecer de nosso povo a fé cristã, da qual vivemos até há pouco.

É normal então esse cristianismo "na defensiva", que se observa em não poucos crentes, desconcertados diante de costumes e propostas que arrasam o sentido cristão da vida, e perturbados por tanto embuste e ataque desrespeitoso à fé.

Uma fé exposta a tantas críticas e combatida por tantas frentes só pode ser vivida com autenticidade por aqueles que descobrem a alegria de encontrar-se com a realidade do Deus vivo. Cada um tem de fazer sua própria experiência. Pertencer à Igreja e confessar com os lábios a doutrina cristã não protege mecanicamente contra a incredulidade. Hoje é mais necessária do que nunca "a experiência religiosa".

De pouco servirá aos cristãos confessar rotineiramente suas crenças, se não descobrem a fé como experiência feliz, calorosa e revitalizadora.

O decisivo é sempre encontrar "o tesouro escondido no campo". Encontrar-se com o Deus de Jesus Cristo e experimentar que é Ele que pode responder de maneira plena as perguntas mais vitais e os anseios mais profundos.

Mais do que nunca precisamos rezar, fazer silêncio, livrar-se de tanta pressa e superficialidade, deter-nos diante de Deus, abrir-nos com mais sinceridade e confiança a seu mistério insondável. Não se pode ser cristão por nascimento, mas por uma decisão que se alimenta na experiência pessoal de cada um.

21

DAI-LHES VÓS DE COMER

Ao saber da morte de João Batista, Jesus retirou-se dali, num barco, para um lugar deserto e afastado. Mas o povo soube e o seguiu dos povoados a pé. Ao desembarcar, Jesus viu uma grande multidão e, sentindo compaixão, curou os seus enfermos. Ao cair da tarde, os discípulos se aproximaram dele e disseram: "O lugar aqui é deserto e já é muito tarde. Despede a multidão para que possam ir aos povoados comprar o que comer". Mas Jesus lhes respondeu: "Não há necessidade de eles irem embora. Dai-lhes vós mesmos de comer". Eles, porém, disseram: "Não temos aqui senão cinco pães e dois peixes". Ele falou: "Trazei-os para cá". Mandou então a multidão sentar-se na grama. Depois tomou os cinco pães e os dois peixes, levantou os olhos para o céu e rezou a bênção; partiu então os pães e deu-os aos discípulos e estes os deram à multidão. Todos comeram e ficaram saciados. E dos pedaços que sobraram recolheram doze cestos cheios. Os que comeram eram cerca de cinco mil homens, sem contar as mulheres e as crianças (Mt 14,13-21).

DAI-LHES VÓS DE COMER

O Evangelista Mateus não se preocupa com os detalhes do relato. Só lhe interessa emoldurar a cena apresentando Jesus no meio da "multidão" em atitude de "compaixão". Também o faz em outras ocasiões. Esta compaixão está à origem de toda sua atuação.

Jesus não vive de costas para o povo, encerrado em suas ocupações religiosas e indiferente à dor daquele povo. "Vê a multidão, sente compaixão e cura os enfermos". Sua experiência de Deus o faz viver aliviando o sofrimento e saciando a fome daquela pobre gente. Assim deve viver a Igreja, se quiser fazer Jesus presente no mundo de hoje.

O tempo passa e Jesus continua ocupado em curar. Os discípulos o interrompem com uma sugestão: "Já é muito tarde; seria melhor 'despedir' a multidão para que cada um 'compre' o que comer". Não aprenderam nada de Jesus. Não se importam com os famintos e os abandonam à sua sorte: que cada um "compre sua comida". O que farão os que não podem comprar?

Jesus lhes responde com uma ordem taxativa que os cristãos satisfeitos dos países ricos não querem nem escutar: "Dai-lhes vós de comer". Diante do "comprar", Jesus propõe "dar de comer". Não pode dizê-lo de maneira mais clara. Ele vive gritando ao Pai: "Dá-nos hoje o pão nosso de cada dia". Deus quer que todos os seus filhos e filhas tenham pão, também aqueles que não podem comprá-lo.

Os discípulos continuam céticos. Entre a multidão só se encontram cinco pães e dois peixes. Para Jesus é suficiente: se compartilhamos o pouco que temos, pode-se saciar a fome de todos, inclusive podem até "sobrar" doze cestos de pão. Esta é sua alternativa: uma sociedade mais humana, capaz de compartilhar seu pão com os famintos, terá recursos suficientes para todos.

Num mundo onde morrem de fome milhões de pessoas, nós cristãos só podemos viver envergonhados. A Europa não tem alma cristã e "despede" como delinquentes aqueles que vêm buscando pão. E, neste nosso tempo, quem são na Igreja os que caminham na direção marcada por Jesus? Infelizmente, a maioria de nós cristãos vivemos surdos a seu apelo, distraídos por nossos interesses, discussões, doutrinas e celebrações. Por que nos chamamos seguidores de Jesus?

COMPARTILHAR O NOSSO COM OS NECESSITADOS

Dois eram os problemas mais angustiosos nas aldeias da Galileia: a fome e as dívidas. Era o que mais fazia Jesus sofrer. Quando seus discípulos lhe pediram que os ensinasse a rezar, saíram do mais íntimo de Jesus essas duas petições: "Pai, dá-nos hoje o pão necessário"; "Pai, perdoa-nos as nossas dívidas, pois também nós perdoamos aos que nos devem alguma coisa".

O que podiam fazer contra a fome que os destruía e contra as dívidas que os levavam a perder suas terras? Jesus via com clareza a vontade de Deus: compartilhar o pouco que tinham e perdoar-se mutuamente as dívidas. Só assim nasceria um mundo novo.

As fontes cristãs conservaram a lembrança de uma refeição memorável com Jesus. Foi num descampado e muita gente tomou parte. É difícil reconstituir o que aconteceu. A lembrança que permaneceu foi esta: entre a multidão só foram recolhidos "cinco pães e dois peixes", mas compartilharam o pouco que tinham e, com a bênção de Jesus, todos puderam comer.

No começo do relato ocorre um diálogo muito esclarecedor. Ao ver a multidão faminta, os discípulos propõem a solução mais cômoda e menos comprometida: "que possam ir às aldeias e comprar o que comer"; que cada um resolva seus problemas como puder. Jesus lhes responde chamando-os à responsabilidade: "Dai-lhes vós de comer"; não deixeis os famintos abandonados à sua sorte.

Não devemos esquecer que, se vivemos de costas para os famintos do mundo, perdemos a nossa identidade cristã. Não somos fiéis a Jesus. Falta às nossas ceias eucarísticas sua sensibilidade e seu horizonte, falta-lhes compaixão. Como se transforma uma religião como a nossa em um movimento de seguidores mais fiel a Jesus?

Em primeiro lugar, não perder sua perspectiva fundamental: deixar-nos afetar mais e mais pelo sofrimento daqueles que não sabem o que é viver com pão e dignidade. Em segundo lugar, comprometer-nos em pequenas iniciativas, concretas, modestas, parciais, que nos ensinem a compartilhar e nos identifiquem mais com o modo de agir de Jesus.

CRIAR FRATERNIDADE

Um provérbio oriental diz que, "quando o dedo do profeta aponta para a Lua, o ignorante fica olhando para o dedo". Algo semelhante poderia ser dito de nós, quando nos detemos exclusivamente no caráter portentoso dos milagres de Jesus, sem alcançar a mensagem que eles encerram.

Porque Jesus não foi um milagreiro dedicado a operar prodígios propagandísticos. Seus milagres são antes sinais que abrem brecha neste mundo de pecado e já apontam para uma realidade nova, meta final do ser humano.

Concretamente, o milagre da multiplicação dos pães nos convida a descobrir que o projeto de Jesus é alimentar os seres humanos e reuni-los numa fraternidade real, na qual saibam compartilhar "seu pão e seu peixe" como irmãos.

Para o cristão, a fraternidade não é uma exigência como qualquer outra. É a única maneira de construir entre as pessoas o Reino do Pai. Esta fraternidade pode ser mal-entendida. Com muita frequência é confundida com "um egoísmo solícito que sabe comportar-se com muita decência" (Karl Rahner).

Pensamos que amamos o próximo simplesmente porque não lhe fazemos nada de especialmente mau, mas continuamos vivendo num horizonte mesquinho e egoísta, despreocupados de todos, movidos unicamente por nossos próprios interesses.

A Igreja, enquanto "sacramento de fraternidade", é chamada a impulsionar, em cada momento da história, novas formas de estreita fraternidade entre as pessoas. Nós cristãos devemos aprender a viver de modo mais fraterno, atentos às novas necessidades do ser humano atual.

A luta em favor do desarmamento, a proteção do meio ambiente, a solidariedade para com os povos famintos, o compartilhar com os desempregados as consequências da crise econômica, a ajuda aos dependentes de drogas, a preocupação com os idosos solitários e esquecidos... são outras tantas exigências para quem se sente irmão e quer "multiplicar" para todos o pão de que necessitamos para viver.

O relato evangélico nos lembra que não podemos comer tranquilos nosso pão e nosso peixe, enquanto perto de nós existem homens e mulheres ameaçados por tantas "fomes". Nós, que vivemos tranquilos e satisfeitos, temos que ouvir as palavras de Jesus: "Dai-lhes vós de comer".

A MURALHA EUROPEIA

Uma imensa fila de africanos, latino-americanos e habitantes do Leste está se aproximando há uns anos da Europa, empurrados pela fome e pela miséria. Em 1989, já foram catorze milhões. Hoje são muito mais.

Mas a Europa não está preparada para responder de maneira solidária a este desafio do nosso tempo. Esta sociedade europeia, que cimentou sua prosperidade em séculos de exploração colonial, vive muito cômoda e confortável para acolher sem temor estes homens e mulheres que procuram sobreviver entre nós.

Renasceram imediatamente os sentimentos racistas e a rejeição aos estrangeiros. Pelos meios de comunicação alimenta-se uma opinião pública que, frequentemente, apresenta os imigrantes como delinquentes, perigosos, usurpadores de um trabalho relativamente escasso.

Mas, sobretudo, aos poucos vai-se construindo uma grande muralha para defender-nos do perigo. São tomadas medidas firmes de controle sobre os movimentos dos estrangeiros. É incrementada a política de devoluções e expulsões. Favorece-se a negativa sistemática de legalizar a situação de imigrantes e refugiados. Esta insolidariedade é apresentada aos cidadãos como defesa de um "limiar de tolerância" que é preciso salvaguardar, para que não se rompa nosso equilíbrio socioeconômico.

O relato evangélico dos pães é instrutivo. Os discípulos, percebendo que não há pão suficiente para todos, pensam que o problema da fome se resolverá fazendo que a multidão "compre" o que comer. A este "comprar", regido pelas leis econômicas, Jesus opõe o "dar" generoso e gratuito: "Dai-lhes vós de comer".

Recolhe depois todas as provisões que há no grupo e pronuncia as palavras de ação de graças. Desta maneira, o pão se desvincula de seus possuidores para considerá-lo dom de Deus e reparti-lo generosamente entre todos que têm fome. É esta a lição profunda do relato: "quando se liberta a criação do egoísmo humano, sobra para cobrir a necessidade de todos".

A Europa precisa lembrar que a terra é de toda a humanidade e que não se pode negar o pão a nenhum ser humano faminto. Há pão suficiente para todos, se soubermos compartilhá-lo de maneira solidária. Longe de despertar novos racismos e xenofobias, o que se deve fazer é educar na solidariedade a opinião pública e promover sobretudo programas de ajuda e cooperação que possam ir tirando os países da fome de sua prostração econômica.

Como abençoar a mesa?

Quase sem dar-nos conta e empurrados por diversos fatores, aos poucos fomos desumanizando esse gesto tão entranhável e humano que é sentar-se à mesa para comer juntos.

A refeição converteu-se para muitos em algo puramente funcional que é necessário organizar de maneira rápida e precisa dentro da jornada de trabalho. Cada vez é mais raro esse momento privilegiado de encontro familiar em torno da mesa. Em muitos lares, essa mesa feita para ser rodeada, já não serve para que pais e filhos se encontrem, compartilhem suas vidas, conversem e descansem juntos.

Outros vão tomando o hábito de "alimentar seu organismo" nessas refeições impessoais dos restaurantes ou no rincão do *self-service* de turno. Não poucos se veem obrigados a participar de refeições protocolares ou de trabalho, onde o gesto amistoso do comer juntos é substituído pelo interesse, pelo pragmatismo ou pela ostentação.

O gesto de Jesus convidando as pessoas a sentar-se para comer juntos uma comida simples, bendizendo a Deus pelo pão que recebemos, pode ser um apelo para nós. Como expõe Xavier Basurko em seu estudo *Compartilhar o pão*, comer é muito mais do que "introduzir uma determinada ração de calorias no organismo".

A necessidade de alimentar-se é, antes de tudo, sinal de nossa indigência radical. Nós humanos percebemos obscuramente que não nos fundamentamos a nós mesmos. Na realidade cada um de nós vive recebendo, nutrindo-se de uma vida que, através da terra, nos é dada dia a dia. Por isso é um gesto profundamente humano recolher-se antes de comer para agradecer a Deus esses alimentos, fruto do esforço e trabalho do ser humano, mas ao mesmo tempo dom originário do Deus criador que sustenta a vida.

Mas, além disso, comer não é só um ato individualista de caráter biológico. O ser humano foi feito para comer com outros, compartilhando sua mesa com familiares e amigos. Comer juntos é confraternizar, dialogar, crescer em amizade, compartilhar o dom da vida.

Por isso é tão difícil dar graças a Deus quando se tem mais comida do que o necessário, enquanto outros sofrem de miséria e fome. Sentimo-nos acusados por aquelas palavras de Gandhi: "Tudo o que comes sem necessidade, estás roubando ao estômago dos pobres". Talvez nos países do bem-estar tenhamos que aprender a abençoar a mesa de outra maneira: dando graças a Deus, sim, mas, ao mesmo tempo, pedindo perdão por nossa insolidariedade e tomando consciência de nossa responsabilidade diante dos famintos da Terra.

22
Coragem, sou Eu!

Depois que todos estavam saciados, Jesus ordenou aos discípulos que entrassem no barco e fossem na frente para a outra margem, enquanto Ele despedia a multidão. E, depois de despedir a multidão, subiu sozinho ao monte para rezar.

Ao anoitecer, lá estava Ele só. O barco já se achava a alguns quilômetros da terra e era sacudido pelas ondas, pois o vento era contrário. Pela madrugada, Jesus chegou andando sobre o mar. Ao vê-lo, os discípulos ficaram com medo e gritavam: "é um fantasma". Mas logo Jesus lhes falou: "Coragem, sou Eu! Não tenhais medo!" Tomando a palavra, Pedro disse: "Senhor, se és Tu, manda-me andar sobre as águas até junto de ti". Jesus disse: "Vem". Descendo do barco Pedro caminhou sobre as águas ao encontro de Jesus. Mas, ao sentir a violência do vento, ficou com medo; começou a afundar e gritou: "Senhor, salva-me!" No mesmo instante, Jesus estendeu a mão e o segurou, dizendo-lhe: "Homem de pouca fé, por que duvidaste?" E quando os dois entraram no barco, o vento se acalmou. Então, os do barco prostraram-se diante dele e disseram: "Verdadeiramente, Tu és o Filho de Deus" (Mt 14,22-33).

O medo entrou na Igreja

Aproveitando os momentos difíceis de suas idas e vindas pelo lago da Galileia, Jesus certamente educava seus discípulos para enfrentar tempestades futuras mais perigosas. Mateus "recria" aqui um desses episódios para ajudar as comunidades cristãs a libertar-se de seus "medos" e de sua "pouca fé",

Os discípulos estão sós. Desta vez Jesus não os acompanha. A barca deles está "bem longe da terra", muito distante dele, e um "vento contrário" os impede de voltar. Sós e com medo da tempestade, o que podem eles fazer sem Jesus?

A situação da barca é desesperadora. Mateus fala das trevas da "noite", da "força do vento" e do perigo de "afundar nas águas", Com esta linguagem bíblica, conhecida por seus leitores, vai descrevendo a situação daquelas comunidades cristãs ameaçadas de fora pela hostilidade, e tentadas de dentro pelo medo e pela pouca fé. Não é esta também a nossa situação hoje?

Entre as três e seis horas da madrugada "Jesus se aproxima deles andando sobre as águas", mas os discípulos são incapazes de reconhecê-lo. O medo os faz ver nele "um fantasma". Os medos são o maior obstáculo para reconhecer, amar e seguir a Jesus como Filho de Deus" que nos acompanha e salva na crise.

Jesus lhes diz as palavras que eles precisavam ouvir: "Coragem, sou Eu, não tenhais medo!" Quer transmitir-lhes sua força, sua segurança e sua confiança absoluta no Pai. Pedro é o primeiro a reagir. Seu modo de agir, como quase sempre, é modelo de entrega confiante e exemplo de medo e fraqueza. Caminha seguro sobre as águas, depois "fica tomado de medo"; vai confiante até Jesus, depois esquece sua Palavra, sente a força do vento e começa a "afundar".

Na Igreja de Jesus entrou o medo e não sabemos como libertar-nos dele. Temos medo do desprestígio, da perda de poder e de sermos rejeitados pela sociedade. Temos medo uns dos outros: a hierarquia endurece sua linguagem, os teólogos perdem liberdade, os pastores preferem não correr riscos, os fiéis olham o futuro com temor. No fundo desses medos existe quase sempre medo de Jesus, pouca fé nele, resistência a seguir seus passos. Ele mesmo nos ajuda a descobri-lo: "Que pouca fé! Por que duvidais tanto?"

Antes de afundarmos

É surpreendente a atualidade que recobra nestes tempos de crise religiosa o relato da tempestade no Lago da Galileia. Mateus descreve com traços bem precisos a situação: os discípulos de Jesus se encontram sós, "longe da terra firme", no meio da insegurança do mar; a barca é "sacudida pelas sondas", transbordada por forças adversas: "o vento é contrário", tudo se volta contra; é noite cerrada", as trevas impedem de ver o horizonte.

Assim vivem não poucos crentes o momento atual. Não há segurança nem certezas religiosas; tudo se tornou obscuro e duvidoso. A religião está sujeita a todo tipo de acusações e suspeitas. Fala-se do cristianismo como uma "religião terminal" que pertence ao passado; diz-se que estamos entrando numa "era pós-cristã" (E. Poulat). Surge em algumas pessoas a pergunta: não será a religião um sonho irreal, um mito ingênuo votado a desaparecer? Este é o grito dos discípulos ao vislumbrar Jesus no meio da tempestade: "É um fantasma".

A reação de Jesus é imediata: "Coragem, sou Eu, não tenhais medo!" Animado por essas palavras, Pedro faz um pedido inaudito a Jesus: "Senhor, se és Tu, manda-me andar sobre as águas até junto de ti". Pedro não sabe se Jesus é um fantasma ou alguém real, mas quer comprovar que se pode chegar até Ele andando, não sobre terra firme, mas sobre a água, não apoiando-se em argumentos seguros, mas na fragilidade da fé.

É assim que o crente vive sua adesão a Cristo em momentos de crise e obscuridade. Não sabemos se Cristo é um fantasma ou alguém vivo e real, ressuscitado pelo Pai para nossa salvação. Não temos argumentos científicos para comprová-lo, mas sabemos por experiência que se pode caminhar pela vida sustentados pela fé nele e em sua palavra.

Não é fácil viver desta fé desnuda. O relato evangélico nos diz que "Pedro sentiu a força do vento", "ficou tomado de medo" e "começou a afundar". Trata-se de um processo bem conhecido: fixar-nos somente na força do mal, deixar-nos paralisar pelo medo e submergir no desespero.

Pedro reage e, antes de afundar de todo, grita: "Senhor, salva-me". Muitas vezes a fé é um grito, uma invocação, um apelo a Deus: "Senhor, salva-me!" Sem saber como nem por que, é possível então perceber Cristo como uma mão estendida que sustém nossa fé e nos salva, dizendo-nos ao mesmo tempo: "homem de pouca fé, por que duvidaste?"

Caminhar sobre a água

São muitos os crentes que se sentem hoje na intempérie, desamparados no meio de uma crise e confusão geral. Os pilares nos quais se apoiava tradicionalmente sua fé foram violentamente sacudidos em suas raízes. A autoridade da Igreja, a infalibilidade do papa e o magistério dos bispos já não podem ser sustentados em suas convicções religiosas. Uma linguagem nova e desconcertante chegou até seus ouvidos criando mal-estar e confusão, antes desconhecidos. A "falta de acordo" entre os sacerdotes e até entre os próprios bispos os fez submergir no desconcerto.

Com mais ou menos sinceridade são muitos os que se perguntam: O que devemos crer? A quem devemos escutar? Que dogmas devemos aceitar? Que moral devemos seguir? E são muitos também os que, não podendo responder a estas perguntas com a certeza de outros tempos, têm a sensação de estar "perdendo a fé".

Mas nunca devemos confundir a fé com a mera afirmação de verdades ou princípios. A fé implica certamente uma visão da vida e uma concepção peculiar do ser humano, de sua tarefa e de seu destino final. Mas ser crente é algo mais profundo e radical. E consiste, antes de tudo, numa abertura confiante a Jesus Cristo como sentido último de nossa vida, critério definitivo de nosso amor aos irmãos e esperança última de nosso futuro.

Por isso se pode ser verdadeiro crente e não ser capaz de formular com certeza determinados aspectos da concepção cristã da vida. E pode-se também afirmar com segurança absoluta os diversos dogmas cristãos e não viver entregue a Deus em atitude de fé.

Mateus descreveu a verdadeira fé ao apresentar Pedro que "caminhava sobre a água" aproximando-se de Jesus. Isso é crer: caminhar sobre a água e não sobre terra firme; apoiar nossa existência em Deus e não em nossas próprias razões, argumentos e definições; viver sustentados não por nossa segurança, mas por nossa confiança nele.

Aprender a crer a partir da dúvida

Não é fácil responder com sinceridade essa pergunta que Jesus faz a Pedro no momento em que o salva de afundar na água: "Por que duvidaste?"

Às vezes, as mais profundas convicções se desvanecem e os olhos da alma ficam turvos sem que saibamos exatamente por quê. Princípios aceitos até então como inalteráveis começam a cambalear. E desperta em nós a tentação de abandonar tudo sem reconstruir nada novo.

Outras vezes, o mistério de Deus parece oprimir-nos. A última palavra sobre a minha vida me escapa e é duro abandonar-me ao mistério: minha razão continua buscando insatisfeita uma luz clara e incontestável que não encontra, nem jamais poderá encontrar.

Não raras vezes a superficialidade e a leviandade de nossa vida cotidiana e o culto secreto a tantos ídolos nos submergem em graves crises de indiferença e ceticismo interior, com a sensação de termos realmente perdido a Deus.

Com frequência é nosso próprio pecado que enfraquece nossa fé, pois ela decai e se debilita quando nos afastamos de Deus. Se somos sinceros, temos que confessar que há uma distância enorme entre o crente que professamos ser e o crente que somos na realidade. O que fazer ao constatar uma fé às vezes tão frágil e vacilante em nós?

Primeiramente, não desesperar nem assustar-nos ao descobrir dúvidas e vacilações em nós. A busca de Deus se vive quase sempre na insegurança, na obscuridade e no risco. A Deus se busca "às apalpadelas". E não devemos esquecer que muitas vezes "a genuína fé só pode aparecer como dúvida superada" (Ladislao Boros).

O importante é aceitar o mistério de Deus com o coração aberto. Nossa fé depende da verdade de nossa relação com Ele. E não é preciso esperar que nossas interrogações e dúvidas se resolvam para viver em verdade diante desse Pai.

Por isso é importante saber gritar como Pedro: "Senhor, salva-me". Saber levantar nossas mãos vazias para Deus, não só como gesto de súplica, mas também de entrega confiante de alguém que se reconhece pequeno, ignorante e necessitado de salvação. Não esqueçamos que a fé é "caminhar sobre a água", mas com a possibilidade de encontrar sempre essa mão que nos salva quando começamos a afundar.

AS DÚVIDAS DO CRENTE

Há uns anos atrás, os cristãos falavam da incredulidade como de um assunto próprio de ateus e incrédulos, algo que a nós não nos atingia de perto. Hoje não nos sentimos tão imunizados. A descrença não é algo que afeta somente "os outros", mas uma questão que o crente deve propor a si mesmo sobre sua própria fé.

Antes de tudo, não podemos esquecer que a fé nunca é algo seguro, de que podemos dispor à vontade. A fé é um dom de Deus que devemos acolher e cuidar dele com fidelidade. Por isso, o perigo de perder a fé não vem tanto do exterior quanto de nossa atitude pessoal diante de Deus.

Não faltam pessoas que falam hoje de suas "dúvidas de fé". De modo geral, trata-se na realidade de dificuldades para compreender, de maneira coerente e razoável, certas ideias e concepções sobre Deus e o mistério cristão. Estas "dúvidas de fé" não são tão perigosas para o cristão que vive uma atitude de confiança amorosa diante de Deus. Como dizia o cardeal Newman, "dez dificuldades não fazem uma dúvida".

Para falar da fé, utiliza-se, na cultura hebraica, um termo muito expressivo: *'amán*. Daí provém a palavra "amém". Este verbo significa "apoiar-se", "pôr a confiança" em alguém mais sólido do que nós.

É nisto que consiste precisamente o mais nuclear da fé. Crer é viver apoiando-nos em Deus, esperar confiantemente nele, numa atitude de entrega absoluta, de confiança e fidelidade.

Esta é a experiência que viveram sempre os grandes crentes no meio de suas crises. São Paulo o expressa de maneira bem clara: "Eu sei em quem pus a minha confiança" (2Tm 1,12).

Esta é também a atitude de Pedro que, ao começar a afundar, grita do mais profundo: "Senhor, salva-me!", e sente a mão de Jesus que o agarra e lhe diz: "Por que duvidaste?"

As dúvidas podem ser uma ocasião propícia para purificar mais a nossa fé, arraigando-a de maneira mais viva e real no próprio Deus. É o momento de apoiar-nos com mais firmeza nele e de rezar com mais verdade do que nunca.

Quando se é "cristão de nascimento", sempre chega um momento em que temos de perguntar-nos se cremos realmente em Deus, ou simplesmente continuamos crendo naqueles que nos falaram dele desde que éramos crianças.

23

JESUS E A MULHER PAGÃ

Jesus saiu dali e retirou-se para os arredores de Tiro e Sidônia. De repente, uma mulher cananeia, que vinha daquela região, começou a gritar: "Senhor, Filho de Davi, tem piedade de mim! Minha filha está sendo terrivelmente atormentada pelo demônio". Mas ele não lhe respondia nenhuma palavra. Os discípulos se aproximaram e lhe pediram: "Manda-a embora, pois ela vem gritando atrás de nós". Jesus respondeu: "Não fui enviado senão para as ovelhas perdidas da casa de Israel". Mas ela veio, prostrou-se diante dele e disse: "Senhor, socorro!", e Ele respondeu: "Não fica bem tirar o pão dos filhos e jogá-lo aos cachorrinhos". Ela, porém, disse: "Certamente, Senhor, mas também os cachorrinhos comem das migalhas que caem da mesa de seus donos". Jesus lhe respondeu: "Ó mulher, grande é a tua fé! Seja feito como desejas". E desde aquela hora sua filha ficou curada (Mt 15,21-28).

O GRITO DA MULHER

Quando no ano oitenta do primeiro século Mateus escreve seu Evangelho, a Igreja está diante de uma grave questão: o que devem fazer os seguidores de Jesus? Encerrar-se no quadro do povo judeu ou abrir-se também aos pagãos?

Jesus só havia atuado dentro das fronteiras de Israel. Eliminado rapidamente pelo representante de Roma e pelos dirigentes do templo, não pode fazer nada mais. Porém, rastreando sua vida, os discípulos se lembraram de duas coisas muito esclarecedoras. Primeiro, Jesus era capaz de descobrir entre os pagãos uma fé maior do que entre seus próprios seguidores. Segundo, Jesus não havia reservado sua compaixão só para os judeus. O Deus da compaixão é de todos.

A cena é comovente. Uma mulher vem ao encontro de Jesus. Ela não pertence ao povo eleito. É pagã. Provém do maldito povo dos cananeus que tanto havia lutado contra Israel. É uma mulher sozinha e sem nome. Talvez mãe solteira, viúva ou que foi abandonada pelos seus.

Mateus só destaca sua fé. Toda sua vida se resume num grito que expressa o profundo alcance de sua desgraça. Vem atrás dos discípulos "gritando". Não se detém diante do silêncio de Jesus, nem diante do incômodo de seus discípulos. A desgraça de sua filha, possuída por "um demônio muito mau", converteu-se em sua própria dor: "Senhor, tem compaixão de mim".

Num determinado momento, a mulher alcança o grupo, detém Jesus, prostra-se diante dele e de joelhos lhe diz: "Senhor, socorre-me!" Não aceita as explicações de Jesus, dedicado a seu trabalho em Israel. Não aceita a exclusão étnica, política, religiosa e de sexos em que se encontram tantas mulheres, sofrendo solidão e marginalização.

É nesse momento que Jesus se manifesta em toda sua humildade e grandeza: "Mulher, como é grande a tua fé, que se cumpra o que desejas". A mulher tem razão. De nada servem outras explicações. O que se deve fazer em primeiro lugar é aliviar o sofrimento. Seu pedido coincide com a vontade de Deus.

O que fazemos nós cristãos de hoje diante dos gritos de tantas mulheres sozinhas, marginalizadas, maltratadas e esquecidas pela Igreja? Deixando-as de lado, justificando nosso abandono por exigências de outros afazeres? Jesus não fez isso.

Aliviar o sofrimento

Jesus vive muito atento à vida. É nela que Ele descobre a vontade de Deus. Olha com profunda atenção a criação e capta o mistério do Pai que o convida a cuidar com ternura dos mais humildes e abandonados. Abre seu coração ao sofrimento das pessoas e escuta a voz de Deus que o chama para aliviar a dor delas.

Os evangelhos nos conservaram a lembrança de um encontro que Jesus teve com uma mulher pagã na região de Tiro e Sidônia. O relato é surpreendente e nos revela como Jesus aprendia o caminho concreto para ser fiel a Deus.

Uma mulher sozinha e desesperada vem a seu encontro. Só sabe fazer uma coisa: gritar e pedir compaixão. Sua filha está não só enferma e desconcertada, mas vive possuída por um "demônio muito mau". Seu lar é um inferno. De seu coração dilacerado brota uma súplica: "Senhor, socorre-me!"

Jesus lhe responde com uma frieza inesperada. Ele tem uma vocação bem concreta e definida: deve dedicar-se às "ovelhas perdidas de Israel". Sua missão não é dedicar-se ao mundo pagão. "Não fica bem tirar o pão dos filhos e dá-lo aos cachorrinhos."

A frase é dura, mas a mulher não se ofende. Está certa de que seu pedido é bom e, retomando a imagem de Jesus, lhe diz estas palavras: "Certamente, Senhor. Mas também os cachorrinhos comem das migalhas que caem da mesa de seus donos".

Imediatamente Jesus entende tudo a partir de uma nova luz. Esta mulher tem razão: o que ela deseja coincide com a vontade de Deus, que não quer ver ninguém sofrer. Comovido e admirado, Ele lhe diz: "Mulher, grande é a tua fé, que se cumpra o que desejas".

Jesus, que parecia tão certo de sua própria missão, deixa-se ensinar e corrigir por esta mulher pagã. O sofrimento não conhece fronteiras. É verdade que sua missão está em Israel, mas a compaixão de Deus deve chegar a qualquer pessoa que está sofrendo.

Quando nos encontramos com uma pessoa que sofre, a vontade de Deus resplandece ali com toda clareza. Deus quer que aliviemos seu sofrimento. Isso é o mais importante. Tudo o mais fica para depois. Esse foi o caminho que Jesus seguiu para ser fiel ao Pai.

NÃO CONQUISTAR, MAS LIBERTAR

Parece que Jesus nunca entrou nas cidades pagãs de sua vizinhança para proclamar sua mensagem. Ele não se considera um "conquistador religioso". Sente-se apenas enviado ao povo de Israel, chamado a ser um dia "luz dos povos pagãos", segundo o Profeta Isaías. E, dentro de Israel, enviado às ovelhas "perdidas", aos mais pobres e esquecidos, aos mais desprezados e maltratados pela vida e pela sociedade.

No entanto, naquele momento em que se retirou para a região de Tiro e Sidônia, Jesus encontra-se com uma mulher que vem ao seu encontro com um sofrimento enorme: "Minha filha está sendo terrivelmente atormentada pelo demônio". Algo inquietante e sinistro apoderou-se dela; não pode comunicar-se com sua filha querida; a vida converteu-se num inferno. Daquela mãe pagã só nasce um grito a Jesus: "Tem compaixão de mim!"

A reação de Jesus é sempre a mesma. Só atende ao sofrimento. Fica comovido pela dor daquela mulher que luta com fé por sua filha. O sofrimento humano não tem fronteiras, nem conhece os limites das religiões. Por isso a compaixão também não pode ficar encerrada na própria religião. Jesus sabe que Deus não quer ver ninguém sofrer. E Ele, que reza a Deus "faça-se a tua vontade", diz à pagã: "faça-se a tua vontade", pois ela coincide com a vontade de Deus.

Muitas vezes a relação do cristianismo com outras religiões tem sido uma relação de invasão e sujeição. Consciente de seu poder, a Igreja esforçou-se para impor sua fé e implantar seu sistema religioso, contribuindo para destruir e desarraigar populações inteiras de suas próprias raízes. Esta operação "colonizadora" nascia, sem dúvida, de um desejo sincero de tornar cristãos todos aqueles povos, mas não era a maneira evangélica de implantar o Espírito de Cristo em terras pagãs.

Hoje a situação mudou. Os cristãos aprenderam a aproximar-se do sofrimento humano para tratar de aliviá-lo. O trabalho dos missionários e missionárias passou por uma profunda transformação. Sua missão não é mais "conquistar" povos para a fé, mas servir abnegadamente para "libertar" as pessoas da fome, da miséria ou da enfermidade. São os melhores testemunhos de Cristo na Terra. De seu serviço pode nascer a verdadeira fé em Jesus Cristo.

PARA QUE PEDIR ALGO A DEUS?

Estamos acostumados a dirigir nossos pedidos a Deus de maneira tão superficial e interessada que, provavelmente, temos de aprender de novo o sentido e a grandeza da súplica cristã.

Para alguns, parece-lhes indigno rebaixar-se para pedir alguma coisa. O ser humano é responsável por si mesmo e por sua história. Mas, mesmo sendo isto verdade, também é verdade que nós humanos vivemos do amor de Deus. E reconhecer isto significa arraigar-nos em nossa própria verdade.

Para outros, Deus é algo demasiado irreal. Um ser longínquo que não se preocupa com o mundo. De um lado, estamos nós, submersos no "labirinto das coisas terrenas", e, de outro lado, Deus em seu mundo eterno. E, não obstante, rezar a Deus é descobrir que Ele está do nosso lado contra o mal que nos ameaça. Suplicar é invocar a Deus como graça, libertação e força para viver.

Mas é precisamente nesse caso que Deus nos parece muito fraco e impotente, pois não atua nem intervém. E é certo que Deus não pode tudo. Ele criou o mundo e o respeita tal como é, sem entrar em conflito com Ele. Fez-nos livres e não anula nossas decisões.

Mas os acontecimentos do mundo e nossa própria vida não são algo fechado. E a súplica já é fecunda em si mesma, porque nos abre a esse

Deus que está trabalhando nossa salvação definitiva acima de todo mal. Se rezamos a Deus, não é para que Ele nos ame mais e se preocupe conosco com mais atenção. Deus não pode amar-nos mais do que nos ama. Somos nós que, ao rezar, descobrimos a vida a partir do horizonte de seu amor e nos abrimos à sua vontade salvadora. Não é Deus que deve mudar, mas nós.

A humilde mulher cananeia, ajoelhada com fé aos pés de Jesus, pode ser um exemplo e um convite a recuperar o sentido da súplica confiante ao Senhor.

Pedir com fé

A oração de petição tem sido objeto de uma forte crítica ao longo destes anos. O homem erudito da época moderna não consegue colocar-se em atitude de súplica diante de Deus, pois sabe que Deus não vai alterar o curso natural dos acontecimentos para realizar seus desejos.

A natureza é "uma máquina" que funciona segundo leis naturais, e o ser humano é o único ser que pode atuar e transformar, com sua intervenção, só em parte, o mundo e a história.

A oração de petição fica então relegada a um canto, para que sejam cultivadas outras formas de oração, como o louvor, a ação de graças ou a adoração, que podem harmonizar-se melhor com o pensamento moderno.

Outras vezes a súplica da criatura a seu Criador é substituída pela meditação ou pela imersão da alma em Deus, mistério último da existência e fonte de toda vida.

Mas a oração de súplica, tão controvertida por seus possíveis mal-entendidos, é decisiva para expressar e viver, a partir da fé, nossa dependência de criatura diante de Deus.

Não é estranho que o próprio Jesus louve a grande fé de uma mulher simples que sabe suplicar de maneira insistente sua ajuda. Em qualquer situação, pode-se invocar a Deus: tanto numa situação de felicidade, como de adversidade; tanto de bem-estar como de sofrimento.

O homem ou a mulher que eleva a Deus sua petição não se dirige a um Ser apático ou indiferente ao sofrimento de suas criaturas, mas a um Deus que pode sair de seu ocultamento e manifestar sua proximidade aos que lhe fazem sua súplica.

Pois é disto que se trata. Não de utilizar Deus para conseguir nossos objetivos, mas de buscar e pedir a proximidade de Deus naquela situação. E a experiência da proximidade de Deus não depende primariamente de que se cumpram os nossos desejos.

O crente pode experimentar de muitas maneiras a proximidade de Deus, independentemente de como se resolva seu problema. É bom lembrar a sábia advertência de Santo Agostinho: "Deus escuta o teu chamado, se é a Ele que buscas. Não te escuta se, através dele, buscas outra coisa".

Não é este o tempo do cumprimento definitivo. O mal não está vencido de maneira total. O orante experimenta a contradição entre a desgraça que ele padece e a salvação definitiva prometida por Deus. Por isso toda súplica e petição concreta a Deus fica sempre envolta nessa grande súplica que o próprio Jesus nos ensinou: "Venha a nós o teu reino", o reino da salvação e da vida definitiva.

24
E VÓS, QUEM DIZEIS QUE EU SOU?

Chegando à região de Cesareia de Filipe, Jesus perguntou a seus discípulos: "Quem dizem as pessoas que é o Filho do homem?" Eles responderam: "Alguns dizem que é João Batista; outros que é Elias; e outros ainda que é Jeremias ou um dos profetas". Então Ele perguntou-lhes: "E vós, quem dizeis que Eu sou?" Simão Pedro respondeu: "Tu és o Cristo, o Filho de Deus vivo". Em resposta, Jesus disse: "Feliz és tu, Simão, filho de Jonas, porque não foi a carne nem o sangue que te revelou isso, mas o Pai que está nos céus. E eu te digo: Tu és Pedro e sobre esta pedra construirei a minha Igreja e as portas do inferno nunca levarão vantagem sobre ela. Eu te darei as chaves do Reino dos Céus, e tudo que ligares na terra será ligado nos céus. E tudo que desligares na terra será desligado nos céus". E Ele deu ordens aos discípulos de não falarem a ninguém que Ele era o Cristo (Mt 16,13-20).

UMA PERGUNTA DECISIVA

"E vós, quem dizeis que Eu sou?" Essa pergunta de Jesus não é dirigida só a seus primeiros seguidores. É a questão fundamental à qual devemos responder sempre que nos confessamos cristãos.

Nossa primeira reação pode ser encontrar rapidamente uma resposta doutrinal e confessar de maneira rotineira que Jesus é o "Filho de Deus encarnado", o "Redentor" do mundo, o "Salvador" da humanidade. Títulos todos eles muito solenes e ortodoxos, sem dúvida, mas que podem ser pronunciados sem nenhum conteúdo vital.

A pergunta de Jesus não nos pede simplesmente nossa opinião, mas nos interpela principalmente sobre a nossa atitude diante dele. E essa atitude não transparece só em nossas palavras, mas sobretudo em nosso seguimento concreto de Jesus. Como escreveu algum teólogo: "A breve proposição: 'eu creio que Jesus é o Filho de Deus' significa algo completamente diferente, se ela é pronunciada por Francisco de Assis ou por um dos atuais ditadores sul-americanos. O Deus desses homens não é o mesmo, ou, pelo menos, o Deus que cada um invoca para dirigir sua conduta".

As palavras de Jesus pedem uma opção radical. Ou Jesus é para nós um personagem a mais, ao lado de muitos outros da história, ou Ele é a Pessoa decisiva que nos traz a compreensão última da existência, a orientação decisiva para a nossa vida e nos oferece a esperança definitiva.

A pergunta "e vós, quem dizeis que Eu sou?" adquire então um conteúdo novo. Não é mais apenas uma questão sobre Jesus, mas sobre nós mesmos. Quem sou eu? Em quem eu creio? A partir de que oriento a minha vida? A que se reduz a minha fé?

Todos temos de lembrar sempre de novo que a fé não se identifica com as fórmulas que pronunciamos. Para compreender melhor o alcance "do que eu creio", é necessário verificar como vivo, a que aspiro, em que me comprometo.

Por isso, a pergunta de Jesus, mais do que um exame sobre nossa ortodoxia, deveria ser um apelo a um modo de vida cristão. Não se trata evidentemente de dizer ou crer qualquer coisa sobre Cristo. Mas também não de fazer solenes profissões de fé ortodoxa, para viver depois muito longe do espírito que essa mesma proclamação de fé exige e traz consigo.

ADESÃO VIVA A JESUS CRISTO

Não é fácil tentar responder com sinceridade a pergunta de Jesus: "E vós, quem dizeis que Eu sou?" Na verdade, quem é Jesus para nós? Sua pessoa nos chega através de vinte séculos de imagens, fórmulas, devoções, experiências, interpretações culturais... que vão desvelando e velando ao mesmo tempo sua riqueza insondável.

Mas, além disso, vamos revestindo Jesus do que somos cada um de nós. E projetamos nele nossos desejos, aspirações, interesses e limitações. E, quase sem dar-nos conta, o diminuímos e desfiguramos, inclusive quando tratamos de exaltá-lo.

Mas Jesus continua vivo. Nós cristãos não pudemos dissecá-lo com nossa mediocridade. Ele não permite que o disfarcemos. Não se deixa etiquetar nem reduzir a uns ritos, fórmulas ou costumes.

Jesus sempre desconcerta quem se aproxima dele com postura aberta e sincera. Sempre é diferente do que esperávamos. Sempre abre novas brechas em nossa vida, rompe nossos esquemas e nos atrai para uma vida nova. Quanto mais o conhecemos, mais sabemos que ainda estamos começando a descobri-lo.

Jesus é perigoso. Percebemos nele uma entrega aos seres humanos que desmascara nosso egoísmo. Uma paixão pela justiça sacode nossas seguranças, privilégios e egoísmos. Uma ternura que deixa a descoberto nossa mesquinhez. Uma liberdade que rompe nossas mil escravidões e sujeições.

E, sobretudo, intuímos nele um mistério de abertura e de proximidade a Deus que nos atrai e convida a também abrir nossa existência ao Pai. Vamos conhecendo a Jesus, na medida em que nos entregamos a Ele. Só há um caminho para aprofundar-nos em seu mistério: segui-lo.

Seguir humildemente seus passos, abrir-nos com Ele ao Pai, reproduzir seus gestos de amor e ternura, olhar a vida com seus olhos, compartilhar seu destino doloroso, esperar sua ressurreição. E, sem dúvida, rezar muitas vezes do fundo do coração: "Creio, Senhor, mas ajuda à minha incredulidade".

Confessar a Jesus com a vida

"Quem dizeis vós que Eu sou?" Todos os evangelistas sinóticos citam esta pergunta dirigida por Jesus a seus discípulos na região de Cesareia de Filipe. Para os primeiros cristãos era muito importante lembrar sempre de novo a quem estavam seguindo, como estavam colaborando em seu projeto e por quem estavam arriscando sua vida.

Quando escutamos hoje esta pergunta, temos a tendência de pronunciar as fórmulas que foram sendo cunhadas pelo cristianismo ao longo dos séculos: Jesus é o Filho de Deus feito homem, o Salvador do mundo, o Redentor da humanidade... Será que basta pronunciar estas palavras para converter-nos em "seguidores" de Jesus?

Infelizmente se trata com frequência muito mais de fórmulas aprendidas numa idade infantil, aceitas de maneira mecânica, repetidas de forma ligeira e afirmadas verbalmente, do que vividas seguindo os passos de Jesus.

Confessamos a Cristo por costume, por piedade ou por disciplina, mas vivemos na maioria das vezes sem captar a originalidade de sua vida, sem escutar a novidade de seu apelo, sem deixar-nos atrair por seu amor apaixonado, sem contagiar-nos por sua liberdade e sem esforçar-nos em seguir sua trajetória.

Nós o adoramos como "Deus", mas Ele não é o centro de nossa vida. Nós o confessamos como "Senhor", mas vivemos de costas para seu projeto, sem saber muito bem qual era esse projeto e o que pretendia. Nós o chamamos de "Mestre", mas não vivemos motivados pelo que motivava a vida dele. Vivemos como membros de uma religião, mas não somos discípulos de Jesus.

Paradoxalmente, a "ortodoxia" de nossas fórmulas doutrinais pode dar-nos segurança, dispensando-nos de um encontro mais vivo com Jesus. Há cristãos muito "ortodoxos" que vivem uma religiosidade instintiva, mas não conhecem por experiência o que é nutrir-se de Jesus. Sentem-se "proprietários" da fé, vangloriam-se inclusive de sua ortodoxia, mas não conhecem o dinamismo do Espírito de Cristo.

Não devemos enganar-nos. Cada um de nós deve colocar-se diante de Jesus, deixar-se olhar diretamente por Ele e escutar do fundo do seu ser esta pergunta que Ele nos faz: Quem sou eu realmente para vós? Responde-se a esta pergunta muito mais com a vida do que com palavras sublimes.

Encontrar-nos com Jesus

Nós cristãos esquecemos com muita frequência que a fé não consiste em crer em algo, mas crer em Alguém. Não se trata de aderir fielmente a um credo, menos ainda de aceitar cegamente "um conjunto estranho de doutrinas", mas de encontrar-nos com Alguém vivo que dá sentido radical à nossa vida.

Verdadeiramente decisivo é encontrar-se com a pessoa de Jesus Cristo e descobrir, por experiência pessoal, que Ele é o único que pode responder de maneira plena a nossas perguntas mais decisivas, a nossos desejos mais profundos e a nossas necessidades últimas.

No nosso tempo se torna cada vez mais difícil crer em algo. As ideologias mais sólidas, os sistemas mais poderosos e as teorias mais brilhantes foram aos poucos cambaleando ao mostrar suas limitações e profundas deficiências.

O ser humano de hoje, desiludido com tantos dogmas e ideologias, talvez ainda esteja disposto a crer em pessoas que o ajudem a viver dando um novo sentido à sua vida. Por isso pode dizer o teólogo Karl Lehmann que "o homem moderno só será crente quando tiver feito uma autêntica experiência de adesão à pessoa de Jesus Cristo".

É triste observar a atitude de setores católicos cuja única obsessão parece ser "conservar a fé" como "um depósito de doutrinas" que se deve saber defender contra o assalto de novas ideologias e correntes.

Crer é outra coisa. Antes de tudo, nós crentes devemos reavivar nossa adesão profunda à pessoa de Jesus Cristo. Só quando vivermos "seduzidos" por Ele e trabalhados pela força regeneradora de sua pessoa, poderemos transmitir também hoje seu espírito e sua visão da vida. Do contrário, proclamaremos com os lábios doutrinas sublimes, mas vamos continuar vivendo uma fé medíocre e pouco convincente.

Nós cristãos devemos responder com sinceridade essa pergunta interpelante de Jesus: "E vós, quem dizeis que Eu sou?" Ibn Arabí escreveu que "aquele que foi contagiado por essa enfermidade que se chama Jesus, não pode mais curar-se".

Nossa imagem de Jesus

A pergunta de Jesus: "E vós, quem dizeis que Eu sou?" continua pedindo ainda uma resposta aos crentes do nosso tempo. Nem todos temos a mesma imagem de Jesus. E isto não só pelo caráter inesgotável de sua personalidade, mas, sobretudo, porque cada um de nós vai elaborando sua imagem de Jesus a partir de seus interesses e preocupações, condicionado por sua psicologia pessoal e pelo meio social ao qual pertence, e marcado pela formação religiosa que recebeu.

E, não obstante, a imagem que nos fazemos de Cristo tem importância decisiva para nossa vida, pois condiciona nossa maneira de entender e viver a fé. Uma imagem empobrecida, unilateral, parcial ou falsa de Jesus nos conduzirá a uma vivência empobrecida, unilateral, parcial ou falsa da fé. Daí a importância de evitar possíveis deformações de nossa visão de Jesus e de purificar nossa adesão a Ele.

Por outro lado, é pura ilusão pensar que alguém crê em Jesus Cristo porque "crê" em um dogma, ou porque está disposto a crer "no que a Santa Madre Igreja crê". Na realidade, cada crente crê no que ele crê, isto é, no que pessoalmente vai descobrindo em seu seguimento a Jesus Cristo, ainda que, naturalmente, o faça dentro da comunidade cristã.

Infelizmente, não são poucos os cristãos que entendem e vivem sua religião de tal maneira que, provavelmente, nunca poderão ter uma experiência um pouco viva do que é encontrar-se pessoalmente com Cristo.

Já numa época bem cedo de sua vida se fizeram uma ideia infantil de Jesus, quando talvez ainda não se tinham feito, com suficiente lucidez, as questões e perguntas que Cristo pode responder.

Mais tarde não voltaram mais a repensar sua fé em Jesus Cristo, ou porque a consideram algo trivial e sem importância para sua vida, ou porque não se atrevem a examiná-la com seriedade e rigor, ou ainda porque se contentam em conservá-la de maneira indiferente e apática, sem eco algum em seu ser.

Infelizmente, não suspeitam o que Jesus poderia ser para eles. Marcel Légaut escrevia esta frase dura, mas talvez bem real: "Esses cristãos ignoram quem é Jesus e estão condenados por sua própria religião a não descobri-lo jamais".

25

Carregar a cruz

Jesus começou a mostrar a seus discípulos que Ele devia ir a Jerusalém e sofrer muito da parte dos anciãos, sumos sacerdotes e escribas, ser morto e ressuscitar ao terceiro dia. Pedro levou-o para um lado e se pôs a repreendê-lo: "Deus não permita, Senhor, que isso aconteça". Mas Jesus voltou-se para Pedro e disse: "Afasta-te de mim, satanás. Tu és para mim uma pedra de tropeço, porque não tens senso para as coisas de Deus, mas para as dos homens".

Então Jesus disse a seus discípulos: "Se alguém quiser vir após mim, renuncie a si mesmo, tome a sua cruz e siga-me. Pois quem quiser salvar a sua vida vai perdê-la; mas quem perder a sua vida por amor de mim, há de encontrá-la. O que adianta alguém ganhar o mundo inteiro, se vier a prejudicar-se? Ou o que se pode dar em troca da própria vida? Porque o Filho do homem há de vir na glória do Pai, com os anjos, e então dará a cada um conforme as suas obras (Mt 16,21-27).

O que Pedro teve que ouvir

Quando Jesus apareceu, provocou surpresa, admiração e entusiasmo nos povoados da Galileia. Os discípulos sonhavam com o êxito total. Jesus, pelo contrário, só pensava na vontade do Pai. Queria cumpri-la até o final.

Por isso começou a explicar a seus discípulos o que esperava. Sua intenção era subir a Jerusalém, já sabendo que lá iria "sofrer muito", precisamente por parte dos dirigentes religiosos. Sua morte entrava nos desígnios de Deus como consequência inevitável de sua atuação. Mas o Pai iria ressuscitá-lo. Não ficaria passivo e indiferente.

Pedro se rebela diante da simples ideia de imaginar Jesus crucificado. Não quer vê-lo fracassado. Só quer seguir a Jesus vitorioso e triunfante. Por isso o "toma à parte", o pressiona e "repreende" para que se esqueça do que acaba de dizer: "Deus não vai permitir que isso aconteça a ti!"

A resposta de Jesus é bem forte: "Afasta-te de mim, satanás!" Não quer ver Pedro diante de seus olhos, porque "o faz tropeçar", é um obstáculo em seu caminho. "Tu não pensas como Deus, mas como os homens". Tens uma maneira de pensar que não é a do Pai que busca a felicidade de todos os seus filhos e filhas; tu és como os homens que só pensam em seu bem-estar. És a encarnação de satanás.

Quando Pedro se abre com simplicidade à revelação do Pai e confessa Jesus como Filho do Deus vivo, converte-se em "Rocha" sobre a qual Jesus pode construir sua Igreja. Quando, seguindo interesses humanos, pretende afastar Jesus do caminho da cruz, converte-se em "tentador satânico"(!).

Os autores sublinham que Jesus diz literalmente a Pedro: "Vai de retro, satanás!" Esse é teu lugar. Coloca-te como seguidor fiel atrás de mim. Não pretendas perverter minha vida orientando meu projeto para o poder e o triunfo.

É um erro confessar Jesus como "Filho do Deus vivo" e não segui-lo em seu caminho para a cruz. Se na Igreja de hoje continuamos atuando como Pedro, teremos que ouvir também nós o que ele teve que ouvir dos lábios de Jesus.

Arriscar tudo por Jesus

Não é fácil chegar ao mundo interior de Jesus, mas em seu coração podemos intuir uma dupla experiência: sua identificação com os últimos e sua confiança total no Pai. Por um lado, Ele sofre com a injustiça, as desgraças e as enfermidades que fazem tantas pessoas sofrer. Por outro lado, Ele confia totalmente nesse Deus Pai que nada quer mais do que arrancar da vida o que é mau e faz seus filhos sofrer.

Jesus estava disposto a tudo para tornar realidade o desejo de Deus, seu Pai: um mundo mais justo, digno e feliz para todos. E, como é natural, queria encontrar entre seus seguidores a mesma atitude. Se seguiam seus passos, deviam também compartilhar sua paixão por Deus e sua disponibilidade total a serviço de seu reino. Queria acender neles o fogo que levava dentro de si.

Há frases que dizem tudo isto. As fontes cristãs conservaram, com pequenas diferenças, um dito dirigido por Jesus a seus discípulos: "Quem quiser salvar sua vida, há de perdê-la, mas quem perder sua vida por amor de mim, há de encontrá-la". Com essas palavras tão paradoxais, Jesus está convidando a viver como Ele: agarrar-se cegamente à vida pode levar a perdê-la; arriscando a vida de maneira generosa e valente, leva a salvá-la.

O pensamento de Jesus é claro. Aquele que caminha atrás dele, mas continua aferrado às seguranças, metas e expectativas que sua vida lhe oferece, pode acabar perdendo o maior bem de todos: a vida vivida segundo o projeto de Deus. Ao contrário, aquele que arrisca tudo para segui-lo, encontrará vida entrando com Ele no Reino do Pai.

Quem segue a Jesus tem muitas vezes a sensação de estar "perdendo a vida" por uma utopia inalcançável: Não estamos pondo a perder nossos melhores anos sonhando com Jesus? Não estamos gastando nossas melhores energias por uma causa inútil?

O que fazia Jesus quando se via conturbado por este tipo de pensamentos obscuros? Identificar-se ainda mais com os que sofrem e continuar confiando nesse Pai que pode doar-nos uma vida que não pode ser deduzida do que experimentamos aqui na Terra.

Jesus diante do sofrimento

Queiramos ou não, o sofrimento está incrustado no próprio interior de nossa experiência humana, e seria uma ingenuidade tratar de eludi-lo. Às vezes é a dor física que abala nosso organismo. Outras vezes é o sofrimento moral, a morte do ente querido, a amizade rompida, o conflito, a insegurança, o medo ou a depressão. O sofrimento intenso e inesperado que logo passará, ou a situação penosa que se prolonga consumindo nosso ser e destruindo nossa alegria de viver.

Ao longo da história, bem diversas têm sido as posturas que o ser humano adotou diante do mal. Os estoicos acreditavam que a postura mais humana era enfrentar a dor e aguentá-la com dignidade. A Escola de Epicuro propagou uma atitude pragmática: fugir do sofrimento, desfrutando ao máximo enquanto se possa. O budismo, por sua vez, tenta arrancar o sofrimento do coração humano suprimindo "o desejo".

Depois, na vida diária, cada um se defende como pode. Uns se rebelam diante do inevitável; outros adotam uma postura de resignação; há aqueles que mergulham no pessimismo; há até quem, ao contrário, precisa sofrer para sentir-se vivo... E Jesus? Qual foi sua atitude diante do sofrimento?

Jesus não faz de seu sofrimento o centro em torno do qual deve girar tudo o mais. Ao contrário, seu sofrimento é uma dor solidária, aberta aos outros, fecunda. Ele também não adota uma atitude vitimista. Não vive compadecendo-se de si mesmo, mas auscultando os padecimentos dos outros. Não se queixa de sua situação, nem se lamenta. Está muito mais atento às queixas e lágrimas dos que o rodeiam.

Jesus não se acabrunha com fantasmas de possíveis sofrimentos futuros. Vive cada momento acolhendo e doando a vida que recebe do Pai. Sua sábia consigna é esta: "Não vos preocupeis com o dia de amanhã. O dia de amanhã terá suas próprias dificuldades. A cada dia basta seu peso" (Mt 6,34).

E, acima de tudo, Jesus confia no Pai, coloca-se serenamente em suas mãos. E, inclusive, quando a angústia lhe afoga o coração, de seus lábios só brota uma oração: "Pai, em tuas mãos entrego o meu espírito".

Aprender de Jesus a atitude diante do sofrimento

Poucos aspectos da mensagem evangélica foram tão desvirtuados como o convite de Jesus de "carregar a cruz". Daí que não poucos cristãos tenham ideias bem confusas sobre a atitude cristã diante do sofrimento. Recordemos alguns dados que não podemos ignorar, se quisermos seguir o Crucificado com maior fidelidade.

Em Jesus não encontramos esse sofrimento, tão frequente em nós, que é gerado por nosso próprio pecado, ou pela nossa maneira desacertada de viver. Jesus não conheceu os sofrimentos que nascem da inveja, do ressentimento, do vazio interior ou do apego egoísta às coisas e às pessoas. Portanto, há em nossa vida um sofrimento (segundo os entendidos, ele pode chegar em algumas pessoas a 90% do que sofrem) que temos que ir eliminando, precisamente, se quisermos seguir a Jesus.

Por outro lado, Jesus não ama nem busca arbitrariamente o sofrimento, nem para Ele nem para os outros, como se o sofrimento encerrasse algo que agrada especialmente a Deus. É um erro acreditar que a pessoa segue mais de perto a Cristo porque busca sofrer arbitrariamente e sem nenhuma necessidade. O que agrada a Deus não é o sofrimento, mas a atitude com que a pessoa assume o sofrimento em seguimento fiel a Cristo.

Além disso, Jesus se compromete com todas as suas forças a fazer desaparecer no mundo o sofrimento. Toda sua vida foi uma luta constante para arrancar o ser humano desse padecimento que se oculta na enfermidade, na fome, na injustiça, nos abusos, no pecado ou na morte.

Quem quiser segui-lo não poderá ignorar os que sofrem. Ao contrário, sua primeira tarefa será suprimir o sofrimento da vida das pessoas.

Como disse um teólogo, "não há direito de ser feliz sem os outros, nem contra os outros" (Ignacio Larrañeta).

Por último, quando Jesus se encontra com o sofrimento provocado por aqueles que se opõem à sua missão, Ele não o recusa, mas o assume em atitude de fidelidade total ao Pai e de serviço incondicional aos seres humanos.

Antes de tudo, "carregar a cruz" é seguir fielmente a Jesus e aceitar as consequências dolorosas que se seguirão, sem dúvida, deste seguimento. Há rejeições, padecimentos e danos que o cristão sempre há de assumir. É o sofrimento que só poderíamos fazer desaparecer de nossa vida, deixando de seguir a Cristo. Aí está para cada um de nós a cruz que temos de levar seguindo seus passos.

A CRUZ É OUTRA COISA

É difícil não sentir desconcerto e mal-estar ao ouvir mais uma vez as palavras de Jesus: "Se alguém quiser vir após mim, renuncie a si mesmo, tome a sua cruz e siga-me". Entendemos muito bem a reação de Pedro que, ao ouvir Jesus falar de rejeição e sofrimento, "o toma à parte e se põe a censurá-lo". Diz o teólogo mártir, Dietrich Bonhoeffer, que esta reação de Pedro "prova que, desde o princípio, a Igreja se escandalizou do Cristo sofredor. Ela não quer que seu Senhor lhe imponha a lei do sofrimento".

Este escândalo pode tornar-se hoje insuportável para nós que vivemos no que Leszek Kolakowsky chama "a cultura de analgésicos", essa sociedade obsediada por eliminar o sofrimento e mal-estar por meio de todo tipo de drogas, narcóticos e evasões.

Se quisermos esclarecer qual deve ser a atitude cristã, temos que compreender bem em que consiste a cruz para o cristão, pois pode acontecer que nós a ponhamos onde Jesus nunca a pôs.

Facilmente chamamos "cruz" tudo aquilo que nos faz sofrer, inclusive esse sofrimento que aparece em nossa vida, gerado por nosso próprio pecado, ou por nossa maneira equivocada de viver. Mas não devemos confundir a cruz com qualquer desgraça, contrariedade ou mal-estar que acontece na vida.

A cruz é outra coisa. Jesus chama seus discípulos para segui-lo fielmente e colocar-se a serviço de um mundo mais humano: o Reino de Deus. Isto é o principal. A cruz é apenas o sofrimento que nos virá como consequência desse seguimento; o destino doloroso que teremos de compartilhar com Cristo, se seguirmos realmente seus passos. Por isso não devemos confundir o "carregar a cruz" com posturas masoquistas, uma falsa mortificação, ou o que P. Evdokimov chama "ascetismo barato" e individualista.

Por outro lado, devemos entender corretamente o "renunciar a si mesmo", condição que Jesus pede para carregar a cruz e segui-lo. "Renunciar a si mesmo" não significa mortificar-se de qualquer maneira, castigar-se a si mesmo e, menos ainda, anular-se ou autodestruir-se. "Negar-se a si mesmo" é não viver dependente de si próprio, esquecer-se do próprio "ego", para construir a vida sobre Jesus Cristo. Libertar-nos de nós mesmos para aderir radicalmente a Ele. Em outras palavras, "carregar a cruz" significa seguir a Jesus dispostos a assumir a insegurança, a conflitividade, a rejeição ou a perseguição que o próprio Crucificado teve que padecer.

Mas nós crentes não vivemos a cruz como derrotados, mas como portadores de uma esperança final. Todo aquele que perde sua vida por Jesus Cristo a encontrará. O Deus que ressuscitou Jesus nos ressuscitará também para uma vida plena.

26
Transfiguração de Jesus

Jesus tomou consigo Pedro, Tiago e João, seu irmão, e os levou a sós para um monte alto e afastado. E transfigurou-se diante deles. Seu rosto brilhou como o sol e as roupas se tornaram brancas como a luz. Nisso apareceram Moisés e Elias conversando com Ele. Pedro tomou a palavra e disse: "Senhor, como é bom estarmos aqui! Se quiseres levantarei aqui três tendas: uma para ti, uma para Moisés e uma para Elias". Ele estava ainda falando quando uma nuvem brilhante os envolveu e da nuvem se fez ouvir uma voz que dizia: "Este é o meu Filho amado, de quem eu me agrado, escutai-o".

Ao ouvir a voz, os discípulos caíram com o rosto no chão e ficaram com muito medo. Jesus se aproximou, tocou-os e disse: "Levantai-vos e não tenhais medo". Então eles ergueram os olhos, mas não viram mais ninguém, a não ser Jesus.

Ao descer do monte, Jesus ordenou-lhes: "Não conteis a ninguém o que vistes, até que o Filho do homem ressuscite dos mortos" (Mt 17,1-9).

Escutar só a Jesus

Jesus toma consigo seus discípulos mais íntimos e os leva a uma "montanha alta". Não é a montanha à qual o tentador o tinha levado para oferecer-lhe o poder e a glória de "todos os reinos do mundo". É a montanha na qual seus mais íntimos vão poder descobrir o caminho que leva à glória da ressurreição.

O rosto transfigurado de Jesus "resplandece como o sol" e manifesta em que consiste sua verdadeira glória. Ela não provém do diabo, mas de Deus, seu Pai. Não se alcança pelos caminhos do poder mundano, mas pelo caminho paciente do serviço oculto, pelo sofrimento e a crucifixão.

Junto a Jesus aparecem Moisés e Elias, talvez como representantes da lei e dos profetas. Não têm o rosto resplandecente, mas apagado. Não se põem a ensinar aos discípulos, mas "conversam com Jesus". A lei e os profetas estão orientados e subordinados a Ele.

Mas Pedro não consegue intuir o caráter único de Jesus: "Se queres, farei três tendas: uma para ti, outra para Moisés e outra para Elias". Ele coloca Jesus no mesmo plano que Moisés e Elias. A cada um sua tenda. Não sabe que Jesus não pode ser equiparado a ninguém.

É Deus mesmo que faz Pedro calar. "Ainda estava falando", quando, entre luzes e sombras, ouvem sua voz misteriosa: "Este é meu Filho amado", Ele tem o rosto glorificado pela ressurreição. "Escutai-o." E a mais ninguém. Meu Filho é o único legislador, mestre e profeta. Não deveis confundi-lo com ninguém.

Os discípulos caem no chão "cheios de espanto". Dá-lhes medo "escutar só a Jesus" e seguir seu caminho humilde de serviço ao reino até a cruz. É o próprio Jesus que os liberta de seus temores. "Aproximou-se" deles como só Ele sabia fazê-lo; "tocou-os", como tocava os enfermos, e lhes disse: Levantai-vos, não tenhais medo" de escutar-me e de seguir só a mim.

Também nós cristãos de hoje temos medo de escutar só a Jesus. Não nos atrevemos a colocá-lo no centro de nossa vida e comunidade. Não o deixamos ser a única e decisiva Palavra. É o próprio Jesus que pode libertar-nos de tantos medos, covardias e ambiguidades se nos deixarmos transformar por Ele.

Escutar a Jesus na sociedade atual

Há uns anos, era ainda a religião que oferecia à maioria das pessoas critérios para interpretar a vida e princípios para orientá-la com sentido e responsabilidade. Hoje, pelo contrário, são muitos os que prescindem de Deus para enfrentar sós sua vida, seus desejos, medos e expectativas.

Não é tarefa fácil. Provavelmente nunca foi tão difícil e problemático ao indivíduo parar para pensar, refletir e tomar decisões sobre si mesmo e sobre o que é importante em sua vida. Vivemos imersos numa "cultura da intranscendência", que prende as pessoa ao "aqui" e ao "agora", fazendo-as viver só para o imediato, sem abertura alguma ao mistério último da vida. Movemo-nos numa "cultura do divertimento" que arranca as pessoas de si mesmas e as faz viver esquecidas das grandes questões que levam em seu coração.

O ser humano de nossos dias aprendeu muitas coisas, está informado de tudo que acontece no mundo que o rodeia, mas não acha o caminho para conhecer-se a si mesmo e construir sua liberdade. Muitos subscreverão a obscura descrição que fazia o diretor do *La Croix*, G. Hourdin, há alguns anos: "O homem está se tornando incapaz de querer, de ser livre, de julgar por si mesmo, de mudar seu modo de vida. Está se convertendo no robô disciplinado que trabalha para ganhar o dinheiro que depois desfrutará numas férias coletivas. Lê as revistas da moda, vê os programas de TV que todo mundo vê. Aprende assim o que Ele é, o que quer e como deve pensar e viver".

Mais do que nunca devemos atender ao apelo evangélico: "Este é meu Filho amado, de quem me agrado. Escutai-o". Devemos parar, fazer silêncio e escutar mais a Deus revelado em Jesus. Essa escuta interior ajuda a viver a verdade, a saborear a vida em suas raízes, a não esbanjá-la de qualquer maneira, a não passar superficialmente diante do essencial. Escutando a Deus encarnado em Jesus descobrimos nossa pequenez e pobreza, mas também nossa grandeza de seres amados infinitamente por Ele.

Cada um é livre para viver escutando a Deus ou dando-lhe as costas. Mas, seja como for, existe algo que todos nós devemos lembrar, ainda que pareça escandaloso e contracultural: viver sem um sentido último é viver de maneira "in-sensata"; agir sem escutar a voz interior da consciência é ser um "in-consciente".

Os medos na Igreja

Provavelmente é o medo que mais paralisa os cristãos no seguimento fiel a Jesus Cristo. Na Igreja atual há pecado e fraqueza, mas há sobretudo medo de correr riscos. Começamos o terceiro milênio sem audácia para renovar criativamente a vivência da fé cristã. Não é difícil assinalar alguns destes medos.

Temos medo do novo, como se "conservar o passado" garantisse automaticamente a fidelidade ao Evangelho. É certo que o Concílio Vaticano II afirmou, de maneira contundente, que na Igreja deve haver "uma constante reforma", pois "como instituição humana ela necessita permanentemente desta reforma". Mas também não é menos certo que aquilo que move nestes momentos a Igreja não é tanto um espírito de renovação quanto um instinto de conservação.

Temos medo de assumir as tensões e conflitos que traz consigo o buscar a fidelidade ao Evangelho. Nós nos calamos quando deveríamos falar; nos inibimos quando deveríamos intervir. Proíbe-se o debate de questões importantes para evitar propostas que possam inquietar; preferimos a adesão rotineira que não traz problemas nem desagrada à hierarquia.

Temos medo da investigação teológica criativa. Medo de revisar ritos e linguagens litúrgicos que não favorecem hoje a celebração viva da fé. Medo de falar dos "direitos humanos" dentro da Igreja. Medo de reconhecer praticamente à mulher um lugar mais de acordo com o espírito de Jesus.

Temos medo de antepor a misericórdia acima de tudo, esquecendo que a Igreja não recebeu o "ministério do juízo e da condenação", mas o "ministério da reconciliação". Há medo de acolher os pecadores como o fazia Jesus. Dificilmente se dirá hoje da Igreja que ela é "amiga de pecadores", como se dizia de seu Mestre.

Segundo o relato evangélico, os discípulos caem por terra "cheios de medo" ao ouvir uma voz que lhes disse: "Este é meu Filho amado... Escutai-o". Dá medo escutar só a Jesus. É o próprio Jesus que se aproxima, toca-os e lhes diz: "Levantai-vos, não tenhais medo!" Só o contato vivo com Cristo poderia libertar-nos de tanto medo.

Os medos do ser humano de nossos dias

O que está acontecendo com o ser humano de hoje? Nunca antes ele teve tantos conhecimentos para controlar a vida; jamais pôde dispor de tantos recursos técnicos e científicos para resolver seus problemas. E, não obstante tudo isto, segundo os estudiosos, hoje vivemos mais inseguros e ameaçados do que em épocas anteriores, aninhando em nosso interior medos de todo tipo, às vezes sem razão aparente. Por que se escuta de tantos essa estranha frase: "Tudo me dá medo"?

O famoso psiquiatra e bom amigo Vicente Madoz publicou um excelente trabalho com o título *Os medos do homem moderno*, no qual, com a clarividência e simplicidade do verdadeiro experto, vai analisando tanto os medos irracionais do homem atual, como seus medos concretos da doença, da velhice, da morte, do fracasso ou da solidão.

A inquietude e desgosto de não poucas pessoas têm a ver, sem dúvida, com as profundas e rápidas mudanças que estão acontecendo na sociedade. Também têm a ver com o individualismo, a insolidariedade ou o pragmatismo exagerado. Mas é fácil detectar, além disso, uma angústia existencial, às vezes solapada ou disfarçada, que está muito ligada às grandes incógnitas da vida, e que surge em não poucos diante da doença, da velhice, do fracasso, do desamor ou da morte.

A origem dos medos concretos que tanto fazem sofrer, às vezes de maneira inútil e desproporcional, pode ser bem diferente e requer em cada caso uma atenção específica adequada, mas não é difícil perceber em muitos uma "existência vazia de conteúdo, dispersa e desorientada". Segundo o Doutor Madoz, "É o caldo de cultura idôneo no qual se alimentam e se nutrem tanto a angústia fundamental do homem de hoje, como todo tipo de medos neuróticos secundários".

Poucas palavras se repetem mais nos evangelhos do que estas de Jesus: "Não tenhais medo!", "Confiai!", "Não se perturbe o vosso coração!", "Não sejais covardes!" O relato do Tabor traz a mesma mensagem. Quando os discípulos, envoltos pelas sombras da nuvem, caem por terra oprimidos pelo medo, escutam estas palavras de Jesus: "Levantai-vos, não tenhais medo!" Em seguida ouve-se uma voz do alto: "Este é meu Filho amado... Escutai-o". Nunca devemos rebaixar a fé a remédio psicológico, mas escutar a Deus revelado em Jesus e deixar-se iluminar por sua Palavra pode curar o ser humano em suas raízes mais profundas, dando sentido e infundindo uma confiança básica indestrutível.

O risco de instalar-se

Cedo ou tarde, todos corremos o risco de instalar-nos na vida, buscando o refúgio cômodo que nos permita viver tranquilos, sem sobressaltos nem preocupações excessivas, renunciando a qualquer outra aspiração.

Conseguido já um certo êxito profissional, encaminhada a família e assegurado, de alguma maneira, o futuro, é fácil deixar-se levar por um conformismo cômodo que nos permita prosseguir caminhando na vida da maneira mais confortável.

É o momento de buscar uma atmosfera agradável e acolhedora. Viver relaxado num ambiente feliz. Fazer do lar um refúgio entranhável, um rincão para ler e ouvir boa música. Saborear boas férias, assegurar agradáveis fins de semana...

Mas, com frequência, é então que a pessoa descobre, com mais clareza do que nunca, que a felicidade não coincide com o bem-estar. Falta nessa vida algo que nos deixa vazios e insatisfeitos. Algo que não se pode comprar com dinheiro nem assegurar com uma vida confortável. Falta simplesmente a alegria própria de quem sabe vibrar com os problemas e necessidades dos outros, sentir-se solidário com os necessitados e viver, de alguma maneira, mais perto dos maltratados pela sociedade.

Mas existe também um modo de "instalar-se" que pode ser falsamente reforçado com "tons cristãos". É a eterna tentação de Pedro que sempre nos espreita: "levantar tendas no alto da montanha". Quer dizer, buscar na religião nosso bem-estar interior, eludindo nossa responsabilidade individual e coletiva na conquista de uma convivência mais humana.

E, não obstante, a mensagem de Jesus é clara. Uma experiência religiosa não é verdadeiramente cristã se ela nos isola dos irmãos, nos instala comodamente na vida e nos afasta do serviço aos mais necessitados.

Se escutamos a Jesus, vamos sentir-nos convidados a sair do nosso conformismo, romper com um modo de vida egoísta, no qual estamos talvez confortavelmente instalados, e começar a viver mais atentos à interpelação que nos chega dos mais desamparados de nossa sociedade.

27
REUNIDOS NO NOME DE JESUS

Jesus disse a seus discípulos:
"Se teu irmão pecar, vai e censura-o pessoalmente. Se ele te ouvir, terás ganho teu irmão. Se não te ouvir, leva contigo uma ou duas pessoas a fim de que toda a questão se resolva pela decisão de duas ou três testemunhas. Se não as ouvir, vai dizê-lo à Igreja. E, se ele não escutar a Igreja, seja para ti como um pagão e pecador público.
Eu vos garanto: tudo que ligardes na terra, será ligado no céu; e tudo que desligardes na terra, será desligado no céu. Digo-vos ainda: Se dois de vós se reunirem na terra para pedir qualquer coisa, hão de consegui-lo do meu Pai que está nos céus. Porque onde dois ou três estiverem reunidos em meu nome, eu estarei no meio deles" (Mt 18,15-20).

REUNIR-SE EM NOME DE JESUS

A destruição do Templo de Jerusalém no ano 70 provocou uma profunda crise no povo judeu. O templo era "a casa de Deus" onde Ele reinava impondo sua Lei. Destruído o templo, onde poderiam encontrar-se agora com sua presença salvadora?

Os rabinos reagiram buscando a Deus nas reuniões que faziam para estudar a Lei. O célebre Rabi Ananias, morto pelo ano 135, o afirmava claramente: "Onde dois se reúnem para estudar as palavras da Lei, a presença de Deus (*Shekiná*) está com eles".

Os seguidores de Jesus provenientes do judaísmo reagiram de maneira bem diferente. Mateus lembra a seus leitores as palavras que atribui a Jesus e que são de grande importância para manter viva sua presença entre seus seguidores: "Onde dois ou três estiverem reunidos em meu nome, eu estarei ali no meio deles".

Não é uma reunião que se faz por costume, por disciplina ou por submissão a um preceito. A atmosfera deste encontro é de outro tipo. São seguidores de Jesus "que se reúnem em seu nome", atraídos por Ele, animados por seu Espírito. Jesus é a razão, a fonte, o ânimo, a vida desse encontro. Ali Jesus, o Ressuscitado, faz-se presente. Não é nenhum segredo que a reunião dominical dos cristãos está em crise profunda. Para muitos a missa lhes é insuportável. Não têm mais paciência para assistir um ato no qual lhes escapa o sentido dos símbolos e onde nem sempre escutam palavras que toquem a realidade de suas vidas.

Alguns só conhecem missas reduzidas a um ato gregário, regulado e dirigido pelos eclesiásticos, onde o povo permanece passivo, encerrado em seu silêncio ou em respostas mecânicas, sem poder sintonizar com a linguagem cujo conteúdo nem sempre entendem. É isto "reunir-se no nome do Senhor"?

Como é possível que a reunião dominical se vá perdendo como se não acontecesse nada? Não é a Eucaristia o centro do cristianismo? Não é um problema grave que a hierarquia deveria abordar o quanto antes? Como é que nós cristãos permanecemos calados? Como se explica tanta passividade e falta de reação? Onde o Espírito suscitará encontros de dois ou três que nos ensinem a reunir-nos no nome de Jesus?

Habitar num espaço criado por Jesus

Ao que parece, as primeiras gerações cristãs não se preocupavam muito com o número. Em fins do século I eram apenas uns vinte mil, perdidos no meio do Império Romano. Eram muitos ou eram poucos? Eles formavam a Igreja de Jesus, e o importante era viver de seu Espírito. Paulo convida constantemente os membros de suas pequenas comunidades a "viver em Cristo". O quarto Evangelho exorta seus leitores a "permanecer nele".

Mateus, por sua vez, coloca nos lábios de Jesus estas palavras: "Onde dois ou três estiverem reunidos em meu nome, eu estarei ali no meio deles". Na Igreja de Jesus não se pode estar de qualquer maneira: por costume, por inércia ou por medo. Seus seguidores devem estar "reunidos em seu nome", convertendo-se a Ele, alimentando-se de seu Evangelho. Esta é também hoje nossa primeira tarefa, ainda que sejamos poucos, ainda que sejamos dois ou três.

Reunir-se no nome de Jesus é criar um espaço para viver a vida inteira em torno dele e a partir de seu horizonte. Um espaço espiritual bem-definido não por doutrinas, costumes ou práticas, mas pelo Espírito de Jesus, que nos faz viver como Ele viveu.

O centro deste "espaço Jesus" é ocupado pela narração do Evangelho. É a experiência essencial de toda comunidade cristã: "fazer memória de Jesus", recordar suas palavras, acolhê-las com fé e atualizá-las com alegria. Esta arte de acolher o Evangelho a partir de nossa vida nos permite entrar em contato com Jesus e viver a experiência de ir crescendo como seus discípulos e seguidores.

Neste espaço criado em seu nome, vamos caminhando, não sem fraquezas e pecado, para a verdade do Evangelho, descobrindo juntos o núcleo essencial de nossa fé, e recuperando nossa identidade cristã, no meio de uma Igreja às vezes tão debilitada pela rotina e tão paralisada pelos medos.

Nossa primeira preocupação deve ser cuidar, consolidar e aprofundar em nossas comunidades e paróquias, este espaço dominado por Jesus. Não nos enganemos. A renovação da Igreja começa sempre no coração de dois ou três crentes que se reúnem no nome de Jesus.

Uma igreja reunida no nome de Jesus

Aos que vivem afastados da religião ou decepcionados com a atuação dos cristãos, a Igreja facilmente se apresenta apenas como uma grande organização. Uma espécie de "multinacional" ocupada em defender e tirar depois seu próprio proveito. Estas pessoas, em geral, só conhecem a Igreja de fora. Falam do Vaticano, criticam as intervenções da hierarquia, irritam-se diante de certas atuações do papa. Para eles a Igreja é uma instituição anacrônica da qual vivem longe.

Não é esta a experiência dos que se sentem membros de uma comunidade eclesial, uma comunidade de crentes. Para estes, o rosto concreto da Igreja é quase sempre sua própria paróquia: esse grupo de pessoas amigas que se reúnem cada domingo para celebrar a Eucaristia; esse lugar de encontro onde celebram a fé e rezam todos juntos a Deus; essa comunidade onde são batizados os filhos ou são despedidos os entes queridos até o encontro final na outra vida.

Para quem vive na Igreja buscando nela a comunidade de Jesus, a Igreja é quase sempre fonte de alegria e motivo de sofrimento. Por um lado, a Igreja é estímulo e alegria; podemos experimentar dentro dela a lembrança de Jesus, escutar sua mensagem, rastrear seu espírito, alimentar nossa fé no Deus vivo. Por outro lado, a Igreja faz sofrer, porque observamos nela incoerências e rotina; com frequência é grande demais a distância entre o que se prega e o que se vive; falta vitalidade evangélica; em muitas coisas foi-se perdendo o exemplo de Jesus.

Esta é a maior tragédia da Igreja. Jesus já não é amado nem venerado como nas primeiras comunidades. Não se conhece nem se compreende sua originalidade. Muitos não chegarão sequer a suspeitar a experiência salvadora que viveram os primeiros que se encontraram com Ele. Fizemos uma Igreja onde não poucos cristãos imaginam que, pelo fato de aceitar algumas doutrinas e de cumprir algumas práticas religiosas, estão seguindo a Cristo como os primeiros discípulos.

E, não obstante, é nisto que consiste o núcleo essencial da Igreja: em viver a adesão a Cristo em comunidade, reatualizando a experiência daqueles que encontraram nele a proximidade, o amor e o perdão de Deus. Por isso, talvez, o texto eclesiológico mais fundamental são estas palavras de Jesus que lemos no Evangelho: "Onde dois ou três estiverem reunidos em meu nome, eu estarei ali no meio deles".

A primeira tarefa da Igreja é aprender a "reunir-se no nome de Jesus". Alimentar sua lembrança, viver de sua presença, reatualizar sua fé em Deus, abrir hoje novos caminhos a seu Espírito. Quando falta isto, tudo corre o risco de ficar desvirtuado por nossa mediocridade.

O QUE FAÇO POR UMA IGREJA MAIS FIEL A JESUS?

"Onde dois ou três estiverem reunidos em meu nome, eu estarei ali no meio deles." A melhor maneira de tornar Cristo presente em sua Igreja é manter-nos unidos atuando "em seu nome", movidos por seu Espírito. A Igreja não necessita tanto de nossas confissões de amor ou nossas críticas quanto de nosso compromisso real. Não são poucas as perguntas que podemos fazer-nos.

O que faço para criar um clima de conversão coletiva no seio desta Igreja, sempre necessitada de renovação e transformação? Como seria a Igreja se todos vivessem a adesão a Cristo mais ou menos como a vivo eu? Seria mais ou menos fiel a Jesus?

O que trago de espírito, verdade e autenticidade a esta Igreja tão necessitada de radicalidade evangélica, para oferecer um testemunho crível de Jesus no meio de uma sociedade indiferente e incrédula?

Como contribuo com minha vida para edificar uma Igreja mais próxima dos homens e mulheres do nosso tempo, que saiba não só ensinar, pregar e exortar, mas, sobretudo, acolher, escutar e acompanhar os que vivem perdidos, sem conhecer o amor nem a amizade?

O que trago para construir uma Igreja samaritana, de coração grande e compassivo, capaz de esquecer-se de seus próprios interesses, para viver voltada para os grandes problemas da humanidade?

O que faço para que a Igreja se liberte de medos e servidões que a paralisam e atam ao passado, e se deixe penetrar e vivificar pela frescura e criatividade que nasce do Evangelho de Jesus?

O que trago nestes momentos para que a Igreja aprenda a "viver em minoria", sem grandes pretensões sociais, mas de maneira humilde, como "fermento" oculto, "sal" transformador, pequena "semente" disposta a morrer para dar vida?

O que trago por uma Igreja alegre e esperançosa, mais livre e compreensiva, mais transparente e fraterna, mais crente e mais digna de crédito, mais de Deus e menos do mundo, mais de Jesus e menos de nossos interesses e ambições?

A Igreja muda quando mudamos nós, converte-se quando nós nos convertemos.

Ajudar-nos a sermos melhores

Cansados da experiência diária, surgem às vezes em nós perguntas inquietantes e sombrias. Podemos ser muito melhores? Podemos mudar nossa vida de maneira decisiva? Podemos transformar nossas atitudes equivocadas e adotar um comportamento novo? Com frequência, o que vemos, o que ouvimos, o que respiramos em torno de nós não nos ajuda a sermos melhores, não eleva nosso espírito, nem nos anima a sermos mais humanos.

Por outro lado, diríamos que perdemos a capacidade de adentrar-nos em nossa própria consciência, descobrir nosso pecado e renovar nossa vida. O tradicional "exame de consciência", que nos ajudava a trazer um pouco de luz, ficou encurralado como algo antiquado e sem nenhuma utilidade. Não queremos inquietar nossa tranquilidade. Preferimos continuar sem abrir-nos a nenhum chamado, sem despertar responsabilidade alguma. Indiferentes a tudo que pode interpelar nossa vida, empenhados em assegurar nossa pequena felicidade pelos caminhos egoístas de sempre.

Como despertar em nós a voz que nos convida à mudança? Como sacudir-nos para sair da preguiça? Como recuperar o desejo de bondade, generosidade ou entrega?

Nós cristãos deveríamos escutar hoje mais do que nunca o apelo de Jesus a corrigir-nos e ajudar-nos mutuamente a sermos melhores. Jesus nos convida a agir com paciência e sem precipitação, aproximando-nos de maneira pessoal e amistosa de quem está agindo de maneira equivocada. "Se teu irmão pecar, vai e repreenda-o pessoalmente. Se ele te ouvir, terás salvo teu irmão."

Quanto bem pode fazer a todos nós essa crítica amistosa e leal, essa observação oportuna, esse apoio sincero, no momento em que nos havíamos desorientado. Toda pessoa é capaz de sair de seu pecado e voltar à razão e à bondade. Mas frequentemente precisa encontrar alguém que a ame de verdade, a convide a interrogar-se e possa contagiá-la com um novo desejo de verdade e generosidade.

Provavelmente, o que mais pode mudar as pessoas não são as grandes ideias, nem os pensamentos mais bonitos, mas o ter-se encontrado com alguém que soube aproximar-se delas amistosamente, ajudando-as a renovar-se.

28
PERDOAR SETENTA VEZES SETE

Pedro aproximou-se de Jesus e perguntou-lhe:
"Senhor, quantas vezes devo perdoar ao irmão que pecar contra mim? Até sete vezes?" Jesus lhe respondeu: "Não te digo até sete vezes, mas até setenta vezes sete vezes. Por isso o Reino dos Céus se assemelha a um rei que quis ajustar contas com os seus servos. Ao começar a ajustá-las, trouxeram-lhe um que lhe devia uma enorme fortuna (dez mil talentos). Como não tivesse com que pagar, o Senhor ordenou que fosse vendido ele, a mulher, os filhos e tudo o que tinha, para pagar a dívida. Mas o servo caiu de joelhos diante do senhor e disse: 'Senhor, tem paciência comigo e te pagarei tudo'. Compadecido, o senhor o deixou ir embora e lhe perdoou a dívida. Esse servo, ao sair dali, encontrou um de seus companheiros de trabalho que lhe devia cem moedas de prata. Agarrou-o pelo pescoço e o sufocava dizendo: 'Paga o que me deves!' De joelhos o companheiro suplicava: 'Tem paciência comigo e te pagarei tudo'. Mas ele não concordou e o fez ir para a cadeia até pagar a dívida.

Ao verem isso, seus companheiros ficaram muito tristes e foram contar ao senhor tudo que havia acontecido. Então o senhor o chamou e lhe disse: 'Servo miserável, eu te perdoei toda aquela dívida porque me suplicaste. Não devias também tu ter compaixão do teu companheiro como eu tive de ti?' Irado, o senhor o entregou aos carrascos até que pagasse toda a dívida. Assim também fará convosco meu Pai celeste, se cada um não perdoar seu irmão de todo o coração" (Mt 18,21-35).

Perdoar sempre

Vemos aqui Mateus preocupado em corrigir os conflitos, disputas e enfrentamentos que podem surgir na comunidade dos seguidores de Jesus. Provavelmente está escrevendo seu Evangelho em momentos que, como se diz em seu Evangelho, a "caridade da maioria está esfriando" (Mt 24,12).

Por isso concretiza minuciosamente como se deve agir para extirpar o mal dentro da comunidade, respeitando sempre as pessoas, buscando antes de tudo "a correção a sós", recorrendo ao diálogo com "testemunhas", fazendo intervir "a comunidade", ou separando-se de quem pode causar dano aos seguidores de Jesus.

Tudo isto pode ser necessário, mas, como deve agir em concreto a pessoa ofendida? O que há de fazer o discípulo de Jesus que deseja seguir seus passos e colaborar com Ele abrindo caminhos ao Reino de Deus, o reino da misericórdia e da justiça para todos?

Mateus não podia esquecer aquelas palavras de Jesus recolhidas por um evangelho anterior ao seu. Não eram fáceis de entender, mas refletiam o que havia no coração de Jesus. Embora já tenham passado vinte séculos, nós seus seguidores não devemos rebaixar seu conteúdo.

Pedro se aproxima de Jesus. Como em outras ocasiões, o faz representando o grupo de seguidores: "Se meu irmão me ofende, quantas vezes tenho que perdoar-lhe? Até sete vezes?" Sua pergunta não é mesquinha, mas muito generosa. Já ouviu as parábolas de Jesus sobre a misericórdia de Deus. Conhece sua capacidade de compreender, desculpar e perdoar. Também Ele está disposto a perdoar "muitas vezes", mas não há um limite?

A resposta de Jesus é contundente. "Não te digo sete vezes, mas até setenta vezes sete": hás de perdoar sempre, em todo momento, de maneira incondicional. Ao longo dos séculos, de muitas maneiras se quis minimizar o que Jesus disse: "perdoar sempre é prejudicial"; "isto instiga e estimula o ofensor"; "deve-se primeiro exigir seu arrependimento". Tudo isto parece muito razoável, mas oculta e desfigura o que Jesus pensava e vivia.

Temos que voltar a Ele. Em sua Igreja fazem falta homens e mulheres que estejam dispostos a perdoar como Ele, introduzindo entre nós seu gesto de perdão em toda sua gratuidade e grandeza. É o que melhor faz brilhar na Igreja o rosto de Cristo.

O QUE SERIA DE NÓS SEM O PERDÃO?

Chama-se "Parábola do Servo Cruel" porque trata de um homem que, tendo sido perdoado pelo rei de uma dívida impossível de pagar, é incapaz de perdoar, por sua vez, a um companheiro que lhe deve uma pequena quantia. O relato parece simples e claro, mas os autores continuam discutindo sobre o sentido original, pois tal como o apresenta Mateus, encaixa-se muito bem no convite de Jesus de "perdoar até setenta vezes sete".

A parábola que havia começado de maneira tão promissora, com o perdão do rei, acaba tragicamente. Tudo termina mal. O perdão do rei não consegue provocar um comportamento mais compassivo entre seus subordinados. O servo perdoado não sabe compadecer-se de seu companheiro. Os outros servos não se perdoam e pedem ao rei que faça justiça. O rei, indignado, retira seu perdão e entrega o servo aos verdugos.

Por um momento parecia que podia ter começado uma era nova de compreensão e mútuo perdão. Não foi assim. No final, a compaixão fica anulada por todos. Nem o servo nem seus companheiros, nem sequer o rei escutam o convite ao perdão. Houve um gesto inicial de perdão do rei que também não sabe perdoar "setenta vezes sete".

O que Jesus está sugerindo? Às vezes pensamos ingenuamente que o mundo seria mais humano se tudo fosse regido pela ordem, pela estrita justiça e pelo castigo aos que praticam o mal. Mas não construiríamos assim um mundo tenebroso? O que seria uma sociedade onde fosse suprimido radicalmente o perdão? O que seria de nós se Deus não soubesse perdoar?

A negação do perdão nos parece às vezes a reação mais normal e até a mais digna diante da ofensa, da humilhação ou da injustiça. Mas não é isso que humanizará o mundo. Um casal sem mútua compreensão se destrói; uma família sem perdão é um inferno; uma sociedade sem compaixão é desumana.

A parábola de Jesus é uma espécie de "armadilha". A todos nós parece que o servo perdoado pelo rei "devia" perdoar a seu companheiro. É o mínimo que dele se podia exigir. Mas então, o perdão não é o mínimo que se pode esperar de quem vive do perdão e da misericórdia de Deus? Nós falamos do perdão como um gesto admirável e heroico. Para Jesus era o mais normal.

Apologia do perdão

Quase sempre que escrevi sobre o perdão recebi cartas, em geral anônimas, em que me acusavam de esquecer o sofrimento das vítimas do terrorismo, de não entender a humilhação de quem foi traído por seu cônjuge, de não "ter os pés no chão" e coisas semelhantes.

Não me é difícil compreender esta resistência ao perdão. Como não vou intuir a raiva, a impotência e a dor de quem foi vítima da violência, do desprezo ou da traição? Mas precisamente o ressentimento e a agressividade que se notam por detrás dessas linhas me fazem ver com mais clareza o que seria de um mundo em que se suprimisse o perdão.

Há um mecanismo de defesa bem conhecido pelos psicólogos. Em virtude de um "mimetismo misterioso", quem foi vítima de uma agressão tende, por sua vez, imitar de alguma maneira seu agressor. Trata-se de uma reação quase instintiva que se desencadeia no inconsciente individual ou coletivo e pode inclusive transmitir-se de geração em geração.

Se em algum momento se dá uma reação de sinal contrário, o mal tende a perpetuar-se. Quando a vítima não quer ou não pode perdoar, subsiste nela uma "ferida mal curada" que lhe causa dano, pois a encadeia negativamente ao passado. Da mesma maneira, o ressentimento alojado numa sociedade torna mais difícil a lucidez para buscar caminhos de convivência, e pode bloquear todo esforço para encontrar solução para os conflitos.

O desejo de revanche é, sem dúvida, a resposta mais instintiva diante da ofensa. A pessoa precisa defender-se da ferida recebida, mas, como adverte o conhecido experto Jacques Pohier, quem pretende curar sua ferida infligindo sofrimento ao agressor, equivoca-se. O sofrimento não possui um poder mágico para curar da humilhação ou da agressão sofridas. Pode ocasionar uma breve satisfação, mas a pessoa necessita de algo mais para voltar a viver de forma sadia. Já o dizia há muito tempo Henri Lacordaire: "Queres ser feliz um momento? Vinga-te. Queres ser feliz sempre? Perdoa".

Às vezes se esquece que o processo do perdão faz mais bem ao ofendido, pois o liberta do mal, faz crescer sua dignidade e nobreza, dá-lhe forças para recriar sua vida e lhe permite iniciar novos projetos. Quando Jesus convida a perdoar "até setenta vezes sete", está convidando a seguir o caminho mais sadio e eficaz para erradicar o mal de nossa vida. Suas palavras adquirem uma profundidade ainda maior para quem crê em Deus como fonte última de perdão: "Perdoai e sereis perdoados".

IMPORTÂNCIA SOCIAL DO PERDÃO

Não é fácil ouvir o apelo de Jesus ao perdão, nem tirar todas as implicações de aceitar que uma pessoa é mais humana quando perdoa do que quando se vinga.

Não há dúvida de que devemos entender bem o pensamento de Jesus. Perdoar não significa ignorar as injustiças cometidas, nem aceitá-las de maneira passiva ou indiferente. Ao contrário, se alguém perdoa é precisamente para destruir, de alguma forma, a espiral do mal, e para ajudar o outro a reabilitar-se e agir de maneira diferente no futuro.

Na dinâmica do perdão há um esforço para superar o mal com o bem. O perdão é um gesto que muda qualitativamente as relações entre as pessoas e tenta colocar a convivência futura de maneira nova. Por isso o perdão não deve ser apenas uma exigência individual, mas deveria ter uma tradução social.

A sociedade não deve deixar nenhuma pessoa abandonada, nem sequer o culpado. Toda pessoa tem o direito de ser amada. Não podemos aceitar que a repressão penal "devolva mal por mal" ao encarcerado, mergulhando-o em seu delito, degradando sua vida e impedindo sua verdadeira reabilitação.

O grande jurista G. Radbruch entende que o castigo como imposição do mal pelo mal deve ir desaparecendo para converter-se, na medida do possível, em "estímulo para saldar o mal com o bem, único modo no qual se pode exercer uma justiça que não piore o mundo, mas que o transforme num mundo melhor".

Não existe justificação alguma para agir de maneira vexatória ou injusta com nenhum encarcerado, seja delinquente comum ou político. Nunca avançaremos para uma sociedade mais humana se não abandonarmos posturas de represália, ódio e vingança.

Por isso é também um equívoco incitar as pessoas à revanche. O grito "o povo não perdoará" é, infelizmente, compreensível, mas não é o caminho acertado para ensinar às pessoas a construir um futuro mais humano.

A recusa do perdão é um grito que, como crentes, não podemos subscrever, porque, em última análise, é uma recusa da fraternidade querida por Aquele que perdoa a todos nós.

Perdoar nos faz bem

As grandes escolas de psicoterapia quase não estudaram a força curadora do perdão. Até há bem pouco, os psicólogos não lhe concediam um papel no crescimento de uma personalidade sadia. Pensava-se erroneamente – e ainda se continua pensando – que o perdão é uma atitude puramente religiosa.

Por outro lado, a mensagem do cristianismo reduziu-se com frequência a exortar as pessoas a perdoar com generosidade, fundamentando esse comportamento no perdão que Deus nos concede; mas não ensinam quase nada sobre os caminhos que a pessoa deve percorrer para chegar a perdoar de coração. Portanto, não é estranho que haja pessoas que ignoram quase tudo sobre o processo do perdão.

Mas o perdão é necessário para conviver de maneira sadia: na família, onde os atritos da vida diária podem gerar frequentes tensões e conflitos; na amizade e no amor, onde se deve saber agir diante de possíveis humilhações, enganos e infidelidades; em múltiplas situações da vida, nas quais temos que reagir diante de agressões, injustiças e abusos. Quem não sabe perdoar pode ficar ferido para sempre.

Existe algo que é necessário esclarecer desde o começo. Muitos se acham incapazes de perdoar porque confundem a ira com a vingança. A ira é uma reação saudável de irritação diante da ofensa, da agressão ou da injustiça sofrida: o indivíduo se rebela de maneira quase instintiva para defender sua vida e sua dignidade. Pelo contrário, o ódio, o ressentimento e a vingança vão mais longe do que esta primeira reação: a pessoa vingativa busca causar dano, humilhar e até destruir a quem lhe fez mal.

Perdoar não quer necessariamente dizer reprimir a ira. Ao contrário, reprimir estes primeiros sentimentos pode ser prejudicial se a pessoa acumula em seu interior uma ira que mais tarde se desviará para outras pessoas inocentes ou para ela mesma. É mais sadio reconhecer e aceitar a ira, compartilhando talvez com alguém a raiva e a indignação.

Depois será mais fácil acalmar-se e tomar a decisão de não continuar alimentando o ressentimento nem as fantasias de vingança, para não causar-nos um dano ainda maior. A fé num Deus que perdoa é então para o crente um estímulo e uma força inestimáveis. Para quem vive do amor incondicional de Deus é mais fácil perdoar.

29
DEUS É BOM PARA TODOS

Disse Jesus a seus discípulos:
"O Reino dos Céus é semelhante a um pai de família que, ao romper da manhã, saiu para contratar trabalhadores para sua vinha. Acertado com eles o preço da diária, mandou-os para sua vinha. Saiu pelas nove horas da manhã e viu outros na praça sem fazer nada. E lhes disse: 'Ide também vós para a vinha e eu vos darei o que for justo'. E eles foram. Saiu de novo por volta do meio-dia e das três horas da tarde, e fez o mesmo. E, ao sair por volta das cinco horas da tarde, encontrou outros que estavam desocupados e lhes disse: 'Como é que estais aqui sem fazer nada o dia todo?' Eles lhe responderam: 'Porque ninguém nos contratou'. Ele lhes disse: 'Ide também vós para a vinha'.
Pelo fim da tarde, o dono da vinha disse ao seu feitor: 'Chama os trabalhadores e paga-lhes a diária, a começar dos últimos até os primeiros contratados'. Chegando os das cinco horas da tarde, cada um recebeu uma diária. E quando chegaram os primeiros, pensaram que iam receber mais. No entanto, receberam também uma diária. Ao receberem, reclamavam contra o dono, dizendo: 'Os últimos trabalharam somente uma hora e lhes deste tanto quanto a nós, que suportamos o peso do dia e o calor'. E ele respondeu a um deles: 'Amigo, não te faço injustiça. Não foi esta a diária que acertaste comigo? Toma, pois, o que é teu e vai embora. Quero dar também ao último o mesmo que a ti. Não posso fazer com os meus bens o que eu quero? Ou me olhas com inveja por eu ser bom?' Assim, os últimos serão os primeiros, e os primeiros serão os últimos" (Mt 20,1-16).

Bondade escandalosa de Deus

Provavelmente era outono e nos povoados da Galileia se fazia intensamente a vindima. Jesus via nas praças aqueles que não possuíam terras próprias, esperando para serem contratados para ganhar o sustento do dia. Como ajudar a essa pobre gente a intuir a bondade misteriosa de Deus para com todos?

Jesus contou-lhes uma parábola surpreendente. Falou-lhes de um senhor que contratou todos os jornaleiros que encontrou. Ele mesmo foi à praça do povo várias vezes, em horas diferentes. Ao final do dia, embora o trabalho tivesse sido absolutamente desigual, pagou a todos uma diária: o que a família deles precisava para viver.

O primeiro grupo protestou. Não se queixam de receber mais ou menos dinheiro. O que os ofende é que o senhor "tratou os últimos como a nós". A resposta do senhor ao que é o porta-voz deles é admirável: "Vais ter inveja por eu ser bom?"

A parábola é tão revolucionária que certamente depois de vinte séculos não nos atrevemos ainda a tomá-la a sério. Será verdade que Deus é bom inclusive para aqueles que dificilmente podem apresentar-se diante dele com méritos e obras? Será verdade que em seu coração de Pai não há privilégios baseados no trabalho mais ou menos meritório daqueles que trabalharam em sua vinha?

Todos os nossos esquemas cambaleiam quando aparece o amor livre e insondável de Deus. Por isso achamos escandaloso que Jesus pareça esquecer-se dos "piedosos", carregados de méritos, e se aproxime precisamente dos que não têm direito a recompensa alguma da parte de Deus: pecadores que não observam a Aliança ou prostitutas que não têm acesso ao templo.

Às vezes ficamos presos aos nossos cálculos, sem deixar a Deus ser bom para todos. Não toleramos sua bondade infinita para com todos: há pessoas que não o merecem. Achamos que Deus deveria dar a cada um o que ele merece e só o merecido. Menos mal que Deus não é como nós. De seu coração de Pai, Ele sabe dar também seu amor salvador a essas pessoas que nós não sabemos amar.

DEUS É BOM PARA TODOS

Esta parábola é certamente uma das mais surpreendentes e provocativas de Jesus. Costumava-se chamá-la "Parábola dos Operários da Vinha". No entanto, o protagonista é o dono da vinha. Alguns investigadores a chamam hoje "Parábola do Patrão que Queria Trabalho e Pão para Todos".

Este homem sai pessoalmente à praça para contratar diversos grupos de trabalhadores. Aos primeiros às seis horas da manhã, a outros às nove, mais tarde às 12 e às três da tarde. Os últimos são contratados às cinco horas, quando só falta uma hora para terminar a jornada.

Sua conduta é estranha. Não parece ter pressa com a vindima. O que ele quer é que aquela gente não fique sem trabalho. Por isso sai inclusive na última hora para dar trabalho aos que ninguém contratou. E, por isso, no final da jornada, dá a todos o ordenado que precisam para jantar esta noite, inclusive aos que não o mereciam. Quando os primeiros protestam, é esta a sua resposta: "Vais ter inveja porque Eu sou bom?"

O que Jesus está sugerindo? Será que Deus não age com os critérios de justiça e igualdade que nós usamos? Será verdade que, mais do que estar medindo os méritos das pessoas, Deus busca responder a nossas necessidades?

Não é fácil crer nessa bondade insondável de Deus de que fala Jesus. A mais de uma pessoa pode escandalizar que Deus seja bom para todos, quer o mereçam ou não, sejam crentes ou agnósticos, invoquem seu nome ou vivam de costas para Ele. Mas Deus é assim. E o melhor é deixar Deus ser Deus, sem querer amesquinhá-lo com nossas ideias e esquemas.

A imagem que muitos cristãos se fazem de Deus é um "conglomerado" de elementos heterogêneos e até contraditórios. Alguns aspectos vêm de Jesus, outros do Deus justiceiro do Antigo Testamento, outros ainda de seus próprios medos e fantasmas. Então, a bondade de Deus para com todas as suas criaturas fica como que perdida ou distorcida.

Uma das tarefas mais importantes numa comunidade cristã será sempre aprofundar-se cada vez mais na experiência de Deus vivida por Jesus. Só as testemunhas desse Deus trarão uma esperança diferente ao mundo.

Confiar na bondade de Deus

Estou cada vez mais convencido de que muitos dos que se dizem ateus são pessoas que, quando recusam a Deus, na verdade estão recusando um "ídolo mental" que se fabricaram quando eram crianças. A ideia de Deus que trazem em seu interior e com a qual viveram durante alguns anos tornou-se pequena. Num certo momento, esse Deus tornou-se para elas um ser tão estranho, incômodo e molesto que prescindiram dele.

Não me custa nada compreender essas pessoas. Dialogando com algumas delas, lembrei-me mais de uma vez daquelas palavras acertadas do patriarca Máximos IV durante o Concílio: "Eu também não creio naquele deus em que os ateus não creem". Na realidade, o deus que alguns suprimiram de suas vidas é uma caricatura que se formaram falsamente dele. Se esvaziaram sua alma desse "deus falso", não será para dar lugar algum dia ao Deus verdadeiro?

Mas, como pode hoje uma pessoa encontrar-se com Deus? Se ela se aproximar de nós que nos dizemos crentes, certamente vai encontrar-nos rezando, não ao Deus verdadeiro, mas a um pequeno ídolo sobre o qual projetamos nossos interesses, medos e obsessões. Um Deus do qual pretendemos apropriar-nos e ao qual tentamos utilizar para nosso proveito, esquecendo sua imensa e incompreensível bondade para com todos.

Jesus rompe com todos os nossos esquemas, quando nos apresenta na Parábola do "Senhor da Vinha" esse Deus que "dá a todos sua diária", quer a mereçam ou não, e diz assim aos que protestam: "Vais ter inveja porque Eu sou bom?"

O que temos a fazer é esquecer-nos de nossos esquemas, fazer silêncio no nosso interior, escutar até o fundo a vida que palpita em nós... e esperar, confiar, deixar aberto nosso ser. Deus não se oculta indefinidamente a quem o busca com coração sincero.

DEUS NÃO É COMO NÓS PENSAMOS

Nos últimos anos de sua vida, o grande teólogo alemão Karl Rahner utilizava com frequência uma expressão um tanto rebuscada para designar a Deus. Em vez de chamá-lo diretamente, preferia falar do "Mistério que costumamos chamar Deus". Desta maneira tentava fazer notar que "não devemos colocar sob o nome de Deus qualquer coisa: um ancião de barbas, um moralista tirano que vigia nossa vida ou algo semelhante".

Dizemos com razão que Deus é "mistério insondável", mas devemos confessar que muitas vezes nós crentes, e sobretudo os eclesiásticos, falamos dele como se o tivéssemos visto e conhecêssemos perfeitamente seu modo de ver as coisas, de sentir e de atuar.

O pior é que, ao encerrá-lo em nossas estreitas visões e ajustá-lo aos nossos esquemas, acabamos quase sempre por amesquinhá-lo. O resultado é, com frequência, um Deus tão pouco humano como nós, e às vezes até menos humano do que nós.

São muitos, por exemplo, os que só creem num Deus cujo trabalho essencial consiste em anotar os pecados e méritos dos humanos para retribuir exatamente a cada um segundo suas obras. Podemos imaginar um ser mais desumano que alguém dedicado a isto durante toda sua existência?

Esse Deus não tem coração. É tão mesquinho e perigoso como nós. O mais certo seria "estar em regra" com Ele, cumprir escrupulosamente os deveres religiosos e acumular méritos para garantir nossa salvação eterna.

A Parábola do "Dono da Vinha" introduz uma verdadeira revolução na maneira de conceber a Deus. Segundo Jesus, a bondade de Deus é insondável e não se ajusta aos cálculos que nós podemos fazer.

Deus não fará injustiça a ninguém. Mas, assim como o senhor da vinha faz com seu dinheiro o que ele quer, sem que ninguém tenha direito de protestar invejosamente, assim também Deus pode dar sua vida, inclusive aos que não mereciam ganhá-la segundo nossos cálculos.

Temos que aprender sempre de novo a não confundir Deus com nossos esquemas religiosos e morais. Temos que deixar Deus ser maior do que nós. Temos que deixá-lo simplesmente ser Deus.

Corremos o risco de crer que somos cristãos sem ainda ter assumido essa mensagem que Jesus nos oferece, de um Deus cuja bondade infinita chega misteriosamente a todos seus filhos e filhas.

Provavelmente, mais de um cristão se escandalizará ainda hoje ao ouvir falar de um Deus a quem o direito canônico não obriga, que pode doar sua graça sem passar por nenhum dos sete sacramentos e salvar, inclusive fora da Igreja, homens e mulheres que nós consideramos perdidos.

Deixar Deus ser Deus

Às vezes se fala muito da importância de crer ou não crer em Deus. Mas se esquece que o importante é saber em que deus cada um crê. Não é o mesmo crer em um Deus imensamente bom para todos, que "faz nascer seu sol sobre bons e maus", ou crer em um Deus da ordem e da lei, com o qual se deve fazer todo tipo de cálculos para saber a que ater-se.

Crer em um Deus Amigo incondicional pode ser a experiência mais libertadora e feliz que se pode imaginar, a força mais vigorosa para viver e morrer. Crer em um Deus justiceiro e ameaçador pode converter-se, pelo contrário, na neurose mais perigosa e destruidora do ser humano.

A imagem de Deus que chegou a nós está inevitavelmente amalgamada de ideias e concepções de outras épocas, às vezes com acertos luminosos, outras vezes com ambiguidades perigosas. Como ir libertando nossa representação de Deus de falsas aderências que puderam acumular-se no fundo de nossa consciência?

O primeiro a fazer é deixar a Deus ser Deus: não amesquinhá-lo, encerrando-o em nossos esquemas ou reduzindo-o a nossos cálculos. Deixar que Ele seja infinitamente maior e mais humano do que o maior e mais humano que pode existir em nós. Não representar-nos Deus a partir de nossa mediocridade e nossos ressentimentos; buscar antes seu verdadeiro rosto seguindo a Jesus, ainda que, às vezes, essa imagem de Deus nos surpreenda e até nos "escandalize".

Nunca esquecerei o impacto que me causou, há muitos anos, descobrir que não foi o rigor ou a radicalidade de Jesus que provocou irritação e rejeição, mas seu anúncio de um Deus "escandalosamente bom".

A Parábola do "Dono da Vinha" é particularmente significativa. Seu conteúdo é tão revolucionário que ainda não nos atrevemos a assumi-lo. E, não obstante, a mensagem de Jesus é clara: assim como "o senhor da vinha" dá a todos os operários sua "diária", quer a tenham merecido ou não, simplesmente porque seu coração é grande, assim Deus não fará injustiça a ninguém, mas pode oferecer sua salvação também aos que, segundo nossos cálculos, não a mereceram.

Deus é bom para todos, quer o mereçam ou não, sejam crentes ou sejam ateus. Sua bondade misteriosa ultrapassa todos os nossos cálculos e está muito além da fé dos crentes e do ateísmo dos incrédulos. Diante deste Deus, o único que cabe é o júbilo agradecido e a confiança absoluta em sua bondade.

30

AS PROSTITUTAS VOS PRECEDERÃO NO REINO DE DEUS

Disse Jesus aos sumos sacerdotes e aos anciãos do povo:
"O que vos parece? Um homem tinha dois filhos. Foi até o mais velho e disse: 'Filho, vai hoje trabalhar na vinha'. Ele, porém, respondeu: 'Não quero ir'. Mas depois se arrependeu e foi. Então foi até o outro filho e falou a mesma coisa e ele respondeu: 'Vou, sim, senhor'. Mas não foi. "Qual dos dois fez a vontade do pai?" 'O primeiro', responderam eles. Jesus lhes disse: "Eu vos garanto que os cobradores de impostos e as prostitutas vos precederão no Reino de Deus. Porque João veio a vós no caminho da justiça e não acreditastes nele, ao passo que os cobradores de impostos e as prostitutas acreditaram. E vós, vendo isso, nem assim vos arrependestes para crer nele" (Mt 21,28-32).

VOS PRECEDERÃO

A parábola é tão simples que parece pouco digna de um grande profeta como Jesus. No entanto, não se dirige ao grupo de crianças que brincam correndo a seu redor, mas aos "sumos sacerdotes e anciãos do povo" que o acossam quando Ele se aproxima do templo.

Segundo o relato, um pai pede a dois de seus filhos que trabalhem em sua vinha. O primeiro lhe responde bruscamente: "Não quero". Mas não se esquece do pedido do pai e acaba trabalhando na vinha. O segundo reage com uma disponibilidade admirável: "Vou, sim, Senhor", mas tudo fica em palavras. Ninguém o verá trabalhando na vinha.

A mensagem da parábola é clara. Também os dirigentes religiosos que ouvem a Jesus estão de acordo. Diante de Deus, o importante não é "falar", mas "fazer". Para cumprir a vontade do Pai do céu, o decisivo não são as palavras, promessas e orações, mas os fatos e a vida cotidiana.

O surpreendente é a aplicação de Jesus. Suas palavras não podem ser mais duras. Só o Evangelista Mateus as recolhe, mas não há dúvida de que provêm de Jesus. Só Ele tinha essa liberdade diante dos dirigentes religiosos: "Eu vos garanto que os publicanos e as prostitutas vos precederão no caminho do Reino de Deus".

Jesus está falando de sua própria experiência. Os dirigentes religiosos disseram "sim" a Deus. São os primeiros a falar dele, de sua lei e de seu templo. Mas, quando Jesus os chama para "buscar o Reino de Deus e sua justiça", fecham-se à sua mensagem e não entram por esse caminho. Dizem "não" a Deus com sua resistência a Jesus.

Os cobradores de impostos e as prostitutas disseram "não" a Deus. Vivem fora da lei, estão excluídos do templo. No entanto, quando Jesus lhes oferece a amizade de Deus, escutam seu convite e dão passos para a conversão. Para Jesus não há dúvida: o publicano Zaqueu, a prostituta que regou com lágrimas seus pés e tantos outros... entram antes no "caminho do Reino de Deus".

Neste caminho vão na frente não aqueles que fazem solenes profissões de fé, mas os que se abrem a Jesus dando passos concretos de conversão ao projeto do Pai.

As coisas nem sempre são o que parecem

Esta parábola é uma das mais claras e simples. Um pai chega perto de seus dois filhos para pedir-lhes que trabalhem na vinha. O primeiro lhe responde com uma negativa contundente: "Não quero". Depois pensa melhor e vai trabalhar. O segundo reage com uma docilidade surpreendente: "Vou, sim, senhor!" Mas tudo fica só em palavras, pois ele não vai trabalhar na vinha.

A mensagem da parábola também é clara e fora de toda discussão. Diante de Deus, o importante não é "falar", mas fazer; o decisivo não é prometer ou confessar, mas cumprir sua vontade. As palavras de Jesus não têm nada de original.

O que é original é a aplicação que, segundo o evangelista Mateus, Jesus lança aos dirigentes religiosos daquela sociedade. "Eu vos garanto que os publicanos e as prostitutas vos precederão no caminho do Reino de Deus". Será verdade o que Jesus diz?

Os escribas falam constantemente da lei: o nome de Deus está sempre em seus lábios. Os sacerdotes do templo louvam a Deus sem descanso; sua boca está cheia de salmos. Ninguém duvidaria que eles estão fazendo a vontade do Pai. Mas as coisas nem sempre são o que parecem ser. Os cobradores de impostos e as prostitutas não falam a ninguém de Deus. Há muito tempo já esqueceram sua lei. Mas, segundo Jesus, eles precedem os sumos sacerdotes e os escribas no caminho do Reino de Deus.

O que poderia Jesus ver naqueles homens e mulheres desprezados por todos? Talvez sua humilhação. Quem sabe um coração mais aberto a Deus e mais necessitado de seu perdão. Ou ainda uma compreensão e uma proximidade maior aos últimos da sociedade. Talvez menos orgulho e prepotência do que se vê nos escribas e sumos sacerdotes.

Nós cristãos enchemos de palavras muito belas nossa história de vinte séculos. Construímos sistemas impressionantes que resguardam a doutrina cristã com profundos conceitos. No entanto, hoje e sempre, a verdadeira vontade do Pai quem a faz são aqueles que traduzem em fatos o Evangelho de Jesus e aqueles que se abrem com simplicidade e confiança a seu perdão.

Para Jesus, os últimos são os primeiros

Jesus conheceu uma sociedade dividida por barreiras de separação e atravessada por complexas discriminações. Nela encontramos judeus que podem entrar no templo e pagãos excluídos do culto; pessoas "puras" com as quais se pode tratar, e pessoas "impuras" que devem ser evitadas; "próximos" aos quais se deve amar e "não próximos" que se pode abandonar; homens "piedosos" observantes da lei e "pessoas malditas" que não conhecem nem cumprem o prescrito; pessoas "saudáveis" abençoadas por Deus e "enfermos" malditos que não têm acesso ao templo; pessoas "justas" e homens e mulheres "pecadores".

A atuação de Jesus nesta sociedade é tão surpreendente que ainda hoje resistimos aceitá-la. Ele não adota a postura dos fariseus que evitam todo contato com impuros e pecadores. Não segue a retidão elitista de Qumran, onde se redigem listas precisas dos que ficam excluídos da comunidade.

Jesus se aproxima precisamente dos mais discriminados. Senta-se para comer com publicanos. Deixa uma pecadora beijar seus pés. Toca com sua mão os leprosos. Ele busca salvar "o que está perdido". As pessoas o chamam "amigo de pecadores". Com insistência provocativa vai repetindo que "os últimos serão os primeiros", e que os publicanos e as prostitutas vão preceder os escribas e sacerdotes no caminho do Reino de Deus.

Quem suspeita hoje realmente que os bêbados, os vagabundos, os mendigos e todos os que formam o refugo, a escória da sociedade podem ser diante de Deus os primeiros? Quem se atreve a pensar que as prostitutas, os dependentes de drogas ou os aidéticos podem preceder a não poucos eclesiásticos de vida irrepreensível?

Não obstante, embora quase ninguém mais vos diga isto, vós, os indesejáveis e anatematizados, tendes que saber que o Deus revelado em Jesus Cristo continua sendo de verdade vosso amigo. Vós podeis "entender" e acolher o perdão de Deus melhor do que muitos cristãos que não sentem necessidade de arrepender-se de nada.

Quando nós vos evitamos, Deus se aproxima de vós. Quando nós vos humilhamos, Ele vos defende. Quando vos desprezamos, Ele vos acolhe. No mais escuro de vossa noite, não estais sós. No mais profundo de vossa humilhação, não estais abandonados. Não há lugar para vós na nossa sociedade, nem no nosso coração. Precisamente por isso tendes um lugar privilegiado no coração de Deus.

Crítica aos profissionais da religião

A parábola de Jesus é breve e clara. Um pai envia seus filhos a trabalhar em sua vinha. O primeiro responde que não quer ir, mas depois se arrepende e vai. O outro lhe diz que vai sim, mas depois não vai. Jesus pergunta: Quem dos dois fez a vontade do pai?

A parábola, dirigida por Jesus aos sacerdotes e dirigentes religiosos de Israel, é uma forte crítica aos "profissionais" da religião que têm continuamente em seus lábios o nome de Deus, mas, acostumados à religião, acabam tornando-se insensíveis à verdadeira vontade do Pai do Céu.

Segundo Jesus, o que Deus quer unicamente é que seus filhos e filhas vivam desde agora uma vida digna e feliz. Esse é sempre o critério para atuar segundo sua vontade. Se alguém ajuda as pessoas a viver, se trata a todos com respeito e compreensão, se transmite confiança e contribui para uma vida mais humana, está "fazendo" o que o Pai deseja.

Jesus adverte muitas vezes os escribas, sacerdotes e dirigentes religiosos de um dos perigos que ameaçam os "profissionais" da religião: falam muito de Deus, acham que sabem tudo dele, pregam em seu nome a lei, a ordem e a moral. Podem ser zelosos e diligentes, mas podem acabar tornando a vida das pessoas mais dura e penosa do que já é.

Não é má vontade, mas há um modo de entender o religioso que não contribui para uma vida mais plena e digna. Há pessoas muito "religiosas" que acusam, ameaçam e até condenam em nome de Deus, sem nunca despertar no coração de ninguém o desejo de uma vida mais elevada. Nessa forma de entender a religião, tudo parece estar em ordem, tudo é perfeito, tudo se ajusta à lei, mas, ao mesmo tempo, tudo é frio e rígido, nada convida à vida.

Ao terminar a parábola, Jesus acrescenta estas palavras terríveis: "Os publicanos e as prostitutas vos precederão no caminho do Reino de Deus". Os que aparentemente têm pouco a ver com Deus estão frequentemente mais perto dele que os teólogos e sacerdotes, pois entendem e acolhem melhor a compreensão e a bondade de Deus com todos.

O RISCO DE INSTALAR-NOS NA RELIGIÃO

Não são poucos os cristãos que acabam por instalar-se comodamente em sua fé, sem que sua vida se veja afetada. Poderíamos dizer que sua fé é um acréscimo, não algo nuclear que anima seu viver diário.

Quantas vezes a vida dos cristãos fica como que cortada em duas. Agem, organizam-se e vivem como todos os outros ao longo dos dias, e no domingo dedicam um certo tempo para prestar culto a um Deus que está ausente de suas vidas no resto da semana.

Cristãos que se desdobram e mudam de personalidade, segundo se ajoelhem para rezar a Deus ou se entreguem a suas ocupações diárias. Deus não penetra em sua vida familiar, em seu trabalho, em suas relações sociais, em seus projetos ou interesses. Desta forma, a fé se converte num costume, num reflexo, num "relaxamento semanal", como diria Jean Onimus, e, em qualquer caso, numa prudente medida de segurança para esse futuro que talvez exista depois da morte.

Todos nós devemos perguntar-nos com sinceridade o que significa realmente Deus em nosso viver cotidiano. O que se opõe à verdadeira fé não é muitas vezes a incredulidade, mas a falta de coerência.

O que importa o credo que nossos lábios pronunciam, se falta depois em nossa vida um mínimo esforço de seguimento sincero de Jesus? O que importa – diz-nos Jesus em sua parábola – que um filho diga a seu pai que vai trabalhar na vinha, se depois na realidade não o faz? As palavras, por mais belas que sejam, não deixam de ser palavras.

Não reduzimos muitas vezes nossa fé a palavras, ideias ou sentimentos? Não esquecemos quase sempre que a fé verdadeira deve dar um significado novo e uma orientação diferente a todo o comportamento da pessoa? Nós cristãos não deveríamos ignorar que, na realidade, não cremos o que dizemos com os lábios, mas o que expressamos com nossa vida inteira.

31

O RISCO DE DEFRAUDAR A DEUS

Disse Jesus aos sumos sacerdotes e aos anciãos do povo:
"Ouvi outra parábola: Havia um pai de família que plantou uma vinha, cercou-a com uma sebe, escavou um lagar para esmagar as uvas, construiu uma torre e arrendou tudo a uns lavradores. Depois viajou para o exterior. Quando chegou o tempo da safra, enviou os criados para receber dos lavradores sua parte dos frutos. Mas os lavradores agarraram os criados, espancaram um, mataram outro e apedrejaram o terceiro. O dono enviou novamente outros criados, em maior número do que os primeiros, e lhes fizeram o mesmo. Por fim enviou-lhes o próprio filho, pensando: 'Eles vão respeitar o meu filho'. Mas, ao verem o filho, os lavradores disseram entre si: 'Este é o herdeiro! Vamos matá-lo e tomemos a sua herança'. Eles pegaram o filho do patrão, arrastaram-no para fora da vinha e o mataram.
Pois bem, quando chegar o dono da vinha, o que fará ele com os lavradores?" Eles responderam: 'Fará perecer de morte horrível os malfeitores e arrendará a vinha a outros lavradores que lhe entreguem os frutos a seu tempo'. Então Jesus lhes disse: "Nunca lestes nas Escrituras: 'A pedra rejeitada pelos construtores é que se tornou a pedra angular. Foi obra do Senhor, digna de admiração para os nossos olhos?' Por isso vos digo: O Reino de Deus será tirado de vós e será dado a um povo que produza os devidos frutos" *(Mt 21,33-43).*

O risco de defraudar a Deus

A Parábola dos "Vinhateiros Homicidas" é tão dura que nos custa pensar que esta advertência profética, endereçada por Jesus aos dirigentes religiosos de seu tempo, tenha algo a ver conosco.

O relato fala de lavradores aos quais um senhor arrendou sua vinha para que trabalhassem nela. Chegado o tempo da safra, acontece algo surpreendente e inesperado: os lavradores se negam a entregar a parte da colheita que cabe ao senhor. Ele não receberá os frutos que tanto espera.

A ousadia deles é incrível. Um depois do outro vão matando os criados que o senhor envia para receber seus frutos. Mais ainda. Quando lhes envia seu próprio filho, levam-no para "fora da vinha" e o matam para ficar como únicos donos de tudo.

O que pode fazer o senhor da vinha com esses lavradores? Os dirigentes religiosos que ouvem nervosos a parábola tiram uma conclusão terrível: fará morrer esses lavradores e passará a vinha a outros lavradores "que lhe entreguem os frutos a seu tempo". Eles mesmos estão se condenando. Jesus lhes diz na cara: "Por isso eu vos digo que o Reino de Deus será tirado de vós e será dado a um povo que produza os devidos frutos".

Na "vinha de Deus" não há lugar para os que não trazem frutos. No projeto do Reino de Deus anunciado e promovido por Jesus não podem continuar ocupando um lugar "lavradores" indignos que não reconhecem o senhorio de seu Filho, porque se sentem proprietários, senhores e amos do povo de Deus. Hão de ser substituídos por "um povo que produza frutos".

Às vezes pensamos que esta parábola tão ameaçadora vale para o povo do Antigo Testamento, mas não para nós, que somos o povo da Nova Aliança e já temos a garantia de que Cristo estará sempre conosco.

É um erro. A parábola está falando também de nós. Deus não tem por que abençoar um cristianismo estéril do qual não recebe os frutos que espera. Não tem por que identificar-se com nossas incoerências, desvios e pouca fidelidade. Também agora Deus quer que os trabalhadores indignos de sua vinha sejam substituídos por um povo que produza frutos dignos do Reino de Deus.

Dura crítica aos dirigentes religiosos

A Parábola dos "Vinhateiros Homicidas" é, sem dúvida, a mais dura que Jesus pronunciou contra os dirigentes religiosos de seu povo. Não é fácil remontar até o relato original, mas, provavelmente, não era muito diferente do que podemos ler hoje na tradição evangélica.

Os protagonistas de maior relevo são, certamente, os lavradores que arrendaram a vinha. Sua atuação é sinistra. Não se parecem absolutamente com o dono que cuida da vinha com solicitude e amor para que nada lhe falte.

Os lavradores não aceitam o senhor ao qual pertence a vinha. Querem ser eles mesmos os únicos donos. Um depois do outro vão eliminando os criados que ele lhes envia com paciência incrível. Não respeitam nem o filho do dono. Quando ele chega "levam-no para fora da vinha" e o matam. Sua única obsessão é "ficar com a herança".

O que pode fazer o dono? Acabar com esses vinhateiros e entregar sua vinha a outros "que lhe entreguem os frutos". A conclusão de Jesus é trágica: "Eu vos asseguro que o Reino de Deus será tirado de vós e será dado a um povo que produza os devidos frutos".

A partir da destruição de Jerusalém no ano 70, a parábola foi lida como uma confirmação de que a Igreja havia tomado o relevo de Israel, mas nunca foi interpretada como se neste "novo Israel" estivesse garantida a fidelidade ao dono da vinha.

O Reino de Deus não é da Igreja. Não pertence à hierarquia. Não é propriedade destes teólogos ou daqueles. Seu único dono é o Pai. Ninguém deve sentir-se proprietário de sua verdade nem de seu espírito. O Reino de Deus está no "povo que produz seus frutos" de justiça, compaixão e defesa dos últimos.

A maior tragédia que pode acontecer ao cristianismo de hoje e de sempre é calar a voz dos profetas, que os sumos sacerdotes se sintam donos da "vinha do Senhor" e que, entre todos, deixemos o filho "fora", extinguindo seu Espírito. Se a Igreja não corresponde às esperanças que o Senhor depositou nela, Deus abrirá novos caminhos de salvação em povos que produzam frutos.

O PERIGO DE CALAR A VOZ DOS PROFETAS

Quando no ano 70 as tropas romanas destruíram Jerusalém e o povo judeu desapareceu como nação, os cristãos fizeram uma leitura terrível deste fato trágico. Israel, aquele povo tão querido por Deus, não soube responder a seus apelos. Seus dirigentes religiosos foram matando os profetas enviados por Ele; crucificaram, por último, seu próprio Filho. Agora, Deus os abandona e permite sua destruição: Israel será substituído pela Igreja cristã.

Assim liam os primeiros cristãos a Parábola dos "Vinhateiros Homicidas", dirigida por Jesus aos sumos sacerdotes de Israel. Os lavradores encarregados de cuidar da "vinha do Senhor" vão matando um depois do outro os criados que ele envia para recolher os frutos. Por último matam também o filho do proprietário, com a intenção de suprimir o herdeiro e ficar com a vinha. O senhor não pode fazer outra coisa senão dar-lhes a morte e entregar sua vinha a outros lavradores mais fiéis.

Esta parábola não foi coligida pelos evangelistas para alimentar o orgulho da Igreja, novo Israel, diante do povo judeu, derrotado por Roma e disperso por todo o mundo. A preocupação era outra: será que pode acontecer com a Igreja cristã o mesmo que sucedeu ao antigo Israel? Pode ela defraudar as expectativas de Deus? E se a Igreja não produz os frutos que Deus espera, que caminhos Ele seguirá para realizar seus planos de salvação?

O perigo é sempre o mesmo. Israel se sentia seguro: tinha as Sagradas Escrituras, possuía o templo, celebrava escrupulosamente o culto, pregava a Lei e defendia as instituições. Não parecia necessário nada de novo. Bastava conservar tudo em ordem. É o mais perigoso que pode acontecer a uma religião: que ela faça calar a voz dos profetas e que os sacerdotes, sentindo-se os donos da "vinha do Senhor", queiram administrá-la como propriedade deles. Este é também o nosso perigo: pensar que a fidelidade da Igreja está garantida porque ela pertence à Nova Aliança; sentir-nos seguros por termos Cristo como propriedade. Mas Deus não é propriedade de ninguém. Sua vinha pertence só a Ele. E, se a Igreja não produz os frutos que Ele espera, Deus continuará abrindo novos caminhos de salvação.

Matar Deus não é matar o ser humano?

É difícil não estremecer diante dos gritos do louco na *Gaia ciência* de F. Nietzsche: "Onde está Deus? Eu vou dizer-vos. Nós o matamos, vós e eu! Todos somos seus assassinos! Mas como pudemos fazer isso? O que fizemos ao cortar a cadeia que unia esta terra ao sol? Para onde se dirige agora? Para onde nos dirigimos nós?"

Segundo Nietzsche, o maior acontecimento dos tempos modernos é que "Deus está morto". Deus não existe. Não existiu nunca. Seja como for, nós humanos estamos sós para construir nosso futuro.

Esta é a convicção profunda que se encerra em muitos projetos de libertação que são oferecidos ao ser humano moderno, sejam eles de caráter cientista, de inspiração marxista ou de origem freudiana. Diz-se que as religiões representam hoje uma resposta arcaica, ineficaz ou insuficiente para libertar o ser humano. Uma resposta ligada a uma fase ainda infantil e imatura da história humana.

Chegou o momento de emancipar-nos de toda tutela religiosa. Deus é um obstáculo à autonomia e ao crescimento do ser humano. É preciso matar Deus para que nasça o verdadeiro ser humano. É, mais uma vez, a atitude dos vinhateiros da parábola: "Vinde, vamos matá-lo e ficaremos com sua herança".

A história recente destes anos começa a mostrar-nos que não é tão fácil ao ser humano recolher a herança de "um Deus morto". Depois da solene declaração da morte de Deus, são muitos os que começam a entrever a morte do ser humano. Muitos são também os que se perguntam, como André Malraux, se o "verdugo de Deus" poderá sobreviver à sua vítima.

As revoluções socialistas não puderam conquistar a liberdade à qual o ser humano aspira do mais profundo de seu ser. A livre expansão dos impulsos instintivos, pregada por Sigmund Freud, longe de fazer surgir um homem mais sadio e maduro, parece originar novas neuroses, frustrações e uma incapacidade profunda para o amor de comunhão. "O desenvolvimento científico, privado de direção e de sentido, está convertendo o mundo numa imensa fábrica" (Herbert Marcuse) e vai produzindo não só máquinas que se assemelham a homens, mas "homens que se assemelham cada vez mais a máquinas" (Ignazio Silone).

Este ser humano, frustrado em suas necessidades mais autênticas, vítima da "neurose mais radical" que é a falta de sentido para sua existência, atemorizado diante da possibilidade já real de uma autodestruição total, não está necessitado mais do que nunca de Deus? Mas será que Ele encontrará, entre os que creem, esse Deus capaz de fazer a pessoa mais responsável, mais livre e mais humana?

Os frutos da sociedade atual

Não é uma visão simplista a dos que consideram "a propriedade privada, o lucro e o poder" como os pilares nos quais se apoia a sociedade industrial ocidental. Se analisarmos as constantes que estruturam nossa conduta social, veremos que elas lançam suas raízes quase sempre no desejo ilimitado de adquirir, lucrar e dominar. Os frutos amargos desta conduta são evidentes em nossos dias.

O afã de possuir vai configurando pouco a pouco um modo de ser humano insolidário, preocupado quase exclusivamente com seus bens, indiferente ao bem comum da sociedade. Não esqueçamos que, se a propriedade é chamada "privada", é precisamente porque se considera o proprietário com poder para privar os outros de seu uso ou desfrute. O resultado é uma sociedade estruturada em função dos interesses dos mais poderosos, e não a serviço dos mais necessitados e mais "privados" de bem-estar.

Por outro lado, o desejo ilimitado de adquirir, conservar e aumentar os próprios bens vai criando um ser humano que luta com egoísmo pelo seu e se organiza para defender-se dos outros. Vai surgindo assim uma sociedade que separa e enfrenta os indivíduos, empurrando-os para a rivalidade e a competição, e não para a solidariedade e o serviço mútuo.

Por fim, o desejo de poder propicia uma sociedade baseada na agressividade e na violência, onde, com frequência, só conta a lei do mais forte e poderoso.

Não esqueçamos que na sociedade se recolhem os frutos que vão sendo semeados em nossas famílias, centros docentes, instituições políticas, estruturas sociais e comunidades religiosas.

Erich Fromm se perguntava, e com razão: "É cristão o mundo ocidental?" A julgar pelos frutos, a resposta seria basicamente negativa. Nossa sociedade ocidental quase não produz "frutos do Reino de Deus": solidariedade, fraternidade, serviço mútuo, justiça para os mais desfavorecidos e perdão.

Hoje continuamos escutando o grito de alerta de Jesus: "O Reino de Deus será dado a um povo que produza seus frutos". Não é o momento de lamentar-se esterilmente. A criação de uma sociedade nova só será possível se os estímulos de lucro, poder e domínio forem substituídos pelos da solidariedade e da fraternidade.

32
O CONVITE DE DEUS

Jesus tomou a palavra e falou de novo aos sumos sacerdotes e aos anciãos em parábolas:

"O Reino dos Céus é semelhante a um rei que preparou a festa para o casamento de seu filho. Enviou os criados para chamar os convidados à festa, mas eles não quiseram vir. Mandou novamente outros criados, ordenando-lhes: 'Dizei aos convidados: o banquete já está pronto, os bois e animais de corte já foram abatidos; tudo está preparado, vinde para a festa'. Mas eles nem fizeram caso: um foi para o seu sítio, outro para o seu negócio. Outros agarraram os criados e os maltrataram até matá-los. O rei ficou furioso e mandou seus exércitos exterminar aqueles assassinos e tocar fogo em sua cidade. Depois disse aos criados: 'A festa está preparada, mas os convidados não eram dignos. Ide, pois, às encruzilhadas dos caminhos e chamai para a festa todos os que encontrardes'. Os criados saíram pelos caminhos e reuniram todos que encontraram, maus e bons, e a sala da festa ficou cheia de convidados.

Quando o rei entrou para saudar os que estavam à mesa, viu ali um homem que não vestia traje de festa e lhe disse: 'Amigo, como entraste aqui sem vestir traje de festa?' Mas ele ficou calado. Então o rei disse aos que serviam: 'Amarrai-o de pés e mãos e jogai-o lá fora na escuridão; ali haverá choro e ranger de dentes'. Porque muitos são os chamados e poucos os escolhidos" (Mt 22,1-14).

O convite de Deus

Ao que parece, a Parábola do Banquete foi muito popular entre as primeiras gerações cristãs, pois consta no Evangelho de Lucas, Mateus e também no evangelho apócrifo de Tomé. Mas as versões são tão diferentes e as aplicações extraídas dela tão diversas que só podemos abordar os elementos essenciais do relato original.

Deus está preparando uma última festa para todos os seus filhos, pois a todos quer ver sentados, junto com Ele, em torno de uma mesma mesa, desfrutando para sempre de uma vida plena. Esta foi certamente uma das imagens mais queridas por Jesus para "sugerir" o desfecho final da história humana. Ele não se contentava só em dizê-lo com palavras, mas se sentava à mesa com todos e comia até com pecadores e indesejáveis, pois queria que todos pudessem ver figurativamente algo do que Deus desejava levar a cabo.

Por isso Jesus entendeu sua vida como um grande convite em nome de Deus. Não impunha nada, não pressionava ninguém. Anunciava a boa notícia de Deus, despertava a confiança no Pai, acabava com os medos, avivava a alegria e o desejo de Deus. A todos devia chegar seu convite, sobretudo aos mais necessitados de esperança.

Jesus era realista. Sabia que o convite podia ser recusado. Na versão de Mateus são descritas diversas reações. Uns o recusam de maneira consciente: "não queremos ir". Outros respondem com a indiferença: "não fizeram caso". Importam-lhes mais suas terras e negócios. Houve também aqueles que reagiram de maneira hostil contra os criados.

São muitos os que já não escutam mais algum convite de Deus. Basta-lhes responder de si para si mesmos. Sem talvez tomar consciência disto, vivem uma vida "solitária", encerrados num monólogo perpétuo consigo mesmos. O risco é sempre o mesmo: viver cada dia mais surdos a todo apelo que possa transformar radicalmente sua vida.

Talvez uma das tarefas mais importantes da Igreja hoje seja criar espaços e facilitar experiências onde as pessoas possam escutar de maneira simples, transparente e alegre o convite de Deus proclamado no Evangelho de Jesus.

IR ÀS ENCRUZILHADAS DOS CAMINHOS

Jesus conhecia muito bem a vida dura e monótona dos camponeses. Sabia como esperavam a chegada do sábado para "libertar-se" do trabalho. Ele os via alegrar-se nas festas e nas bodas. Que experiência mais prazerosa podia haver para aquela gente do que ser convidados para um banquete e poder sentar-se à mesa com os vizinhos para compartilhar uma festa de bodas?

Movido por sua experiência de Deus, Jesus começou a falar-lhes de uma maneira surpreendente. A vida não é só esta vida de trabalhos e preocupações, penas e dissabores. Deus está preparando uma última festa para todos os seus filhos e filhas. Quer ver a todos nós sentados junto com Ele em torno de uma mesma mesa, desfrutando para sempre de uma vida plenamente feliz.

Jesus não se contentava só com falar assim de Deus. Ele mesmo convidava todos à sua mesa e comia com pecadores e pessoas indesejáveis. Queria ser para todos o grande convite de Deus para a festa final. Queria ver a todos recebendo com alegria seu convite e criando entre eles um clima mais amistoso e fraterno que vai prepará-los adequadamente para a festa final.

O que aconteceu com este convite? Quem o anuncia? Quem o escuta? Onde se pode ter notícias desta festa? Satisfeitos com o nosso bem-estar, surdos a tudo que não seja nosso próprio interesse, achamos que não precisamos de Deus. Será que não estamos aos poucos nos acostumando a viver sem necessidade de uma esperança última?

Na parábola de Mateus, quando os que têm terras e negócios recusam o convite, o rei diz a seus criados: "Ide agora às encruzilhadas dos caminhos e convidai para a festa todos que encontrardes". A ordem é inaudita, mas reflete o que Jesus sente. Apesar de tanta recusa e menosprezo, haverá festa. Deus não mudou. Ele continua convidando.

Mas agora o melhor é ir às "encruzilhadas dos caminhos" por onde transitam tantas pessoas errantes, sem terras nem negócios, pessoas que nunca ninguém convidou para uma festa. Elas podem entender melhor do que ninguém o convite. Podem lembrar-nos a necessidade última que temos de Deus. Podem transmitir-nos a esperança.

TAMBÉM HOJE É POSSÍVEL OUVIR A DEUS

Todos os estudos dizem isto: a religião está em crise nas sociedades desenvolvidas do Ocidente. São cada vez menos aqueles que se interessam pelas crenças religiosas. As elaborações dos teólogos quase não têm eco. Os jovens abandonam as práticas religiosas. A sociedade está resvalando para uma indiferença crescente.

No entanto, há algo que nós crentes nunca devemos esquecer. Deus não está em crise. Essa Realidade suprema para a qual apontam as religiões com tantos nomes diferentes continua viva e operante. Deus está também hoje em contato imediato com cada ser humano. A crise do religioso não pode impedir que Deus continue a oferecer-se a cada pessoa no fundo misterioso de sua consciência.

A partir desta perspectiva, é um erro "demonizar" em excesso a atual crise religiosa, como se fosse uma situação impossível para a ação salvadora de Deus. Não é assim. Cada contexto sociocultural tem suas condições mais ou menos favoráveis para o desenvolvimento de uma determinada religião, mas o ser humano mantém intactas as suas possibilidades de abrir-se ao Mistério último da vida que o interpela do íntimo de sua consciência.

A Parábola dos "Convidados à Festa" o lembra de maneira expressiva. Deus não exclui ninguém. Seu único anseio é que a história humana termine numa festa alegre, feliz. Seu único desejo é que a sala espaçosa do banquete se encha de convidados. Tudo já está preparado. Ninguém pode impedir a Deus de fazer chegar a todos seu convite.

É verdade que o convite à religião encontra recusa em muitas pessoas, mas o convite de Deus não se detém. Podem ouvi-lo todos, "bons e maus", todos que vivem na "cidade" e os que andam perdidos "pelas encruzilhadas dos caminhos". Toda pessoa que escuta o convite do amor e da justiça está acolhendo a Deus.

Penso em tantas pessoas que ignoram quase tudo sobre Deus. Só conhecem uma caricatura da religião. Nunca poderão suspeitar o que é "a alegria de crer". Estou certo de que Deus está vivo e operante no mais íntimo de seu ser. Estou convencido de que muitos deles acolhem seu convite por caminhos que a mim me escapam.

O risco de não ouvir a Deus

A parábola de Jesus é de total atualidade. O convite à festa do amor e da fraternidade continua sendo ouvido no coração de todo ser humano. Mas os convidados não fazem caso. Estão ocupados com suas terras e seus negócios...

Onde buscam as pessoas de hoje a felicidade? A que portas batem buscando salvação? Para a grande maioria, a felicidade está em ter mais, comprar mais, possuir mais coisas e mais segurança. "Acumular, acumular: nisto consiste a lei e os profetas" (Karl Marx). Outros buscam o gozo imediato e individualista: sexo, droga, diversão, jantares de fim de semana; é preciso fugir dos problemas; refugiar-se no prazer do presente. Há ainda os que se entregam ao cuidado do corpo: o importante é manter-se em forma, ser jovem, não envelhecer nunca.

São muitas as ofertas de salvação em nossa sociedade. Mas são ofertas parciais, redutoras, que não proporcionam tudo que o ser humano anda buscando. Ele continua insatisfeito. E o convite de Deus continua ressoando. Podemos perceber esse convite não à margem, mas no meio das insatisfações, alegrias, lutas e incertezas de nossa vida. "Inclusive onde se busca ou oferece algo parcial que tem acolhida entre os seres humanos, ali deve-se espreitar a Deus tentando chegar ao ser humano" (José Maria Mardones).

É bom que o ser humano busque um bem-estar maior, mas que plenitude pode haver por trás desse afã de possuir televisores cada vez mais perfeitos, carros mais velozes, eletrodomésticos mais sofisticados? Não há pessoas que já possuem coisas demais para serem felizes? Depois de correr atrás de tantas coisas, não são muitos os que perdem sua liberdade, sua capacidade de amar, sua ternura e até o simples desfrute da vida?

É normal que as novas gerações busquem com afã outro tipo de salvação. Mas que plenitude se pode encontrar quando foram esgotadas todas as possibilidades do sexo, voltou-se da "viagem" da droga ou se mergulhou no isolamento de uma embriaguez total?

Os humanos continuarão sendo uns eternos buscadores de orientação, felicidade, plenitude, verdade, amor. Seguirão buscando, de alguma maneira, o Absoluto. No meio de nossa vida, às vezes aloucada e superficial, no meio de nossa busca vã de felicidade total, não estamos deixando de ouvir um convite que, talvez, outros homens e mulheres simples e pobres estão escutando com alegria, "nas encruzilhadas dos caminhos" deste nosso mundo tão desconcertado?

SEM OUVIDOS PARA O RELIGIOSO

São cada vez mais numerosos os que, entre nós, se confessam descrentes. Mas, se observarmos mais de perto sua postura, talvez tenhamos que dizer que sua incredulidade não é tanto fruto de uma decisão responsável quanto resultado de uma vida alienada e privada de interioridade.

Na vida de muitos contemporâneos faltam as condições mínimas para tomar uma postura séria e responsável diante da fé ou da descrença. Vive-se um modo de vida onde nem sequer aparece a necessidade de dar um sentido último à existência. Como diz um ateu contemporâneo, "somos simplesmente nós que devemos dar um sentido à nossa vida, vivendo-a" (J. Jeanson).

Mas quando se vive buscando só um bem-estar material cada vez maior, unicamente interessado em "ter dinheiro" e "adquirir símbolos de prestígio", preocupado em ser "algo" e não em ser "alguém", perde-se a capacidade de escutar os apelos mais profundos que se encerram no ser humano.

Quem vive assim carece de ouvidos para qualquer rumor que não seja o que provém de seu mundo de interesses. Não tem olhos para perceber outras dimensões que não sejam as do bem-estar material, da posse e do prestígio social. Como diria Max Weber, são pessoas que "carecem de ouvido para o religioso".

A parábola de Jesus nos faz lembrar, a todos nós, sempre de novo, que no fundo da vida há um convite para buscar a liberdade e a plenitude por outros caminhos. E nosso maior equívoco pode ser desatender levianamente o convite de Deus, indo cada um de nós para "nossas terras e nossos negócios".

Vamos continuar fugindo de nós mesmos, perdendo-nos em mil formas de evasão, tratando de esquecer a Deus e evitando cuidadosamente tomar a sério a vida. Mas o convite não cessa. No fundo de muitas posturas de descrença, será que não se esconde um medo de mudança, uma mudança que necessariamente deveria operar-se em nossa vida se tomássemos Deus a sério?

Sem dúvida, uma grande verdade se encerra na oração de São João da Cruz: "Senhor, meu Deus, Tu não és estranho para quem não se estranha contigo. Como dizem que Tu te ausentas?"

33
A Deus o que é de Deus

Os fariseus se retiraram e convocaram um conselho para ver como poderiam pegar Jesus em alguma palavra. Enviaram-lhe discípulos juntamente com os herodianos, para dizer-lhe:
"Mestre, sabemos que és sincero, pois com franqueza ensinas o caminho de Deus, sem te comprometeres com ninguém, nem olhar a aparência de pessoas. Dize-nos, pois, o que te parece: É justo pagar tributos a César ou não?" Conhecendo a malícia deles, Jesus falou:
"Por que me testais, hipócritas? Mostrai-me a moeda do imposto". Eles lhe apresentaram um denário. E Jesus lhes perguntou: "De quem é essa imagem e inscrição?" Responderam-lhe eles: "É de César." Então Jesus lhes disse: "Pois dai a César o que é de César e a Deus o que é de Deus" (Mt 22,15-21).

A Deus o que é de Deus
A armadilha para pegar Jesus numa pergunta foi bem-pensada: "É lícito pagar tributos a César ou não?" Se Ele responder negativamente, poderão acusá-lo de rebelião contra Roma. Se aceitar a tributação, ficará desacreditado diante daquelas pessoas que vivem oprimidas pelos impostos e às quais Ele tanto ama e defende.

Jesus pede que lhe mostrem "a moeda do imposto". Ele não a tem, pois vive como um itinerante, sem terras nem trabalho fixo; não tem problemas com os cobradores. Depois lhes pergunta pela imagem que aparece naquele denário de prata. Representa Tibério e a inscrição dizia *"Tiberius Caesar, Divi Augusti Filius Augustus"*. No reverso podia-se ler: *"Pontifex Maximus"*.

O gesto de Jesus já é esclarecedor. Seus adversários vivem escravos do sistema, pois, ao utilizar aquela moeda cunhada com símbolos políticos e religiosos, estão reconhecendo a soberania do imperador. Não é o caso de Jesus, que vive de maneira pobre, mas livre, dedicado aos mais pobres e excluídos do Império.

Jesus acrescenta então algo que ninguém lhe propôs. Pergunta pelos direitos do César e lhes responde lembrando os direitos de Deus: "Pagai a César o que é de César, mas dai a Deus o que é de Deus". A moeda traz a imagem do imperador, mas o ser humano, como diz o antigo livro do Gênesis, é "imagem de Deus". Por isso nunca deve estar sujeito a algum imperador. Isto Jesus já havia lembrado muitas vezes. Os pobres são de Deus; os pequenos são seus filhos prediletos; o Reino de Deus lhes pertence. Ninguém deve abusar deles.

Jesus não diz que uma metade da vida, a material e econômica, pertence à esfera de César, e a outra, a espiritual e religiosa, à esfera de Deus. Sua mensagem é outra: se entramos no reino, não devemos consentir que nenhum César sacrifique o que só pertence a Deus: os famintos do mundo, os subsaarianos abandonados que chegam nas pateras, os "sem documentos" de nossas cidades. Que nenhum César conte conosco.

Os pobres são de Deus, de ninguém mais

"A César o que é de César, e a Deus o que é de Deus." Poucas palavras de Jesus terão sido tão citadas como estas. E nenhuma, talvez, mais distorcida por interesses muito alheios àquele Profeta que viveu totalmente dedicado, não precisamente ao imperador de Roma, mas aos esquecidos, empobrecidos e excluídos pelo Império.

O episódio está carregado de tensão. Os fariseus se retiraram para planejar um ataque decisivo contra Jesus. Para isso, enviam "uns discípulos"; não vêm eles mesmos; evitam o encontro direto com Jesus. Eles são defensores da ordem vigente e não querem perder seu posto privilegiado naquela sociedade que Jesus está questionando radicalmente. Mas, além disso, os enviam acompanhados "por uns partidários de Herodes", sequazes de Antipas. Talvez não faltem entre eles latifundiários e cobradores, encarregados de armazenar o grão da Galileia e de arrecadar os tributos para o César.

O elogio que fazem de Jesus é insólito em seus lábios: "Sabemos que és sincero e ensinas o caminho da verdade, o caminho para Deus". Tudo é uma armadilha, mas falaram com mais verdade do que se pode imaginar. É assim. Jesus vive mesmo totalmente entregue a preparar o "caminho para Deus", para que nasça uma sociedade mais justa.

Jesus não está a serviço do imperador de Roma, mas entrou na dinâmica do Reino de Deus. Não vive para desenvolver o Império, mas para tornar possível a justiça de Deus entre seus filhos e filhas. Quando lhe perguntam se "é lícito pagar imposto a César ou não", sua resposta é contundente: "Pagai a César o que é de César, e a Deus o que é de Deus".

Jesus não está pensando em Deus e em César como dois poderes que podem exigir, cada um, seus direitos a seus súditos. Como judeu fiel, sabe que a Deus pertence "a terra e tudo o que ela contém, o orbe e todos os seus habitantes" (Sl 24). O que pode pertencer a César que não seja de Deus? Só seu dinheiro injusto.

Se alguém vive enredado no sistema de César, que cumpra suas "obrigações"; mas, se ele entra na dinâmica do Reino de Deus, deve saber que os pobres pertencem só a Deus, são seus filhos prediletos. Ninguém há de abusar deles. É isto que Jesus ensina "conforme a verdade".

Nós, seus seguidores, devemos resistir para que ninguém, perto ou longe de nós, seja sacrificado a nenhum poder político, econômico, religioso ou eclesiástico. Os humilhados pelos poderosos são de Deus. De ninguém mais.

A vida só é para Deus

A exegese moderna não dá lugar a dúvidas. O principal para Jesus é a vida, não a religião. Basta analisar a trajetória de sua atividade. Sempre o vemos preocupado por suscitar e desenvolver, no meio daquela sociedade, uma vida mais sadia e mais digna.

Pensemos em sua atuação no mundo dos enfermos: Jesus se aproxima dos que vivem sua vida de maneira diminuída, ameaçada ou insegura, para despertar neles uma vida mais plena. Pensemos em sua aproximação aos pecadores: Jesus lhes oferece o perdão que os faça viver uma vida mais digna, resgatada da humilhação e do desprezo. Pensemos também nos endemoninhados, incapazes de ser donos de sua vida: Jesus os liberta de uma vida alienada e desconcertada pelo mal.

Como foi sublinhado por Jon Sobrino, pobres são aqueles para os quais a vida é uma carga pesada, pois não podem viver com um mínimo de dignidade. Esta pobreza é o que há de mais contrário ao plano original do Criador da vida. Onde um ser humano não pode viver com dignidade, ali a criação de Deus aparece como viciada e anulada.

Por isso, Jesus se preocupa tanto com a vida concreta dos camponeses da Galileia. O que aquela gente precisa em primeiro lugar é viver, e viver com dignidade. Não é a meta final, mas é, neste momento, o mais urgente. Jesus os convida a confiar na salvação última do Pai, mas o faz salvando as pessoas da enfermidade e aliviando males e sofrimentos. Anuncia-lhes a felicidade definitiva no seio de Deus, mas o faz introduzindo dignidade, paz e felicidade neste mundo.

Às vezes, nós cristãos expomos a fé com uma tal confusão de conceitos e palavras que, na hora da verdade, poucos entendem o que é exatamente o Reino de Deus de que fala Jesus. Mas as coisas não são tão complicadas. O que Deus quer é unicamente isto: uma vida mais humana para todos e, desde agora, uma vida que chegue à sua plenitude na vida eterna. Por isso nunca se deve dar a nenhum César o que é de Deus: a vida e a dignidade de seus filhos.

SÓ PERTENCEMOS A DEUS

"Dai a César o que é de César e a Deus o que é de Deus". Estas palavras de Jesus foram utilizadas com frequência para estabelecer uma nítida fronteira entre o político e o religioso, e assim defender a autonomia absoluta do Estado diante de qualquer interpelação feita a partir da fé.

Segundo esta interpretação, Jesus teria colocado o ser humano, por um lado, diante das obrigações de caráter cívico-político e, por outro lado, diante de uma interpelação religiosa. Como se o ser humano tivesse que responder aos assuntos sociopolíticos diante do poder político, e dos assuntos religiosos diante de Deus.

A intenção de Jesus não era esta. O acento de suas palavras está na parte final. Perguntaram-lhe insidiosamente pelo problema dos tributos e Jesus resolve prontamente o problema. Se manejam a moeda que pertence a César, terão de submeter-se às consequências que isto implica. Mas Jesus introduz uma nova ideia que não aparecia na pergunta dos adversários.

De forma inesperada, introduz Deus na questão. A imagem da moeda pertence a César, mas as pessoas não devem esquecer que levam em si mesmas a imagem de Deus e, portanto, só pertencem a Ele. Assim o afirmava a tradição bíblica. É então que podemos captar o pensamento de Jesus: "Dai a César o que lhe pertence, mas não esqueçais que vós mesmos pertenceis a Deus".

Para Jesus, César e Deus não são duas autoridades de categoria semelhante que devem repartir entre si a submissão dos humanos. Deus está acima de qualquer César, e este não pode jamais exigir o que pertence a Deus.

Em tempos em que cresce o poder do Estado e fica cada vez mais difícil aos cidadãos defender sua liberdade no meio da uma sociedade na qual quase tudo é dirigido e controlado, nós crentes não devemos deixar que nenhum poder nos roube nossa consciência e nossa liberdade.

Temos obrigação de cumprir com honradez nossos deveres de cidadãos, mas não devemos deixar-nos modelar nem dirigir por nenhum poder que nos oponha às exigências fundamentais do Reino de Deus.

Religião e política

Nunca foram fáceis as relações entre fé e política. Também não entre a Igreja e os políticos. Às vezes são os políticos que tratam de utilizar o religioso para defender sua própria causa. Outras vezes é a Igreja que pretende servir-se deles para seus próprios interesses. E, com frequência, não se dá o devido valor ao importante trabalho do político, nem se ajuda a descobrir o papel que a fé pode ter em sua tarefa.

Para trazer luz, talvez tenhamos que começar lembrando dois dados amplamente admitidos pela exegese atual. Por um lado, o projeto do Reino de Deus, inaugurado por Jesus, procura promover uma transformação profunda na convivência humana e, por isso, é destinado a ter uma repercussão política, no sentido amplo desta palavra, que é promover o bem comum na sociedade.

Mas, por outro lado, Jesus não utiliza o poder para levar adiante seu projeto, e por isso se afasta da "política" no sentido moderno da palavra, que é o uso técnico do poder para estruturar a convivência. O Reino de Deus não se impõe pelo poder, pela força ou pela coação, mas penetra na sociedade pela semente que é semeada e pelo acolhimento de valores como a justiça, a solidariedade ou a defesa dos fracos.

O episódio do tributo a César é esclarecedor. A resposta de Jesus diz assim: "Dai a César o que é de César, e a Deus o que é de Deus". É um anacronismo errôneo ver nestas palavras uma "separação entre política e religião", como se a primeira se ocupasse dos problemas terrenos e a segunda só do espiritual. Seu sentido é outro. Jesus é perguntado sobre os direitos de César, mas Ele responde lembrando os direitos de Deus, pelos quais ninguém perguntou. A moeda imperial traz a imagem do César, mas o ser humano é "imagem de Deus", e sua dignidade de filho de Deus não deve ficar sujeita a nenhum César.

O político cristão jamais deve utilizar Deus para legitimar suas posturas partidaristas; a fé cristã não se identifica com nenhuma opção de partido, pois os valores evangélicos podem ser promovidos a partir de mediações técnicas diversas. Mas isto não significa que se deva acantonar a fé ao âmbito do privado. O Evangelho oferece ao político cristão uma inspiração, uma visão da pessoa e valores que podem orientar e estimular seu trabalho. O grande desafio para ele é como fazer politicamente operativos na vida pública esses valores que defendem o ser humano de tudo que pode desumanizá-lo.

34
AMARÁS A DEUS E A TEU IRMÃO

Quando os fariseus souberam que Jesus fizera calar os saduceus, juntaram-se em bloco. E um deles, doutor da Lei, perguntou, para o testar: "Mestre, qual é o maior mandamento da Lei?"
Jesus lhe respondeu:
"Amarás o Senhor teu Deus de todo o coração, com toda a alma e com todo o teu ser. Este é o maior e o primeiro mandamento. Mas o segundo é semelhante a este: Amarás o teu próximo como a ti mesmo. Destes dois mandamentos dependem toda a Lei e os Profetas" (Mt 22,34-40).

NÃO ESQUECER O ESSENCIAL
Para os contemporâneos de Jesus não era fácil ter uma clara visão do que constituía o núcleo de sua religião. As pessoas simples se sentiam perdidas. Os escribas falavam de seiscentos e treze mandamentos contidos na Lei. Como orientar-se numa rede tão complicada de preceitos e proibições? Em algum momento, esta questão chegou a Jesus: O que é o mais importante e decisivo? Qual é o mandamento principal, aquele que pode dar sentido aos demais?

Jesus não pensou duas vezes e respondeu lembrando palavras que todos os judeus homens repetiam diariamente no começo e no final do dia: "Escuta Israel, o Senhor, nosso Deus, é o único Senhor. Amarás o Senhor teu Deus de todo o teu coração, com toda a tua alma e com todo o teu ser". Ele mesmo havia pronunciado estas palavras naquela manhã. Elas o ajudavam a viver centrado em Deus. Para Ele, isto era o principal.

Em seguida, acrescentou algo que ninguém lhe havia perguntado: "O segundo mandamento é: amarás o teu próximo como a ti mesmo". Não há nada mais importante do que estes dois mandamentos que, para Jesus, são inseparáveis. Não se pode amar a Deus e desentender-se com o vizinho.

Sobre isto, muitas perguntas nos ocorrem: O que é amar a Deus? Como se pode amar a alguém que nem sequer se pode ver? Ao falar do amor a Deus, os hebreus não pensavam nos sentimentos que podem nascer em nosso coração. A fé em Deus não consiste num "estado de ânimo". Amar a Deus é simplesmente centrar a vida nele para viver tudo segundo sua vontade.

Por isso Jesus acrescenta o segundo mandamento. Não é possível amar a Deus e viver esquecido das pessoas que sofrem e às quais Deus ama tanto. Não há um "espaço sagrado" no qual possamos "entender-nos" a sós com Deus, de costas para os outros. Um amor a Deus que esquece seus filhos e filhas é uma grande mentira.

Para muitas pessoas, a religião cristã lhes parece complicada e difícil de entender. Provavelmente estamos precisando na Igreja de um processo de concentração no essencial, para desprender-nos de acréscimos secundários e permanecer com o que é importante: amar a Deus com todas as minhas forças e amar os outros como amo a mim mesmo.

Paixão por Deus e compaixão pelo ser humano

Quando as religiões esquecem o essencial, facilmente se adentram por caminhos de mediocridade piedosa ou de casuística moral, que não só incapacitam para uma sã relação com Deus, mas podem até prejudicar gravemente as pessoas. Nenhuma religião escapa deste risco.

A cena narrada nos evangelhos tem como pano de fundo uma atmosfera religiosa em que sacerdotes e mestres da Lei classificam centenas de mandamentos da Lei divina em "fáceis" e "difíceis", "graves" e "leves", "pequenos" e "grandes". É quase impossível mover-se com um coração saudável nessa rede.

A pergunta que fazem a Jesus procura recuperar o essencial, descobrir o "espírito perdido". Qual é o mandamento principal? O que é o essencial? Onde está o núcleo de tudo? A resposta de Jesus, como a de Hillel e outros mestres judeus, resume a fé básica de Israel: "Amarás o Senhor teu Deus de todo o teu coração, com toda a tua alma e com todo o teu ser". "Amarás o teu próximo como a ti mesmo."

Que ninguém pense que, ao falar do amor a Deus, se está falando de emoções ou sentimentos para com um Ser imaginário, nem de convites a orações e devoções. "Amar a Deus com todo o coração" é reconhecer humildemente o Mistério último da vida; orientar confiantemente a existência de acordo com sua vontade: amar a Deus como Pai, que é bom e nos quer bem.

Tudo isto marca decisivamente a vida, pois significa louvar a existência a partir de sua raiz; participar na vida com gratidão; optar sempre pelo bom e pelo belo; viver com coração de carne e não de pedra; resistir a tudo o que trai a vontade de Deus negando a vida e a dignidade de seus filhos e filhas.

Por isso o amor de Deus é inseparável do amor aos irmãos. Assim o lembra Jesus: "Amarás o teu próximo como a ti mesmo". O amor real a Deus não é possível sem dar atenção ao sofrimento de seus filhos e filhas. Que religião seria aquela em que a fome dos desnutridos ou o excesso dos satisfeitos não provocasse nenhuma pergunta nem preocupação aos crentes? Não estão desencaminhados aqueles que resumem a religião de Jesus como "paixão por Deus e compaixão pela humanidade".

O AMOR É TUDO

Os judeus chegaram a contar até seiscentos e treze mandamentos que deviam ser observados para cumprir integralmente a Lei. Por isso não era estranho nos círculos rabínicos fazer perguntas, como a que foi feita a Jesus, no intuito de buscar o essencial: Que mandamento é o primeiro de todos?

Jesus responde de maneira clara e precisa: "O primeiro é: 'Amarás o Senhor teu Deus, de todo o teu coração, com toda a tua alma, e com todo o teu ser'. O segundo é este: 'Amarás o teu próximo como a ti mesmo'". Não há mandamento maior do que estes. Como ouvir hoje estas palavras fundamentais de Jesus?

Há algo que nos é revelado com toda clareza: o amor é tudo. O que nos é pedido na vida é amar. Aí está a chave. Poderemos depois tirar todo tipo de consequências e derivações, mas o essencial é viver diante de Deus e diante dos outros numa atitude de amor. Se pudéssemos agir sempre assim, tudo estaria salvo. Não há nada mais importante que isto, nem mesmo a prática de uma determinada religião.

Mas por que o amor é a força que dá sentido, verdade e plenitude à vida? Esta centralidade do amor está enraizada, segundo a fé cristã, numa realidade: Deus, a origem de toda vida, Ele mesmo é amor. Essa é a definição ousada e insuperável da fé cristã: "Deus é amor" (1Jo 4,8). Para dizê-lo de alguma maneira, ainda que deficiente, Deus consiste em amar; Deus não sabe, não quer e não pode fazer outra coisa senão amar. Podemos duvidar de tudo, mas não podemos nunca duvidar de seu amor.

Precisamente por isso, amar a Deus é encontrar nosso próprio bem. O que dá verdadeira glória a Deus não é nosso mal, mas nossa vida em plenitude. Quem ama a Deus e se sabe amado por Ele com amor infinito aprende a olhar-se, estimar-se e cuidar-se com verdadeiro amor. Que força e dinamismo gera em nós esta peculiar maneira de entender-nos! Quantos medos e angústias se diluem dentro de nós! Como é diferente a vida quando a pessoa aprende a dizer: "Senhor, que se faça a tua vontade, porque assim se vai forjando também o meu bem".

Por outro lado, é então que se compreende, em sua verdadeira profundidade, o segundo mandamento: "Amarás o teu próximo como a ti mesmo". Quem ama a Deus sabe que não pode viver numa atitude de indiferença, despreocupação ou esquecimento dos outros. A única postura humana diante de qualquer pessoa que encontramos na vida é amá-la.

Isto não significa que se deva viver da mesma forma a intimidade com a esposa, a relação com o cliente ou o encontro fortuito com alguém na rua. O que nos é pedido é agir, em cada caso, buscando positivamente o bem que queremos para nós mesmos. Em tempos em que parece que tudo é questionável, é bom lembrar que há algo inquestionável: a pessoa é humana quando sabe viver amando a Deus e a seu próximo.

A ÚNICA TAREFA

Fazemos muitas coisas na vida. Movemo-nos e corremos atrás de muitos objetivos. Mas o que é verdadeiramente importante, o que se deve fazer na vida para acertar?

Jesus resumiu tudo no amor, associando de maneira íntima e inseparável dois preceitos que o povo judeu conhecia muito bem: "Amarás o Senhor, teu Deus, de todo o teu coração, com toda a tua alma e com todo o teu ser"; "Amarás o teu próximo como a ti mesmo".

Tudo se reduz a viver o amor a Deus e o amor aos irmãos. Segundo Jesus, daí deriva tudo. Para muitas pessoas, isto poderá parecer conhecido demais, muito velho e totalmente ineficaz. E, não obstante, hoje mais do que nunca precisamos lembrá-lo: saber amar é a única coisa que importa.

Por que tanta gente parece tão infeliz? Por que as coisas que possuímos nos deixam, no fim das contas, tão vazios e insatisfeitos? Por que não acertamos construir uma sociedade melhor, sem recorrer à extorsão, à mentira ou à violência? O que nos falta é amor.

Pouco a pouco a falta de amor vai fazendo do ser humano um solitário, um ser sempre atarefado e nunca satisfeito. A falta de amor vai desumanizando nossos esforços e lutas para obter determinados objetivos políticos e sociais. Falta-nos amor. E, se nos falta amor, falta-nos tudo.

Perdemos nossas raízes. Abandonamos a fonte mais importante de vida e felicidade.

Jesus não confundiu o amor a Deus com o amor ao irmão. O "mandamento principal e primeiro" continua sendo amar a Deus, buscar sua vontade, ouvir seu chamado. Mas não se pode amar "com todo o nosso ser" a esse Deus Pai, sem amar com todas as nossas forças aos irmãos.

Ouve-se falar de uma renovação de nossa sociedade, de uma reforma das estruturas. Mas poucos se preocupam em acrescentar sua capacidade de amar. No entanto, por muitas que sejam nossas conquistas sociais, pouco terão mudado as coisas, se continuamos tão imunizados ao amor, à atenção aos desvalidos, ao serviço gratuito, à generosidade desinteressada ou ao compartilhar com os necessitados.

Diante do individualismo moderno

Não é difícil observar entre nós os traços mais característicos do individualismo moderno. Para muitos, o ideal da vida é "sentir-se bem". Tudo o mais vem depois. O primeiro a fazer é melhorar a qualidade de vida, evitar o que pode molestar-nos e assegurar, seja como for, nosso pequeno bem-estar material, psicológico e afetivo.

Para consegui-lo, cada um deve organizar a vida a seu gosto. Não se deve pensar nos problemas dos outros. O que o outro faz, é problema dele. Não é bom meter-se na vida alheia. Cada um já tem bastante a fazer para levar adiante sua vida.

Este individualismo moderno está mudando o modo de vida de muitos. Pouco a pouco vai sendo difundida uma "moral sem mandamentos". Tudo é bom, se não me causa dano. O importante é ser inteligente e atuar com habilidade. Naturalmente, é preciso respeitar a todos e não prejudicar a ninguém. Isso é tudo.

Também vai mudando a maneira de viver a fé. Cada um sabe "o que é bom para ele" e "o que não é". O importante é que a religião o ajude a sentir-se bem. Sempre vem algo de bom da religião. O que faz falta é "administrar" o religioso de maneira inteligente.

O resultado desse individualismo é uma sociedade instalada no bem-estar, composta de indivíduos respeitáveis que se comportam corretamente em todos os setores da vida, mas que vivem encerrados em si mesmos, separados de sua própria alma e afastados de Deus e de seus semelhantes.

Há uma maneira muito simples de saber o que resta de "cristão" neste individualismo moderno: é ver se ainda nos preocupamos com os que sofrem. Jesus precisou com toda clareza o essencial: "Amarás o Senhor teu Deus de todo o teu coração" e "amarás o próximo como a ti mesmo". Ser cristão não é sentir-se bem nem mal, mas sentir os que vivem mal, pensar nos que sofrem e reagir diante de sua impotência, sem refugiar-nos em nosso próprio bem-estar.

Não podemos dar por certo que somos cristãos, pois pode não ser verdade. Não basta perguntar-nos se cremos em Deus ou o amamos. Temos de perguntar-nos se amamos como irmãos aqueles que sofrem.

35
Dizem e não fazem

Jesus falou às multidões e a seus discípulos:
"Os escribas e os fariseus estão sentados na cátedra de Moisés. Portanto, fazei e observai tudo o que eles vos disserem, mas não os imiteis nas ações, porque eles dizem e não fazem. Amarram pesados fardos e os põem nos ombros dos outros, mas eles mesmos não estão dispostos a mover um dedo sequer para empurrá-los. Praticam todas as suas ações para serem vistos pelos outros. Por isso alargam as faixas de pergaminho e alongam as franjas de seus mantos. Gostam dos primeiros lugares nos banquetes e das primeiras cadeiras nas sinagogas. Gostam de ser chamados de mestre pelo povo. Mas vós, não vos deixeis chamar de mestre, porque um só é vosso mestre, e todos vós sois irmãos. E a ninguém deveis chamar de pai na terra, porque um só é vosso Pai, aquele que está nos céus. Nem vos façais chamar de chefes, porque um só é vosso Senhor, o Cristo. O maior entre vós seja vosso servo. Aquele que se exaltar será humilhado, e quem se humilhar será exaltado (Mt 23,1-12).

Nem mestres nem pais
O Evangelho de Mateus nos transmitiu palavras de caráter fortemente anti-hierárquico, nas quase Jesus pede a seus seguidores que resistam à tentação de converter seu movimento num grupo dirigido por sábios mestres, por pais autoritários ou por dirigentes superiores aos demais.

Provavelmente são palavras bem trabalhadas por Mateus para criticar a tendência às aspirações de grandeza e poder que já podiam ser percebidas entre os cristãos da segunda geração, mas sem dúvida eco do pensamento autêntico de Jesus.

"Vós não vos deixeis chamar de 'mestre', porque um só é vosso Mestre, e todos vós sois irmãos." Na comunidade de Jesus ninguém é proprietário de seu ensinamento. Ninguém deve obrigar os outros doutrinalmente. Todos são irmãos que se ajudam a viver a experiência de um Deus Pai que gosta de revelar-se aos pequenos.

"E não chameis a ninguém de 'pai' na terra, porque um só é vosso Pai, o do céu." No movimento de Jesus não há "pais", só o do céu. Ninguém deve ocupar seu lugar. Ninguém deve impor-se de cima sobre os outros. Qualquer título que introduz superioridade sobre os outros vai contra a fraternidade.

Poucas exortações evangélicas foram tão ignoradas ou desobedecidas tão frontalmente como esta, ao longo dos séculos. Ainda hoje na Igreja se vive em flagrante contradição com o Evangelho. É tal o número de títulos, prerrogativas, honras e dignidades que nem sempre é fácil viver a experiência de autênticos irmãos.

No entanto, Jesus pensou numa Igreja onde não houvesse "os de cima" e "os de baixo": uma Igreja de irmãos iguais e solidários. De nada serve desmascarar a realidade com a linguagem piedosa do "serviço", ou chamando-nos de "irmãos" na liturgia. Não é questão de palavras, mas de um espírito novo de serviço mútuo, amistoso e fraterno.

Será que não veremos nunca cumprido o apelo do Evangelho? Será que não vamos conhecer nunca seguidores de Jesus que "não se deixam chamar de 'mestres', nem 'pais', nem nada semelhante? Não é possível criar uma atmosfera mais simples, fraterna e amável na Igreja? O que o impede?

Dizem e não fazem

Jesus sempre desmascarou a mentira que encontrou em seu caminhar diário, mas nunca o fez com mais violência do que quando enfrentou os dirigentes da sociedade. Ele não suporta a atuação daqueles que "se sentam na cátedra" no meio do povo para exigir dos outros o que eles mesmos não vivem. Jesus condena sua descarada incoerência: "Dizem e não fazem". Existe um abismo entre o que ensinam e o que praticam, entre o que pretendem dos outros e o que exigem de si mesmos.

As palavras de Jesus não perderam sua atualidade. O povo continua escutando dirigentes que "não fazem o que dizem"; defensores da ordem cuja vida é desordenada; proclamadores de justiça cujas atuações estão à margem do que é justo; educadores cuja conduta deseduca aqueles que a conhecem; reformadores incapazes de reformar sua própria vida; revolucionários que não se propõem uma transformação radical de sua vida, socialistas que não "socializaram" minimamente sua vida.

Mas não devemos esquecer que o ataque de Jesus se dirige diretamente aos dirigentes religiosos, porque também na Igreja existem os que vivem obsediados em aplicar aos outros a Lei com rigorismo, sem preocupar-se em viver a radicalidade do seguimento de Jesus. Também hoje levantam-se mestres que detectam "heresias ocultas" e diagnosticam supostos perigos para a ortodoxia, sem ajudar depois mais positivamente a viver com fidelidade a adesão a Jesus Cristo. Também hoje se condena de algumas cátedras, com rigor, o pecado dos pequenos e fracos, esquecendo escandalosamente as injustiças dos poderosos.

Nossa sociedade não precisa de pregadores de belas palavras, mas de dirigentes que, com sua própria conduta, impulsionem uma transformação social. Nossa Igreja não precisa tanto de moralistas minuciosos e teólogos ortodoxos, mas de crentes verdadeiros que, com sua vida, irradiem um ar mais evangélico. Precisamos de "mestres de vida", de cristãos de vida convincente. "Com sua volta ao essencial do Evangelho, com sua cordialidade e sinceridade terão tornado possível a 'desintoxicação' da atmosfera na Igreja" (Ladislao Boros).

Rabinismo cristão

Uma das mais duras críticas de Jesus aos rabinos de seu tempo é a de que impõem ao povo a moral mosaica, mas depois não o ajudam realmente a viver de maneira mais humana. São estas as suas palavras: "Eles amarram fardos pesados e insuportáveis e os põem nos ombros das pessoas. Mas eles mesmos não estão dispostos a mover um dedo para empurrá-los".

Essa atitude de Jesus significa um sinal de alerta à sua Igreja diante do perigo de um "rabinismo cristão" que sempre pode brotar na comunidade eclesial.

A Igreja deve expor com coragem e clareza a mensagem de Cristo e o conjunto de exigências morais que dela derivam. Trairia sua missão se não se atrevesse a defender os princípios morais que lembram ao ser humano sua responsabilidade diante de Deus e diante de sua própria dignidade humana. Mas, segundo a advertência de Jesus, deve também preocupar-se em ajudar às pessoas a assumir essa moral de maneira humana.

Por isso não basta a insistência doutrinal, e muito menos a condenação severa ou a indignação amargurada diante da imoralidade do mundo moderno. As pessoas não precisam só de condenações, mas, principalmente, de forças para mudar. Por outro lado, nós cristãos devemos esforçar-nos para mostrar praticamente, com a nossa vida, que a moral cristã não é um conjunto de arbitrariedades impostas por Deus para "enfastiar" o ser humano, mas a maneira mais salutar e acertada de viver.

Além disso, em tempos em que é difícil ao ser humano crer em Deus, nós crentes devemos saber transmitir a experiência prazerosa, radiante e libertadora desse Mistério de Amor que chamamos Deus. Se uma pessoa não fez sequer inicialmente a experiência desse Deus que liberta da solidão, do desespero e do medo, como poderá entender "os mandamentos de Deus"? Como poderá captar o que a fé cristã quer dizer ao falar de pecado como ofensa a Deus?

Por isso é importante que a palavra moral da Igreja, dita com coragem e clareza, seja exposta ao mesmo tempo de maneira que não provoque a falsa imagem de um Deus rigorista e mesquinho. A palavra e o testemunho dos cristãos não devem deixar dúvidas sobre a bondade e a misericórdia de Deus.

Temos que agradecer a João Paulo II que, em sua encíclica *Veritatis splendor*, depois de expor os fundamentos da moral cristã, nos tenha lembrado que "na palavra pronunciada pela Igreja" há de ressoar "a voz de Deus que 'só é o Bom', que 'só é o Amor'".

CONTRIBUIR PARA A CONVERSÃO DA IGREJA

Não são poucos os que se afastaram da fé, escandalizados ou decepcionados com a atuação de uma Igreja que, segundo eles, não é fiel ao Evangelho, nem atua em coerência com o que prega. Também Jesus criticou energicamente os dirigentes religiosos: "Não fazem o que dizem". Só que Jesus não parou aí, mas continuou buscando e convidando a todos para uma vida mais digna e responsável diante de Deus.

Ao longo dos anos, também eu pude conhecer, inclusive de perto, atuações da Igreja pouco coerentes com o Evangelho. Às vezes me escandalizaram, outras vezes me causaram dano, quase sempre me encheram de pena. Hoje, porém, compreendo melhor do que nunca que a mediocridade da Igreja não justifica a mediocridade de minha fé.

A Igreja precisa mudar muito, mas o importante é que cada um de nós reanime sua fé, que aprendamos a crer de maneira diferente, que não vivamos iludindo a Deus, que sigamos com honestidade as advertências da própria consciência, que mude nossa maneira de ver a vida, que descubramos o essencial do Evangelho e o vivamos com alegria.

A Igreja terá de superar suas inércias e medos para encarnar o Evangelho na sociedade moderna, mas cada um de nós deve descobrir que hoje podemos seguir a Cristo com mais verdade do que nunca, sem falsos apoios e sem rotinas religiosas. Cada um deve aprender a viver de maneira mais evangélica o trabalho e a festa, a atividade e o silêncio, sem deixar-nos modelar pela sociedade, e sem perder nossa identidade cristã na frivolidade moderna.

A Igreja deverá revisar a fundo sua fidelidade a Cristo, mas cada um de nós deve verificar a qualidade de sua adesão a Ele. Todos e cada um devemos cuidar de nossa fé no Deus revelado em Jesus. O pecado e as misérias da instituição eclesial não me dispensam nem me desresponsabilizam de nada. A decisão de abrir-me a Deus ou de recusá-lo é só minha.

A Igreja terá de despertar sua confiança e libertar-se de covardias e receios que a impedem de transmitir esperança ao mundo atual, mas todos nós somos responsáveis por nossa alegria interior. Devemos alimentar nossa esperança acorrendo à verdadeira fonte.

Somos todos irmãos

Durante muitos anos conhecemos entre nós um clero numeroso e ativo. Esta realidade que, por um lado, foi tão valiosa e enriquecedora para nossa Igreja, provocou, no entanto, uma postura de passividade e falta de protagonismo no resto da comunidade cristã.

Fomos nos acostumando a pensar que são os sacerdotes os únicos protagonistas e responsáveis pela vida e pelo caminhar da Igreja; que eles são os únicos que devem pensar, programar e fazer tudo.

Entendemos a Igreja como uma grande pirâmide onde toda a responsabilidade parece recair sobre o papa, os bispos e os sacerdotes. Na base da pirâmide estão os fiéis dispostos a escutar, aprender e receber o que lhes é indicado. Mas esta imagem piramidal não corresponde ao desejo original de Jesus, nem reflete bem o mistério da Igreja, chamada a ser comunidade fraterna, Corpo vivo de Cristo.

Jesus pensou muito mais numa Igreja onde ninguém se sinta "pai", nem "mestre", nem "chefe". Uma Igreja feita de irmãos e irmãs onde todos devem encontrar seu lugar e sua tarefa de serviço aos outros.

Por isso ninguém há de pretender monopolizar, na comunidade cristã, toda a responsabilidade, nem açambarcar todas as tarefas. E ninguém há de considerar-se membro desnecessário ou passivo. Todos somos chamados a participar ativamente, pois todos somos responsáveis pela Igreja e por sua missão, embora nem todos sejamos responsáveis da mesma maneira.

Isto exige de todos nós uma mudança e uma conversão. Os leigos devem ir assumindo sua própria responsabilidade, colaborando com interesse e generosidade, sem recusar as tarefas e funções que lhes correspondem.

Por sua vez, nós presbíteros devemos aprender a trabalhar não só para os fiéis, mas com os fiéis. Devemos aprender a ser sacerdotes numa Igreja mais corresponsável, valorizando o papel dos leigos, promovendo sua participação ativa e confiando-lhes uma responsabilidade maior. Nós sacerdotes somos responsáveis em fazer que todos sejam responsáveis.

Esta é uma de nossas grandes tarefas na Igreja: que cada um encontre seu verdadeiro lugar na comunidade cristã, para colaborar de maneira fraterna e corresponsável na vida e na missão de toda a Igreja.

36
VIGIAI!

Jesus disse a seus discípulos:
"A vinda do Filho do homem será como nos dias de Noé. Nos dias que antecederam o dilúvio, as pessoas comiam, bebiam, casavam-se e se davam em casamento, até o dia em que Noé entrou na arca. Elas nem se deram conta, até que veio o dilúvio e as arrastou a todas. Assim será a vinda do Filho do homem. Estarão dois na lavoura, um é levado e o outro é deixado. Duas mulheres estarão moendo trigo no moinho, uma é levada e a outra é deixada.
Vigiai, pois, porque não sabeis o dia em que chegará o Senhor. Vós bem sabeis que, se o pai de família soubesse em que hora da noite viria o ladrão, estaria de vigia e não deixaria arrombar-lhe a casa. Por isso estai vós também preparados, porque na hora em que menos pensais, virá o Filho do homem" (Mt 24,37-44).

CONTINUAMOS DESPERTOS?

Um dia a história apaixonante da humanidade terminará, como termina inevitavelmente a vida de cada um de nós. Os evangelhos colocam na boca de Jesus um discurso sobre este final, e sempre destacam uma exortação: "vigiai", "estai alertas", "vivei despertos". As primeiras gerações cristãs deram muita importância a esta vigilância. O fim do mundo não chegava tão depressa como alguns pensavam. Sentiam o risco de ir aos poucos esquecendo Jesus e não queriam que Ele os encontrasse um dia "dormindo".

Muitos séculos se passaram desde então. Como vivemos nós cristãos de hoje? Continuamos despertos ou fomos pouco a pouco dormindo? Vivemos atraídos por Jesus ou distraídos por todo tipo de questões secundárias? Seguimos a Jesus ou aprendemos a viver como vivem todos?

Vigiar é antes de tudo despertar da inconsciência. Vivemos o "sonho" de sermos cristãos quando, na verdade, muitas vezes nossos interesses, atitudes e modo de viver não são os de Jesus. Este "sonho" nos protege de buscar nossa conversão pessoal e a da Igreja. Se não "despertarmos", vamos continuar enganando-nos a nós mesmos.

Vigiar é vivermos atentos à realidade. Ouvir os gemidos dos que sofrem. Sentir o amor de Deus à vida. Viver mais atentos à sua presença misteriosa entre nós. Sem esta sensibilidade não é possível caminhar seguindo os passos de Jesus.

Vivemos às vezes imunizados aos apelos do Evangelho. Temos coração, mas ele está endurecido; temos ouvidos, mas não escutamos o que Jesus escutava; temos olhos, mas não vemos a vida como Ele a via, nem olhamos as pessoas como Ele as olhava. Pode ocorrer então o que Jesus queria evitar entre seus seguidores: vê-los como "cegos conduzindo outros cegos".

Se não despertarmos, pode acontecer a todos nós o que aconteceu com aqueles da parábola que, no final dos tempos, perguntavam: "Senhor, quando foi que te vimos faminto ou sedento, ou estrangeiro, ou desnudo, ou enfermo, ou no cárcere e não te assistimos?"

COMO DESPERTAR?

Jesus o repetiu constantemente: "Estai sempre despertos". Ele temia que o fogo inicial apagasse e seus seguidores dormissem. Esse é o nosso grande risco: instalar-nos comodamente em nossas crenças, "acostumar-nos" ao Evangelho e viver adormecidos na observância tranquila de uma religião apagada. Como despertar?

O primeiro a fazer é voltar a Jesus e sintonizar com a experiência primeira que tudo desencadeou. Não basta instalar-nos "corretamente" na tradição. Temos que enraizar nossa fé na pessoa de Jesus, voltar a nascer de seu espírito. Não há nada mais importante que isto na Igreja. Só Jesus pode conduzir-nos de novo ao essencial.

Além disso, precisamos reavivar a experiência de Deus. O essencial do Evangelho não se aprende de fora, mas cada um o descobre em seu interior como Boa Notícia de Deus. Devemos aprender e ensinar caminhos para encontrar-nos com Deus. De pouco adianta desenvolver temas didáticos de religião ou continuar discutindo sobre questões de "moral sexual", se não despertamos em nada o gosto por um Deus amigo, fonte de vida digna e feliz.

Mais ainda. A chave a partir da qual Jesus vivia a Deus e olhava a vida inteira não era o pecado, a moral ou a lei, mas o sofrimento das pessoas. Jesus não só amava os desgraçados, mas nada amava mais ou acima deles. Não estamos seguindo corretamente os passos de Jesus, se vivemos mais preocupados com a religião do que com o sofrimento das pessoas. Nada despertará a Igreja de sua rotina, imobilismo ou mediocridade, se não nos comove mais a fome, a humilhação e o sofrimento das pessoas.

Para Jesus o importante é sempre a vida digna e feliz das pessoas. Por isso, se nosso "cristianismo" não serve para fazer viver e crescer, não serve para o essencial, por mais nomes piedosos e veneráveis com que o queiramos designar. Não temos que olhar os outros. Cada um de nós deve sacudir-se da indiferença, da rotina e da passividade que nos fazem viver adormecidos.

REAGIR

Os ensaios que conheço sobre o momento atual insistem muito nas contradições da sociedade contemporânea, na gravidade da crise sociocultural e econômica, e no caráter decadente destes tempos.

Falam também, sem dúvida, de fragmentos de bondade e de beleza e de gestos de nobreza e generosidade, mas tudo isto parece ficar oculto pela força do mal, pela deterioração da vida e pela injustiça. Afinal tudo são "profecias de catástrofes".

De modo geral, esquece-se um dado muito esperançoso: está crescendo na consciência de muitas pessoas um sentimento de indignação diante de tanta injustiça, degradação e sofrimento. Muitos são os homens e mulheres que não se resignam mais a aceitar uma sociedade tão pouco humana. De seu coração brota um "não" firme ao inumano.

Esta resistência ao mal é comum a cristãos e agnósticos. Como dizia o teólogo holandês E. Schillebeeckx, pode-se falar dentro da sociedade moderna de "uma frente comum de crentes e não crentes, rumo a um mundo melhor, de aspecto mais humano".

No fundo desta reação há uma busca de algo diferente, um reduto de esperança, um anseio de algo que nesta sociedade não se vê cumprido. E a sensação de que poderíamos ser mais humanos, mais felizes e melhores numa sociedade justa, ainda que sempre limitada e precária.

Neste contexto ganha uma atualidade particular o apelo de Jesus: "Vigiai sempre!" São palavras que convidam a despertar e a viver com mais lucidez, sem deixar-nos arrastar e modelar passivamente por tudo que se impõe nesta sociedade.

Talvez seja este o primeiro passo: reagir e manter desperta a resistência e a rebeldia; atrever-nos a ser diferentes; não agir como todo mundo; não identificar-nos com o inumano desta sociedade; viver em contradição com tanta mediocridade e falta de sensatez; iniciar a reação.

Duas convicções devem animar-nos: o ser humano não perdeu sua capacidade de ser mais humano e de organizar uma sociedade mais digna; por outro lado, o Espírito de Deus continua atuando na história e no coração de cada pessoa.

É possível mudar o rumo equivocado desta sociedade. O que é preciso é que haja cada vez mais pessoas lúcidas que se atrevam a introduzir sensatez no meio de tanta loucura, senso moral no meio de tanto vazio ético, calor humano e solidariedade no interior de tanto pragmatismo sem coração.

Nunca é tarde

Desde que Sigmund Freud formulou a hipótese de que toda uma sociedade em seu conjunto pode estar enferma, não foram poucos os que analisaram suas possíveis neuroses e enfermidades.

Recentemente se vem falando na sociedade ocidental de uma "patologia da abundância", cujos sintomas são diversos. Um certo tipo de bem-estar fácil pode chegar a atrofiar o crescimento sadio da pessoa, entorpecendo seu espírito e adormecendo sua vitalidade.

Mas, talvez, um de seus efeitos mais graves e generalizados seja a frivolidade, a leviandade na proposição dos problemas mais sérios da vida, a agilidade na proposição dos problemas mais sérios da vida, a superficialidade que invade quase tudo. Este cultivo do frívolo se traduz muitas vezes em incoerências facilmente detectáveis entre nós.

A educação ética é descuidada no ensino e os fundamentos da vida moral são eliminados, e depois estranhamos que aumente a corrupção na vida pública.

Incita-se a ganância pelo dinheiro fácil, promovem-se os jogos de azar e depois lamentamos que se criem fraudes e negócios sujos. Os filhos são educados na insolidariedade e na busca egoísta de seu próprio interesse, e mais tarde nos surpreende que eles não se entendam com seus pais idosos.

Protestamos diante do número alarmante de violações e agressões sexuais de todo tipo, mas continuamos fomentando o desenfreio sexual de muitas maneiras. Exalta-se o amor livre e se trivializam as relações extramatrimoniais, mas ao mesmo tempo nos irritamos diante do sofrimento inevitável dos fracassos e rupturas dos casamentos.

Cada um se dedica ao que é seu, ignorando quem não lhe sirva para seu interesse ou prazer imediato, e depois estranhamos sentir-nos terrivelmente sós. Ficamos alarmados diante desta praga moderna da depressão e do "estresse", mas continuamos fomentando um modo de vida agitado, superficial e vazio.

Só podemos libertar-nos da frivolidade despertando da inconsciência, reagindo com vigor e aprendendo a viver de maneira mais lúcida. É este precisamente o grito do Evangelho: "Despertai. Sacudi-vos do sono. Sede lúcidos". Nunca é tarde para escutar o convite de Jesus a "viver vigilantes", despertando de tanta frivolidade e assumindo a vida de maneira mais responsável.

REORIENTAR NOSSA VIDA

Nem sempre é fácil dar nome a esse mal-estar profundo e persistente que podemos sentir em algum momento da vida. Assim me confessaram em muitas ocasiões pessoas que, por outro lado, buscavam "algo diferente", uma nova luz, talvez uma experiência capaz de dar um novo colorido a seu viver cotidiano.

Podemos chamar este mal-estar de "vazio interior", insatisfação, incapacidade de encontrar algo sólido capaz de preencher o desejo de viver intensamente. Talvez fosse melhor chamá-lo de "aborrecimento", cansaço de viver sempre o mesmo, sensação de não acertar com o segredo da vida: estamos nos equivocando em algo essencial e não sabemos exatamente em quê.

Às vezes a crise adquire um tom religioso. Será que podemos falar de "perda da fé"? Já não sabemos mais em que crer, nada consegue iluminar-nos por dentro, abandonamos a religião ingênua de outros tempos, mas não a substituímos por nada melhor. Pode então crescer em nós uma sensação estranha: ficamos sem nenhuma chave para orientar nossa vida. O que podemos fazer?

Primeiramente não ceder à tristeza nem ao aborrecimento: tudo está nos convidando a viver. Dentro desse mal-estar tão persistente há algo muito saudável: nosso desejo de viver algo mais positivo e menos postiço, algo mais digno e menos artificial. O que precisamos é reorientar nossa vida. Não se trata de corrigir um aspecto concreto de nossa pessoa. Isso virá talvez depois. Agora o importante é ir ao essencial, encontrar uma fonte de vida e de salvação.

Por que não paramos para ouvir esse apelo urgente de Jesus a despertar? Precisamos ouvir, sim, essas suas palavras: "Vigiai, dai-vos conta do momento que viveis", "é hora de despertar". Todos devemos perguntar-nos o que é que estamos descuidando em nossa vida, o que é que temos de mudar e a que devemos dedicar mais atenção e mais tempo.

As palavras de Jesus são dirigidas a todos e a cada um: "Vigiai". Temos que reagir. Se o fizermos, viveremos um desses raros momentos em que nos sentimos "despertos" do mais profundo de nosso ser.

37

COM AS LÂMPADAS ACESAS

Jesus contou a seus discípulos esta parábola:
"O Reino dos Céus será semelhante a dez virgens que saíram com suas lâmpadas ao encontro do noivo. Cinco eram tolas e cinco prudentes. Pegando as lâmpadas, as tolas não levaram óleo consigo. Mas as prudentes levaram reservas de óleo junto com as lâmpadas. Como o noivo demorasse, todas cochilaram e adormeceram. À meia-noite ouviu-se um grito: 'Lá vem o noivo! Saí-lhe ao encontro'. Todas as virgens acordaram e se puseram a preparar as lâmpadas. As tolas disseram às prudentes: 'Dai-nos um pouco de vosso óleo, porque nossas lâmpadas estão se apagando'. Mas as prudentes responderam: 'Não temos o suficiente para nós e para vós; é melhor irdes aos vendedores comprar'. Enquanto elas foram comprar, chegou o noivo. As que estavam prontas entraram com ele para a festa do casamento, e a porta foi fechada. Mais tarde chegaram as outras virgens e gritaram: 'Senhor, senhor, abre-nos a porta'. Mas ele respondeu: 'Na verdade, não vos conheço'. Vigiai, pois, porque não sabeis nem o dia nem a hora" (Mt 25,1-13).

ANTES QUE SEJA TARDE

Mateus escreveu seu Evangelho em momentos críticos para os seguidores de Jesus. A vinda de Cristo estava atrasando. A fé de muitos estava relaxando. Era necessário reavivar a conversão primeira lembrando uma parábola de Jesus.

O relato nos fala de uma festa de casamento. Um grupo de jovens, cheias de alegria, "sai para esperar o noivo". Nem todas vão bem-preparadas. Umas levam consigo óleo para acender suas lâmpadas; as outras nem se lhes ocorreu pensar nisto. Acham que basta levar as lâmpadas em suas mãos. Como o noivo tarda a chegar, "todas cochilam e acabam dormindo". Os problemas começam quando se anuncia a chegada do noivo. As jovens prevenidas acendem suas lâmpadas e entram com ele no banquete. As tolas se veem obrigadas a ir comprar o óleo. Quando voltam, "a porta já está fechada". É tarde demais. É um erro andar buscando um significado secreto para o "óleo": será uma alegoria para falar do fervor espiritual, da vida interior, das boas obras, do amor...? A parábola é simplesmente um convite a viver a adesão a Cristo de maneira responsável e lúcida, agora mesmo, antes que seja tarde. Cada um deve saber que precauções deve tomar.

É uma irresponsabilidade chamar-nos de cristãos e viver a própria religião sem fazer mais esforços para parecer-nos com Cristo. É um erro viver com autocomplacência na própria Igreja, sem propor-nos uma verdadeira conversão aos valores evangélicos. É próprio de pessoas inconscientes sentir-se seguidoras de Jesus sem "entrar" no projeto de Deus que Ele quis pôr a caminho.

Nestes momentos em que é tão fácil "relaxar", cair no ceticismo e "ir caminhando" pelos caminhos seguros de sempre, só encontro uma maneira de estar na Igreja: convertendo-nos a Jesus Cristo.

ESPERAR JESUS COM AS LÂMPADAS ACESAS

Entre os primeiros cristãos havia, sem dúvida, discípulos "bons" e discípulos "maus". Mas, ao escrever seu Evangelho, Mateus se preocupa sobretudo em lembrar que, dentro da comunidade cristã, há discípulos "sensatos" que estão atuando de maneira responsável, e discípulos "tolos" que agem de maneira frívola e descuidada. O que isto quer dizer?

Mateus lembra duas parábolas de Jesus. A primeira é bem clara. Há pessoas que "ouvem as palavras de Jesus" e "as põem em prática". Tomam a sério o Evangelho e o traduzem em vida. São como o "homem prudente" que constrói sua casa sobre rocha. É o setor mais responsável: os que vão construindo sua vida e a vida da Igreja sobre a verdade de Jesus.

Mas há também aqueles que ouvem as palavras de Jesus e "não as põem em prática". Estes são tão "tolos" como o homem que "edifica sua casa sobre areia". Sua vida é um disparate. Se fosse só por eles, o cristianismo seria pura fachada, sem fundamento real em Jesus.

Esta parábola nos ajuda a captar a mensagem fundamental de outro relato no qual um grupo de jovens, cheias de alegria, sai para esperar o noivo, a fim de acompanhá-lo na festa de seu casamento. Desde o começo nos é avisado que umas são "prudentes" e outras "tolas".

As "prudentes" levam consigo óleo para manter acesas as suas lâmpadas; as "tolas" não pensam em nada disto. O noivo tarda a chegar, mas chega pela meia-noite. As "prudentes" saem com suas lâmpadas a iluminar o caminho, acompanham o noivo e "entram com ele" na festa. As "tolas", por sua vez, não sabem como resolver seu problema: "suas lâmpadas se apagam". Assim não podem acompanhar o noivo. Quando chegam é tarde. A porta já esta fechada.

A mensagem é clara e urgente. É uma insensatez continuar escutando o Evangelho sem fazer um esforço maior para convertê-lo em vida: é construir um cristianismo sobre areia. E é um ato néscio ou tolo confessar Jesus Cristo com uma vida apagada, vazia de seu espírito e sua verdade: é esperar Jesus com as "lâmpadas apagadas". Jesus pode tardar, mas nós não podemos adiar mais a nossa conversão.

CRENTES POUCO PRUDENTES

São muitas as parábolas em que Jesus repete, de uma maneira ou de outra, a mesma mensagem: "O melhor que tendes é a esperança. Não deveis perdê-la. Procurai mantê-la viva. Não apagueis vosso anseio de vida eterna. Esperai com o coração ardendo. Sede lúcidos. Não há nada mais triste do que uma pessoa 'acabada' que perdeu a esperança em Deus".

Jesus não utiliza uma linguagem moral. Para Ele, deixar que se apague em nós a esperança não é um pecado, é uma insensatez. As jovens da parábola que deixam que se apague sua lâmpada antes que chegue o noivo, são "néscias", pois não souberam manter viva sua espera. Não se preocuparam com o mais importante que há de fazer o ser humano: esperar Deus até o final.

Não é fácil escutar hoje esta mensagem. Perdemos a capacidade de viver algo intensamente de maneira duradoura. A passagem do tempo desgasta tudo. Ao ser humano de nossos dias só parece fasciná-lo o novo, o atual, o momento presente. Não conseguimos viver algo de maneira viva e permanente sem deixá-lo enlanguescer.

Encontramos uma maneira mais razoável e sensata de olhar o futuro. Somos mestres em fazer todo tipo de cálculos e previsões para não correr riscos no futuro. Preocupamo-nos em assegurar nossa saúde e garantir nosso nível de vida; planejamos nossa aposentadoria e organizamos uma velhice tranquila para nós. Tudo isto é muito bom, mas não deixamos de ser insensatos, se não reconhecemos algo que é evidente: todas estas seguranças fabricadas por nós são inseguras.

A advertência evangélica não é irracional ou absurda. Jesus convida simplesmente a viver no horizonte da vida eterna, sem enganar-nos ingenuamente sobre a caducidade e os limites desta vida: "Que previsões fazeis além do visível e do transitório? Onde pensais encontrar segurança quando vossas seguranças vão desmoronar?"

Manter desperta a esperança significa não contentar-se com qualquer coisa, não desesperar do ser humano, não perder nunca o anseio de "vida eterna" para todos, não deixar de buscar, de crer e de confiar. Ainda que não o saibam, aqueles que vivem assim estão esperando a vinda de Deus.

SERES HUMANOS ACABADOS

É surpreendente a insistência com que Jesus fala da vigilância. São muitas as parábolas que nos convidam a adotar uma atitude vigilante diante da vida. Nossa maior insensatez seria viver "sem horizonte", submergir no presente sem outra perspectiva mais ampla, afogar nossa vocação de infinito na vulgaridade de uma vida superficial e satisfeita.

A esperança cristã não é algo defasado. Por um lado, pode libertar-nos de um otimismo ingênuo que pensa que o ser humano pode dar a si mesmo tudo que anda buscando. Por outro lado, pode despertar-nos da passividade própria de quem se sente resignado ou satisfeito.

O ser humano não tem só "necessidades" que se extinguem quando satisfeitas. O específico do ser humano é "o desejo" que não se sacia nunca, visto que está aberto ao infinito e universal: desejo de amor, de verdade, de plenitude, de felicidade total. "Não há nada alcançado definitivamente para o ser humano" (L. Aragon). Nada pode satisfazê-lo por completo.

Nosso maior erro é permanecer na mera satisfação de algumas de nossas necessidades. Será que não existem entre nós homens e mulheres "acabados", sem nenhum desejo de superação, tediosamente instalados numa vida satisfeita? Não existem pessoas que, no fundo, desejam que nada mude? São indivíduos concentrados sobre si mesmos, insensíveis à dor alheia, pessoas cuja "lâmpada" do amor gratuito e generoso já se "apagou" há muito tempo.

O Evangelho nos convida à vigilância. A esperança cristã não instala na inconsciência. Ao contrário, inquieta, anima nossa responsabilidade e criatividade, não nos deixa descansar. Uma pessoa que mantém acesa a lâmpada da esperança é uma pessoa eternamente insatisfeita, que nunca está de todo contente, nem consigo mesma, nem com o mundo em que vive. Precisamente por isso, pode-se vê-la comprometida onde se está lutando por uma vida melhor e mais libertada.

Estes são os crentes "prudentes ou sensatos" de que tanto necessita nossa sociedade. Pessoas de esperança incansável. Homens e mulheres que sabem que o crescimento do nível de vida não é a última salvação que apaziguará o ser humano. Crentes que lutam por um mundo mais humano, mas sabem que nunca será um mero desenvolvimento de nossos esforços, mas uma dádiva daquele em quem vamos encontrar um dia a plenitude.

QUANDO SE APAGA A ESPERANÇA

Pensamos às vezes que o contrário da esperança é o desespero. Nem sempre é assim. Numa época de crise como a nossa, a perda de esperança se manifesta sobretudo numa atitude de desesperança que vai penetrando tudo. É fácil observar hoje este "desgaste" da esperança em grande número de pessoas.

Às vezes, o traço mais evidente deste desgaste é a atitude negativa diante da vida. Quem perde a esperança vai vendo tudo de maneira cada vez mais obscura. Não é capaz de captar o bom e o belo que existe na vida. Não consegue ver o lado positivo das coisas, das pessoas e dos acontecimentos. Tudo está mal, tudo é inútil. Nessa atitude desesperançada, a pessoa vai desperdiçando suas melhores energias.

A falta de esperança se manifesta outras vezes numa perda de confiança. A pessoa já não espera mais alguma grande coisa da vida, da sociedade e dos outros. Principalmente não espera muita coisa de si mesma. Por isso vai rebaixando aos poucos suas aspirações. Sente-se mal consigo mesma, mas não é capaz de reagir. Não sabe onde encontrar forças para viver. O mais fácil então é cair na passividade e no ceticismo.

A desesperança também pode vir acompanhada da tristeza. A alegria de viver desaparece. A pessoa ri e se diverte por fora, mas existe algo que morreu em seu interior. O mau humor, o pessimismo e a amargura estão cada vez mais presentes. Nada vale a pena. Não há um "porquê", uma razão para viver. A única coisa que resta é deixar-se levar pela vida.

Às vezes a falta de esperança se manifesta simplesmente no cansaço. A vida se converte numa carga pesada, difícil de aguentar. Falta impulso, resolução e entusiasmo. A pessoa se sente cansada de tudo. Não é uma fadiga normal resultante de um trabalho ou atividade extenuante. É um cansaço vital, um tédio profundo que nasce de dentro e envolve toda a vida da pessoa.

Sem dúvida são muitos os fatores que podem gerar este desmoronamento da esperança, mas muitas vezes tudo começa com a perda de "vida interior". O problema de muitas pessoas não é "ter problemas", mas não ter força interior para enfrentá-los.

Quero lembrar umas palavras desse filósofo agnóstico, tão pouco suspeito de devaneios espirituais, que é Rafael Argullol: "Creio que sob nossa aparência de fortaleza material e técnica há uma fraqueza substancial. A silhueta espiritual do ser humano vai-se adelgaçando". Segundo o escritor catalão, essa "delgadeza espiritual" está na origem do medo, da insegurança e da inconsistência do ser humano contemporâneo.

São momentos de recordar a parábola de Jesus e sua advertência. É uma insensatez deixar que se extinga "o óleo de nossas lâmpadas". Uma pessoa vazia de espírito e empobrecida interiormente não pode caminhar para seu verdadeiro progresso, nem orientar-se para sua salvação definitiva. Às vezes, o traço mais evidente é a atitude negativa.

38
NÃO AO CONSERVADORISMO

Jesus contou esta parábola a seus discípulos:
"Um homem que ia viajar para o exterior chamou os seus servos e confiou-lhes seus bens. Deu a um cinco talentos, a outro dois e ao terceiro um, segundo a capacidade de cada um. Depois partiu.
Imediatamente, o que recebeu cinco talentos saiu e negociou com eles, ganhando outros cinco. Do mesmo modo, o que recebeu dois talentos ganhou outros dois. Mas o que recebeu um, cavou um buraco na terra e escondeu o dinheiro de seu senhor.
Passado muito tempo, voltou o senhor e pediu contas àqueles servos. O que tinha recebido cinco talentos aproximou-se e apresentou outros cinco: 'Senhor, disse, confiaste-me cinco talentos; aqui tens outros cinco que ganhei'. O senhor disse-lhe: 'Muito bem, servo bom e fiel, foste fiel no pouco, eu te confiarei muito; vem alegrar-te com teu senhor. Aproximou-se o servo dos dois talentos e disse: 'Senhor, dois talentos me deste, aqui tens outros dois que ganhei'. O senhor lhe disse: 'Muito bem, servo bom e fiel; foste fiel no pouco, eu te confiarei muito; vem alegrar-te com teu senhor'. Finalmente aproximou-se também o que tinha recebido apenas um talento e disse: 'Senhor, sei que és homem duro, que colhes onde não semeaste e recolhes onde não espalhaste. Por isso tive medo e fui esconder teu talento debaixo da terra; aqui tens o que é teu'. Respondeu o senhor: ' Servo mau e preguiçoso, sabias que colho onde não semeei e recolho onde não espalhei. Devias, pois, depositar meu dinheiro num banco para, na volta, eu

receber com juros o que é meu. Tirai-lhe o talento e dai-o ao que tem dez. Pois ao que tem muito, mais lhe será dado e ele terá em abundância. Mas ao que não tem, até mesmo o que tem lhe será tirado. Quanto a este servo inútil, jogai-o lá fora na escuridão. Ali haverá choro e ranger de dentes" (Mt 25,14-30).

NÃO ENTERRAR A VIDA

A Parábola dos Talentos é sem dúvida uma das mais conhecidas. Antes de sair em viagem, um senhor confiou seus bens a três de seus servos. Os dois primeiros se põem de imediato a trabalhar. Quando o senhor regressa, apresentam-lhe os resultados: ambos haviam duplicado os talentos recebidos. Seu esforço é premiado com generosidade, pois souberam responder às expectativas de seu senhor.

A atuação do terceiro servo é estranha. A única coisa que lhe ocorre é "esconder debaixo da terra" o talento recebido e conservá-lo seguro até o fim. Quando volta o patrão, o servo vai entregar-lhe o talento pensando que havia correspondido fielmente aos desejos dele: "Aqui tens o que é teu". O senhor o condena. Este servo "negligente e preguiçoso" não entendeu nada. Só pensou em sua segurança.

A mensagem de Jesus é clara. Não ao conservadorismo, sim à criatividade. Não a uma vida estéril, sim ao esforço arriscado por transformar o mundo. Não à fé enterrada sob o conformismo, sim ao seguimento comprometido de Jesus.

É muito tentador viver sempre evitando problemas e buscando tranquilidade: não comprometer-nos em nada que possa complicar nossa vida, defender nosso mesquinho bem-estar. Não há melhor forma de viver uma vida estéril, pequena e sem horizonte.

Acontece o mesmo na vida cristã. Nosso maior risco não é sairmos dos esquemas de sempre e cair em inovações exageradas, mas congelar nossa fé e apagar o frescor do Evangelho. Temos de perguntar-nos o que estamos semeando na sociedade, a quem transmitimos esperança, onde aliviamos sofrimento.

Seria um erro apresentar-nos diante de Deus com a atitude do terceiro servo: "Aqui tens o que é teu. Aqui está teu Evangelho, o projeto de teu reino, tua mensagem de amor aos que sofrem. Nós o conservamos fielmente. Não serviu para transformar nossa vida, nem para introduzir teu reino no mundo. Não quisemos correr risco. Mas aqui o tens intacto".

Despertar a responsabilidade

A Parábola dos Talentos é um relato aberto que se presta a leituras diversas. De fato, comentaristas e pregadores a interpretaram com frequência num sentido alegórico orientado em diferentes direções. É importante concentrar-nos na atuação do terceiro servo que ocupa a maior atenção e espaço na parábola.

A conduta desse servo é estranha. Enquanto os outros servos se dedicam a fazer lucrar os bens que o senhor lhes confiou, ao terceiro não lhe ocorre nada melhor do que "esconder debaixo da terra" o talento recebido para conservá-lo em segurança. Quando o senhor chega, o condena como servo "negligente e preguiçoso" que não entendeu nada. Como se explica este seu comportamento?

Este servo não se sente identificado com seu senhor, nem com seus interesses. Em nenhum momento age movido pelo amor. Não ama seu senhor, só tem medo dele. E é precisamente este medo que o leva a agir buscando sua própria segurança. Ele mesmo explica tudo: "Tive medo e fui esconder meu talento debaixo da terra".

Este servo não entende em que consiste sua verdadeira responsabilidade. Pensa que está respondendo às expectativas de seu senhor conservando seu talento em segurança, ainda que improdutivo. Não conhece o que é uma fidelidade ativa e criativa. Não se compromete nos projetos de seu senhor. Quando este chega, ele lhe diz claramente: "Aqui tens o que é teu".

Parece que nesses momentos em que o cristianismo de muitas pessoas chegou a um ponto em que o primordial é "conservar" e não tanto buscar com coragem caminhos novos para acolher, viver e anunciar seu projeto do Reino de Deus, temos de escutar atentamente a parábola de Jesus. Hoje Ele a diz para nós.

Se nunca nos sentimos chamados a seguir as exigências de Cristo além do ensinado e mandado sempre; se não arriscamos nada para fazer uma Igreja mais fiel a Jesus; se nos mantivemos alheios a qualquer conversão que possa complicar nossa vida; se não assumimos a responsabilidade do reino, como o fez Jesus, buscando "vinho novo em odres novos", é que precisamos aprender a fidelidade ativa, criativa e arriscada, à qual nos convida sua parábola.

O medo de correr riscos

Com frequência se entende a religião como um sistema de crenças e práticas que servem para proteger-se de Deus, mas não ajudam a viver de maneira criativa. Esta religião leva a uma vida triste e estéril, onde o importante é viver seguros diante de Deus, mas nela falta alegria e dinamismo.

Temos que dizê-lo sem rodeios: no fundo dessa religião só há medo. Quem busca proteger-se de Deus é que tem medo dele. Essa pessoa não ama a Deus, não confia nele, nem desfruta de sua misericórdia. Só o teme e, por isso, busca na religião o remédio para seus medos e fantasmas.

Depois de Jesus já não temos mais direito de entender e viver assim a religiosidade. Deus não é um tirano que atemoriza as pessoas, buscando egoisticamente seu próprio interesse, mas um Pai que confia a cada um o grande dom da vida. Por isso Jesus imagina seus seguidores não como "observantes piedosos" de uma religião, mas como crentes audaciosos dispostos a correr riscos e superar dificuldades para "criar" uma vida mais digna e feliz para todos. Um discípulo de Jesus se sente chamado a tudo, menos a enterrar sua vida de maneira estéril.

O terceiro servo da parábola é condenado não por fazer algo mau, mas porque, paralisado pelo medo de seu senhor, "enterra" os talentos que lhe foram confiados. A mensagem é bem clara: não se pode devolver a Deus a vida dizendo: "Aqui está o que é teu. A vida que me deste não serviu para nada!" É um erro pensar que se pode viver uma vida "religiosamente correta", sem arriscar-nos a viver o amor de maneira mais audaciosa e criativa.

Quem só procura cuidar de sua vida, protegê-la e defendê-la, acaba pondo-a a perder. Quem não segue as aspirações mais nobres de seu coração, por medo de fracassar, já está fracassando. Quem não toma iniciativa por medo de equivocar-se, já está se equivocando. Quem só se dedica a conservar sua virtude e sua fé, corre o risco de enterrar sua vida. No final não teremos cometido grandes erros, mas também não teremos vivido.

Jesus é um convite para viver intensamente. Só devemos temer uma coisa que é viver sempre com medo de arriscar-nos, com medo de sair do "correto", sem audácia para renovar-nos, sem coragem para atualizar o Evangelho, sem fantasia para inventar o amor cristão.

CRÍTICA DE JESUS AO CONSERVADORISMO

Ninguém se atreveria hoje a fazer uma crítica tão radical ao conservadorismo cristão como a que Jesus faz nesta Parábola dos Talentos. Não devemos esquecer que o terceiro servo da parábola é condenado não porque tenha cometido alguma maldade, mas porque se limitou a conservar esterilmente o recebido sem fazê-lo frutificar.

O que Jesus critica não é simplesmente "o pecado de omissão", mas a atitude conservadora de quem, com medo do risco, reduz a fé a mera autoconservação, impedindo seu crescimento e expansão.

Não devemos ter em vista os outros. O medo do risco e a tentação fácil do conservadorismo estão à espreita de todos nós. Mas esse medo não é cristão e pode ocultar uma falta de fé na força que se encerra no Evangelho.

É explicável que os dirigentes religiosos se preocupem nestes momentos em assegurar a ortodoxia e pôr ordem no interior da Igreja, mas será que é isso que vai revitalizar o espírito dos que creem?

Para os teólogos pode ser mais cômodo "repetir" uma teologia herdada, ignorando as interrogações, intuições e valores do ser humano moderno, mas será que não se esteriliza assim o cristianismo, fazendo-o aparecer como uma relíquia historicamente superada?

Para os pastores pode ser mais fácil e gratificante "restaurar" formas religiosas tradicionais para oferecê-las aos que ainda se aproximam do templo, mas será que é essa a maneira mais evangélica de fazer frutificar hoje a força salvadora de Jesus Cristo nas novas gerações?

Hoje pode parecer a todos nós mais certo e prudente defender a fé numa espécie de gueto, e esperar que cheguem tempos melhores, mas será que não é mais evangélico viver no meio da sociedade atual, esforçando-nos para construir um mundo melhor e mais humano?

A atitude conservadora é tanto mais perigosa na medida em que não se apresenta sob seu próprio nome, mas invocando a ortodoxia, o sentido de Igreja ou a defesa dos valores cristãos. Mas será que não é, mais uma vez, uma maneira de congelar o Evangelho?

A Igreja não perde sua força e vigor evangélico por causa dos ataques que recebe de fora, mas porque dentro dela não somos capazes de confiar radicalmente no Espírito, e de responder de maneira audaciosa e arriscada aos desafios do nosso tempo.

O mais grave é que, imitando o servo da parábola, cremos que estamos respondendo fielmente a Deus com nossa postura conservadora, quando na realidade estamos defraudando suas expectativas.

Nossa tarefa não é conservar o passado

A missão da Igreja não é conservar o passado. Ninguém pode colocar em dúvida sua necessidade de alimentar-se na experiência fundadora de Cristo, nem sua necessidade de reavivar continuamente o melhor que o Espírito de Jesus gerou ao longo dos séculos. Mas a Igreja não deve converter-se em monumento do passado. Não adianta nada sermos fiéis ao passado, quando esse passado dificilmente guarda relação com as interrogações e desafios do presente.

O objetivo da Igreja também não é sobreviver. Isto significaria esquecer sua missão mais profunda que é comunicar em cada momento histórico a Boa Notícia de um Deus Pai que deve ser estímulo, horizonte e esperança para o ser humano. Não adianta nada restaurar o passado se não somos capazes de transmitir algo significativo aos homens e mulheres de hoje.

Por isso as virtudes que devemos desenvolver no interior da Igreja atual não se chamam "prudência", "conformidade", "resignação", "fidelidade ao passado". Devem levar muito mais o nome de "audácia", "capacidade de assumir risco", "busca criativa", "escuta do Espírito" que faz tudo novo. Arriscar não é um caminho fácil para nenhuma instituição, também não para a Igreja. Mas não há outro, se quisermos comunicar a experiência cristã num mundo que mudou radicalmente.

Quando se vive do Espírito criador de Deus, pertencer a uma instituição que tem dois mil anos não é uma desculpa para não arriscar-se. Algo está falhando na Igreja, se a própria segurança se torna mais importante do que a busca criativa e arriscada de caminhos novos, para comunicar ao ser humano de hoje o Evangelho e a esperança cristã.

O erro mais grave do "terceiro servo" da parábola evangélica não é ter enterrado seu talento sem fazê-lo frutificar, mas pensar equivocadamente que está respondendo fielmente a Deus com sua postura conservadora, a salvo de todo risco. O fato de não mudar nada não significa que estamos sendo fiéis a Deus. Nossa suposta fidelidade pode ocultar algo como rigidez, covardia, imobilismo, comodidade e, em última análise, falta de fé na criatividade do Espírito. A verdadeira fidelidade a Deus não se vive a partir da passividade e da inércia, mas a partir da vitalidade e do risco de quem trata de escutar hoje seus chamados.

39

UM JUÍZO SURPREENDENTE

Disse Jesus a seus discípulos:
"Quando o Filho do homem vier em sua glória com todos os seus anjos, então se assentará em seu trono glorioso. Em sua presença, todas as nações se reunirão e Ele vai separar uns dos outros, como o pastor separa as ovelhas dos cabritos. Colocará as ovelhas à sua direita e os cabritos à esquerda.
E o rei dirá aos que estiverem à sua direita: 'Vinde, abençoados por meu Pai! Tomai posse do reino preparado para vós desde a criação do mundo. Porque tive fome e me destes de comer, tive sede e me destes de beber, fui peregrino e me acolhestes, estive nu e me vestistes, enfermo e me visitastes, estava na cadeia e viestes ver-me'. E os justos perguntarão: 'Senhor, quando foi que te vimos com fome e te alimentamos, com sede e te demos de beber? Quando foi que te vimos peregrino e te acolhemos, nu e te vestimos? Quando foi que te vimos enfermo ou na cadeia e fomos visitar-te?' E o rei dirá: 'Eu vos garanto: todas as vezes que fizestes isso a um desses meus irmãos menores, a mim o fizestes'.
Depois dirá aos da esquerda: 'Afastai-vos de mim, malditos, para o fogo eterno, preparado para o diabo e seus anjos. Porque eu tive fome e não me destes de comer, tive sede e não me destes de beber, fui peregrino e não me destes abrigo; estive nu e não me vestistes, enfermo e na cadeia e não me visitastes'. E eles perguntarão: 'Senhor, quando foi que te vimos faminto ou sedento, peregrino ou enfermo, ou na cadeia e não te servimos?' E Ele lhes responderá: 'Eu vos garanto: quando deixastes de fazer isso a um desses pe-

queninos, foi a mim que não o fizestes'. E estes irão para o castigo eterno enquanto os justos, para a vida eterna" (Mt 25,31-46).

UM JUÍZO SURPREENDENTE

As fontes não admitem dúvidas. Jesus vive voltado para aqueles que vê necessitados de ajuda. É incapaz de passar ao largo. Nenhum sofrimento lhe é alheio. Identifica-se com os mais pequenos e desvalidos e faz por eles o que pode. Para Ele, a compaixão é o primordial. O único modo de parecer-nos com Deus: "Sede compassivos como vosso Pai é compassivo".

Não deveríamos estranhar que, ao falar do juízo final, Jesus apresente a compaixão como o critério último e decisivo que julgará nossas vidas e nossa identificação com Ele. Como então surpreender-nos que se apresente identificado com todos os pobres e desgraçados da história?

Segundo o relato de Mateus, "todas as nações" compareçem diante do Filho do homem, isto é, diante de Jesus, o compassivo. Não se faz nenhuma diferença entre "povo eleito" e "povos pagãos". Nada se diz das diferentes religiões e cultos. Fala-se de algo muito humano e que todos entendem: o que fizemos com os que viveram sofrendo junto a nós?

O evangelista não se detém propriamente a descrever os detalhes de um julgamento. O que ele destaca é um duplo diálogo que lança uma luz imensa sobre o nosso presente, e nos abre os olhos para ver que, em última análise, há duas maneiras de reagir diante dos que sofrem: compadecer-nos e ajudá-los ou fazer-nos de desentendidos e abandoná-los.

Quem fala é um juiz que se identifica com todos os pobres e necessitados: "Cada vez que ajudastes a um desses meus pequenos irmãos, a mim o fizestes". Aqueles que se aproximaram para ajudar a um necessitado, aproximaram-se dele. Por isso estarão junto com Ele no reino: "Vinde, benditos de meu Pai!"

Depois dirige-se aos que viveram sem compaixão: "Cada vez que não ajudastes a um destes pequenos, deixastes de fazê-lo a mim". Aqueles que se afastaram dos que sofrem, afastaram-se de Jesus. É lógico que agora lhes diga: "Afastai-vos de mim". Segui vosso caminho.

Nossa vida está sendo julgada agora mesmo. Não há que esperar nenhum julgamento. É agora que estamos nos aproximando ou afastando dos que sofrem. É agora que estamos nos aproximando ou afastando de Cristo. Agora estamos decidindo nossa vida.

O DECISIVO NÃO É A RELIGIÃO

A Parábola do "Juízo Final" é, na verdade, uma descrição grandiosa do veredicto final sobre a história humana. Não é fácil reconstruir o relato original de Jesus, mas a cena nos permite captar a "revolução" que introduziu na orientação do mundo.

Ali estão pessoas de todas as raças e povos, de todas as culturas e religiões. Vai ser ouvida a última palavra que esclarecerá tudo. Dois grupos vão emergindo daquela multidão. Uns são chamados a receber a bênção de Deus: são os que se aproximaram com compaixão dos necessitados. Outros são convidados a afastar-se: são os que viveram indiferentes ao sofrimento dos outros.

O que vai decidir a sorte final não é a religião na qual viveram, nem a fé que confessaram durante sua vida. O decisivo é viver com compaixão, ajudando a quem sofre e necessita de nossa ajuda. O que se faz a pessoas famintas, imigrantes, indefesos, enfermos, desvalidos ou encarcerados esquecidos por todos, está sendo feito ao próprio Deus, encarnado em Jesus. A religião mais agradável ao Criador é a ajuda ao que sofre.

Na cena evangélica não se pronunciam grandes palavras como "justiça", "solidariedade" ou "democracia". Todas essas pouco importam, se não houver ajuda real aos que sofrem. Jesus fala de comida, roupa para vestir, algo para beber, um teto para abrigar-se.

Também não se fala de "amor". Para Jesus, essa linguagem lhe parece muito abstrata. Praticamente Ele nunca a usou. Aqui se fala de coisas bem concretas como "dar de comer", "vestir", "hospedar", "visitar", "acudir". No "entardecer da vida" não seremos examinados sobre o "amor"; seremos examinados sobre o que fizemos em concreto diante das pessoas que precisavam de nossa ajuda.

Este é o grito de Jesus a toda a humanidade: ocupai-vos com os que sofrem, cuidai dos pequenos. Em parte nenhuma se construirá vida assim como Deus a quer, a não ser libertando as pessoas do sofrimento. Nenhuma religião será abençoada por Ele, se ela não gerar compaixão para com os últimos.

A SURPRESA FINAL

Nós cristãos levamos vinte séculos falando de amor. Repetimos constantemente que o amor é o critério último de toda atitude e comportamento. Afirmamos que a partir do amor será pronunciado o juízo definitivo sobre todas as pessoas, estruturas e realizações dos seres humanos. Não obstante, com essa linguagem tão bela do amor, podemos muitas vezes estar ocultando a mensagem autêntica de Jesus, muito mais direta, simples e concreta.

É surpreendente observar que Jesus dificilmente pronuncia nos evangelhos a palavra "amor", também não nesta parábola que nos descreve a sorte final da humanidade. No final não seremos julgados de maneira geral sobre o amor, mas sobre algo muito mais concreto: O que fizemos quando encontramos com alguém que precisava de nós? Como reagimos diante dos problemas e sofrimentos de pessoas concretas que fomos encontrando no nosso caminho?

O decisivo na vida não é o que dizemos ou pensamos, o que cremos ou escrevemos. Tampouco bastam os belos sentimentos ou os protestos estéreis. O importante é ajudar a quem precisa de nós.

Os cristãos, em sua maioria, sentem-se satisfeitos e tranquilos porque não fazem nenhum mal especialmente grave a ninguém. Mas esquecem que, segundo a advertência de Jesus, estão preparando seu fracasso final sempre que fecham seus olhos às necessidades alheias, sempre que eludem qualquer responsabilidade que não seja em benefício próprio, sempre que se contentam em criticar tudo, sem estender a mão a ninguém.

A parábola de Jesus nos obriga a fazer-nos perguntas bem concretas: Estou fazendo algo por alguém? A que pessoas posso prestar ajuda? O que faço para que reine um pouco mais de justiça, solidariedade e amizade entre nós? O que mais eu poderia fazer?

O último e decisivo ensinamento de Jesus é este: o Reino de Deus é e sempre será dos que amam o pobre e o ajudam em sua necessidade. Isto é o essencial e definitivo. Um dia nossos olhos se abrirão e vamos descobrir com surpresa que o amor é a única verdade, e que Deus reina ali onde há homens e mulheres capazes de amar e preocupar-se com os outros.

MAIS DO QUE UMA ESMOLA

É bom lembrar o *teste* definitivo de nossa vida, ainda que sintamos mais uma vez mal-estar diante da Palavra de Jesus. Nossa sorte será decidida a partir do nosso comportamento prático diante do sofrimento dos pobres, famintos, enfermos, encarcerados... A pergunta será esta: O que fizeste diante desse irmão que encontraste sofrendo em teu caminho?

Nós gostaríamos que tudo se resolvesse de uma maneira muito mais simples: dando dinheiro, trazendo nossa esmola e contribuindo nas coletas. Mas as coisas não são tão simples. "As exigências do amor que aqui são pedidas não se satisfazem com o sacramento do dinheiro, pela simples razão de que a própria maneira de adquirir este dinheiro torna a incrementar a pobreza que com ele se quer remediar" (Johann Baptist Metz).

O amor aos necessitados não pode reduzir-se a "dar dinheiro", entre outras razões porque não tem sentido expressar nossa solidariedade e compaixão pelo necessitado com um dinheiro adquirido, talvez, de maneira não solidária e sem nenhuma forma de compaixão.

Para o homem bíblico, a esmola tinha um conteúdo profundo que hoje nos escapa. A esmola é designada em hebraico pelo termo *sedaqá*, que significa "justiça". Poderíamos dizer que "dar esmola" equivale a "fazer justiça", em nome de Deus, àqueles a quem os seres humanos não a fazem.

Nosso amor aos necessitados não pode reduzir-se a uma ação assistencial, ainda que esta seja totalmente imprescindível diante de situações que não admitem demora. Temos que descobrir a injustiça que se encerra em nossa vida, aprendendo aos poucos a olhar-nos a nós mesmos e olhar nossos bens a partir dos olhos das pessoas e dos povos pobres.

Hoje como nunca se pede de nós que se dê um copo de água a quem encontramos sedento, mas além disso se pede que se vá transformando nossa sociedade a serviço dos mais necessitados e desprovidos.

Diante das injustiças concretas de nossa sociedade, um cristão não pode pretender uma neutralidade ingênua, dizendo que não se quer "meter em política". De uma maneira ou de outra, com nossas atuações ou com nossa passividade, todos "fazemos política", tanto os indivíduos como as instituições.

Por isso não se trata de decidir se faremos política ou não, mas de ponderar a favor de quem faremos política. Um crente que escuta as palavras de Jesus, não importa que partido vai seguir, só pode fazer uma política: a política que favoreça os mais necessitados e abandonados.

Estou no cárcere e não me visitais

Todo mundo sabe que o cárcere não reabilita o delinquente. Os penalistas falam de que modo a pena deve contribuir para a ressocialização do preso, para a sua "reinserção" ou "integração" na sociedade. Mas de fato não é assim. Ao contrário, em muitos casos, a prisão envilece o detento, destrói ainda mais sua personalidade e inclusive pode lançá-lo definitivamente no caminho da delinquência.

Os penalistas expõem com rigor suas críticas ao atual sistema penitenciário. Por um lado, parece contraditório pretender reinserir na sociedade quem dela se afastou mediante uma drástica prisão. Por outro lado, se o tratamento ao recluso se reduz a uma intervenção externa, dificilmente se pode esperar mudanças fundamentais em sua personalidade, em seu esquema de valores ou em sua atitude diante da vida.

Entretanto, é comum na sociedade o esquecimento e a indiferença. Os presos não interessam. São poucos e a defesa de sua causa não dá votos. Os grupos que os apoiam acabam sendo nocivos. Socialmente funcionam muito mais dois princípios bem simples: "É preciso defender-se dos infratores da ordem" (segurança cidadã), "quem a faz, a paga" (justiça estrita).

Nesta sociedade que se diz progressista, ninguém quer saber que muitos dos encarcerados – basta ter contato com eles – provenientes da marginalização, escravos da droga, de má saúde física ou mental, privados de afeto, com um futuro incerto, estão na iminência de uma destruição progressiva por não receberem a ajuda de que necessitam.

É verdade que se trabalha cada vez mais para melhorar o tratamento médico e a assistência psicológica dos detentos, a gestão de permissões e saídas terapêuticas ou a aplicação de medidas a que têm direito. Mas isto não basta. Este cárcere não promove a recuperação humana e social dos presos e presas. A sociedade deve conhecer melhor o sofrimento e a destruição que este grupo de pessoas padece. Os penalistas devem suscitar um amplo debate social. Os responsáveis públicos devem buscar alternativas eficazes. No entanto, deve ressoar atualizado, na consciência dos cristãos, o grito de Cristo: "Estou no cárcere e não me visitais".

40

CRUCIFICADO

Os que passavam o injuriavam e diziam, meneando a cabeça:
"Tu que destróis o santuário e o reconstróis em três dias, salva-te a ti mesmo! Se és Filho de Deus, desce da cruz!" Do mesmo modo, os sumos sacerdotes, com os escribas e anciãos, zombavam e diziam: "Ele salvou os outros, a si mesmo não pode salvar. É o rei de Israel!... Desça agora da cruz e acreditaremos nele! Pôs sua confiança em Deus, que Deus o livre agora, se é que o ama, pois Ele disse: Sou o Filho de Deus!" Do mesmo modo os bandidos que com Ele tinham sido crucificados o insultavam.
Desde o meio-dia até às três da tarde, toda a região ficou coberta de escuridão. Pelas três horas da tarde, Jesus gritou com voz forte: Eli, Eli, lemá sabachthani! O que quer dizer: Meu Deus, meu Deus, por que me abandonaste? Alguns dos que estavam ali ouviram isso e diziam: "Ele está chamando Elias". E um deles foi correndo buscar uma esponja, embebeu-a de vinagre, colocou-a na ponta de uma vara e deu-lhe de beber. Os outros, porém, diziam: "Deixa, vamos ver se Elias vem salvá-lo". Mas Jesus deu de novo um forte grito e expirou (Mt 27,39-50).

NÃO DESÇAS DA CRUZ

Segundo o relato evangélico, os que passavam diante de Jesus crucificado, zombavam dele e, rindo de seu sofrimento, faziam-lhe sugestões sarcásticas: se és o filho de Deus, "salva-te a ti mesmo" e "desce da cruz".

Esta é exatamente a nossa reação diante do sofrimento: salvar-nos a nós mesmos, pensar em nosso bem-estar, e, por conseguinte, evitar a cruz, passar a vida evitando tudo o que nos possa fazer sofrer. Será que Deus também é como nós: Alguém que só pensa em si mesmo e na sua felicidade?

Jesus não responde à provocação dos que zombam dele. Não diz uma palavra. Não é o momento de dar explicações. Sua resposta é o silêncio. Um silêncio que é respeito aos que o desprezam e, sobretudo, compaixão e amor.

Jesus só rompe seu silêncio para dirigir-se a Deus com um grito dilacerador: "Meu Deus, meu Deus, por que me abandonaste?" Não pede que o salve descendo-o da cruz. Só pede que não se oculte nem o abandone nesse momento de morte e sofrimento extremo. E Deus, seu Pai, permanece em silêncio.

Só escutando até o fundo este silêncio de Deus descobrimos algo de seu mistério. Deus não é um ser poderoso e triunfante, tranquilo e feliz, alheio ao sofrimento humano, mas um Deus calado, impotente e humilhado que sofre conosco a dor, a escuridão e até a própria morte.

Por isso, ao contemplar o Crucificado, nossa reação não pode ser de zombaria ou desprezo, mas de oração confiante e agradecida: "Não desças da cruz. Não nos deixes em nossa aflição. De que nos serviria um Deus que não conhecesse nosso sofrimento? Quem poderia nos entender?"

Em quem poderiam esperar os torturados de tantos cárceres secretos? Onde poderiam pôr sua esperança tantas mulheres humilhadas e violentadas sem defesa alguma? A que poderiam agarrar-se os doentes crônicos e os moribundos? Quem poderia oferecer consolo às vítimas de tantas guerras, terrorismos, fomes e misérias? Não. Não desças da cruz, pois, se não te sentimos "crucificado" junto a nós, nos veremos mais "perdidos".

CRUCIFICADO CONOSCO

O sofrimento leva muitas pessoas a gritar a Deus. Mas nem todos o fazem da mesma maneira. Algumas perguntam por Deus teoricamente: "Como pode Deus permitir isto?" Essas pessoas têm a impressão de que Deus é uma espécie de força cega e insensível que não se preocupa com ninguém. Em geral fala assim quem contempla o sofrimento de longe. Não é esta a pergunta daquele que o sofre em sua própria carne. Seu grito tem outro acento mais dilacerador: "Meu Deus, onde estás? Por que te ocultas? Não sentes minha dor e minha pena?"

No centro da fé cristã há uma história de paixão. É a história de Jesus perseguido, abandonado, torturado e crucificado. Nenhuma outra religião tem uma figura martirizada em seu centro. Porém, o que é mais escandaloso ainda, no centro desta paixão está a experiência do abandono de Deus. Depois de três horas de silêncio, cravado na cruz, aguardando a morte, Jesus lança um grito dilacerante: "Meu Deus, meu Deus, por que me abandonaste?"

O que angustia a Jesus não é só a morte. É o temor de que, depois de ter confiado totalmente no Pai, este possa "abandoná-lo". Onde ficará então o Reino de Deus cuja felicidade Ele prometeu aos pobres e desgraçados do mundo? É o silêncio espantoso de Deus que faz Jesus gritar. E é esse precisamente o grito ao qual tantas pessoas atormentadas continuam se unindo ainda hoje, pois expressa o que elas sentem: "Meu Deus, por que me abandonaste?"

Mas será que é realmente assim? Se o deixou morrer só e abandonado na cruz, Deus não seria só um Deus insensível, mas também um Deus cruel. Mas na primeira comunidade cristã afirma-se categoricamente o contrário: "Em Cristo estava Deus reconciliando o mundo consigo" (2Cor 5,19). Quando Cristo sofre na cruz, o Pai sofre a morte de seu Filho amado. Ambos sofrem, ainda que de maneira distinta: Cristo sofre a morte em sua carne humana e o Pai sofre a morte de seu Filho em seu coração de Pai. A paixão de Cristo faz Deus sofrer, é a paixão de Deus.

Isto muda tudo. Se Deus mesmo está sofrendo em Cristo, então Cristo traz a comunhão de Deus com aqueles que se veem humilhados e crucificados como Ele. Sua cruz levantada entre nossas cruzes é o sinal de que Deus sofre em todo sofrimento humano. A Deus lhe dói ver a fome das crianças da Etiópia, a humilhação das mulheres do Iraque, ou a angústia dos torturados por tantos abusos e injustiças.

Este Deus "crucificado conosco" é nossa esperança. Não sabemos por que Deus permite o mal. E, mesmo que o soubéssemos, de muito pouco nos serviria. Sabemos que Deus sofre conosco, e isto é o decisivo, pois, com Deus, a cruz acaba na ressurreição, o sofrimento na felicidade eterna.

O CAMINHO PARA SALVAR O SER HUMANO

Para um cristão, a cruz de Cristo não é mais um acontecimento que se perde no passado. É o acontecimento decisivo no qual Deus salva a humanidade. Por isso, a vida de Jesus entregue até a morte nos revela o caminho para libertar e salvar o ser humano.

A cruz nos revela, em primeiro lugar, que é importante "tomar sobre si o pecado". É claro que devemos eliminar o mal e a injustiça, devemos combatê-los de todas as formas possíveis. Mas devemos também estar dispostos a assumir esse mal até onde for preciso. Jesus redime sofrendo. Só aqueles que se comprometem até sofrer o mal em sua própria carne humanizam o mundo.

Além disso, a cruz nos revela que o amor redime da crueldade. Muitos dirão que o importante é a defesa da democracia e de seus valores. Para que queremos o amor? O amor é necessário para chegarmos a ser simplesmente humanos. Esquece-se que o próprio Iluminismo baseou a democracia na "liberdade, igualdade e fraternidade". Hoje insiste-se muito na liberdade, bem pouco se fala da igualdade e nada se diz da fraternidade. Cristo redime amando até o final. Uma democracia sem amor fraterno não levará a uma sociedade mais humana.

A cruz também revela que a verdade redime da mentira. Costuma-se pensar que, para combater o mal, o que é importante é a eficácia das estratégias. Isso não é certo. Se não há vontade de verdade, se difundimos a mentira ou encobrimos a realidade, estamos obstaculizando o caminho que leva à reconciliação. Cristo redime dando testemunho da verdade até o fim. Só aqueles que buscam a verdade acima de seus próprios interesses humanizam o mundo.

Nossa sociedade continua necessitando urgentemente de amor e verdade. É inegável que devemos concretizar suas exigências entre nós. Mas concretizar o amor e a verdade não significa desvirtuá-los ou manipulá-los; menos ainda eliminá-los. Aqueles que "tomam sobre si o pecado" de todos, e continuam lutando até o final para pôr amor e verdade entre os humanos, geram esperança. O teólogo alemão Jürgen Moltmann faz esta afirmação: "Nem toda vida é motivo de esperança, mas sim esta vida de Jesus que, por amor, toma sobre si a cruz e a morte".

CARREGAR A CRUZ

O que nos faz cristãos é seguir a Jesus. Nada mais. Este seguimento a Jesus não é algo teórico ou abstrato. Significa seguir seus passos, comprometer-nos como Ele a "humanizar a vida", e viver assim contribuindo para que, pouco a pouco, vá se tornando realidade seu projeto de um mundo onde reine Deus e sua justiça.

Isto quer dizer que nós seguidores de Jesus somos chamados a pôr verdade onde há mentira, a introduzir justiça onde há abusos e crueldade com os mais fracos, a reclamar compaixão onde há indiferença diante dos que sofrem. E isto exige formar comunidades onde se viva o projeto de Jesus, com seu espírito e suas atitudes.

Seguir a Jesus traz consigo conflitos, problemas e sofrimento. É preciso estar disposto a arcar com as reações e resistências daqueles que, por uma ou outra razão, não buscam um mundo mais humano, tal como o quer esse Deus encarnado em Jesus. Querem outra coisa.

Os evangelhos conservaram um convite realista de Jesus a seus seguidores. O escandaloso da imagem só pode provir dele: "Se alguém quiser vir após mim, tome sobre os ombros a sua cruz e siga-me". Jesus não os engana. Se o seguem de verdade, terão de compartilhar seu destino. Acabarão como Ele. Essa será a melhor prova de que seu seguimento é fiel.

Seguir a Jesus é uma tarefa apaixonante: é difícil imaginar uma vida mais digna e nobre. Mas ela tem seu preço. Para seguir a Jesus é importante "fazer": fazer um mundo mais justo e mais humano; fazer uma Igreja mais fiel a Jesus e mais coerente com o Evangelho. Contudo, é tão ou mais importante "padecer": padecer por um mundo mais digno; padecer por uma Igreja mais evangélica.

No fim de sua vida, o teólogo Karl Rahner escreveu isto: "Creio que ser cristão é a tarefa mais singela, a mais simples e, ao mesmo tempo, aquela pesada 'carga leve' de que fala o Evangelho. Quando a pessoa a toma sobre si, ela carrega a pessoa, e quanto mais tempo a pessoa viver, tanto mais pesada e mais leve chegará a ser. No final só resta o mistério. Mas é o mistério de Jesus".

Seguir a Jesus conduz à cruz

Estamos tão familiarizados com a cruz do Calvário que já não nos causa nenhuma impressão. O costume domestica e "rebaixa" tudo. Por isso é bom lembrar alguns aspectos muito esquecidos do Crucificado.

Comecemos por dizer que Jesus não morreu de morte natural. Sua morte não foi a extinção esperada de sua vida biológica. Jesus foi morto violentamente. Também não morreu vítima de um acidente casual nem fortuito, mas condenado à morte, depois de um processo levado a cabo pelas forças religiosas e civis mais influentes daquela sociedade.

Sua morte foi consequência da reação que Ele provocou com sua livre atuação, fraterna e solidária, com os mais pobres e abandonados daquela sociedade.

Isto quer dizer que não se pode viver o Evangelho impunemente. Não se pode construir o Reino de Deus, que é reino da fraternidade, liberdade e justiça, sem provocar a rejeição e a perseguição da parte daqueles aos quais não interessa nenhuma mudança. Impossível é a solidariedade com os indefesos sem sofrer a reação dos poderosos.

Seu compromisso de criar uma sociedade mais justa e humana foi tão concreto e sério que até sua própria vida ficou comprometida. E, não obstante, Jesus não foi um guerrilheiro, nem um líder político, nem um fanático religioso. Foi um homem no qual se encarnou e se fez realidade o amor insondável de Deus aos seres humanos.

Por isso agora sabemos quais são as forças que se sentem ameaçadas quando o amor verdadeiro penetra numa sociedade, e como reagem violentamente, tratando de suprimir e afogar a atuação daqueles que buscam uma fraternidade mais justa e livre.

O Evangelho sempre será perseguido por aqueles que colocam a segurança e a ordem acima da fraternidade e da justiça (farisaísmo). O Reino de Deus sempre se verá obstaculizado por toda força política que se entenda a si mesma como poder absoluto (Pilatos). A mensagem do amor será rejeitada em sua raiz por toda religião na qual Deus não seja Pai dos que sofrem (sacerdotes judeus).

Seguir a Jesus conduz sempre à cruz; implica estar disposto a sofrer o conflito, a polêmica, a perseguição e até a morte. Mas sua ressurreição nos revela que a uma vida crucificada, vivida até o final com o espírito de Jesus, só lhe espera ressurreição.

41

RESSUSCITADO POR DEUS

Passado o sábado, ao amanhecer do primeiro dia da semana, Maria Madalena e a outra Maria foram ver o sepulcro. De repente houve um grande tremor de terra, pois um anjo do Senhor desceu dos céus, aproximou-se, rolou a pedra do sepulcro e sentou-se nela. Seu aspecto era como o de um relâmpago e sua veste branca como a neve. Paralisados de medo, os guardas ficaram como mortos. O anjo, dirigindo-se às mulheres, disse: "Não tenhais medo! Sei que procurais Jesus, o crucificado. Ele não está aqui. Ressuscitou conforme tinha dito. Vinde ver o lugar onde estava. Ide logo dizer a seus discípulos que Ele ressuscitou dos mortos e que vai à frente de vós para a Galileia. Lá o vereis. Eis o que eu tinha a dizer".

Afastando-se logo do túmulo, cheias de temor e grande alegria, correram para dar a notícia aos discípulos. De repente, Jesus saiu ao encontro delas e disse-lhes: "Alegrai-vos!" Elas se aproximaram, abraçaram-lhe os pés e se prostraram diante dele. Disse-lhes então Jesus: "Não tenhais medo! Ide dizer a meus irmãos que se dirijam à Galileia e lá me verão" (Mt 28,1-10).

CRISTO ESTÁ VIVO

A Páscoa não é a celebração de um acontecimento do passado que, a cada ano que transcorre, fica um pouco mais longe de nós. Nós cristãos celebramos hoje o ressuscitado que vive agora, enchendo de vida a história da humanidade.

Crer em Cristo ressuscitado não é somente crer em algo que aconteceu ao Jesus morto. É saber escutar hoje, do mais profundo de nosso ser, estas palavras: "Não tenhais medo, sou eu, aquele que vive. Estive morto, mas agora estou vivo pelos séculos dos séculos" (Ap 1,17-18).

Cristo ressuscitado vive agora infundindo em nós sua energia vital. De maneira oculta, mas real, vai impulsionando nossa vida para a plenitude final. Ele é "a lei secreta" que dirige o caminhar de tudo para a Vida. Ele é "o coração do mundo", segundo a bela expressão de Karl Rahner.

Por isso, celebrar a Páscoa é entender a vida de maneira diferente. Intuir com alegria que o Ressuscitado está aí, no meio de nossas pobres coisas, sustentando para sempre tudo que é bom, belo e puro que floresce em nós como promessa de infinito e que, no entanto, dissolve-se e morre sem ter chegado à sua plenitude.

Ele está em nossas lágrimas e penas como consolo permanente e misterioso. Ele está em nossos fracassos e impotência como força segura que nos defende. Está em nossas depressões acompanhando em silêncio nossa solidão e nossa tristeza.

Ele está em nossos pecados como misericórdia que nos suporta com paciência infinita, e nos compreende e acolhe até o fim. Está inclusive em nossa morte como vida que triunfa quando parece extinguir-se.

Nenhum ser humano está só. Ninguém vive esquecido. Nenhuma queixa cai no vazio. Nenhum grito deixa de ser ouvido. O Ressuscitado está conosco e em nós para sempre.

Por isso, a Páscoa é a festa dos que se sentem sós e perdidos. A festa dos que se envergonham de sua mesquinhez e de seu pecado. A festa dos que se sentem mortos por dentro. A festa dos que gemem oprimidos pelo peso da vida e pela mediocridade de seu coração. A festa de todos nós que sabemos que somos mortais, mas descobrimos em Cristo ressuscitado a esperança de uma vida eterna.

Felizes os que deixam penetrar em seu coração as palavras de Jesus: "Tende paz em mim. No mundo tereis tribulações, mas, tende coragem, eu venci o mundo!" (Jo 16,33).

RECUPERAR O RESSUSCITADO

Para muitos cristãos a ressurreição de Jesus é só um fato do passado, algo que sucedeu ao Jesus morto, depois de ser executado nos arredores de Jerusalém, há aproximadamente dois mil anos. Portanto, um acontecimento que, com o passar do tempo, está cada vez mais distante de nós, perdendo força para influir no presente.

Para outros cristãos, a ressurreição de Cristo é, antes de tudo, um dogma no qual devemos crer e que devemos confessar. Uma verdade que está no credo como outras verdades de fé, mas cuja eficácia real não se sabe muito bem em que possa consistir. São cristãos que têm fé, mas não conhecem "a força da fé"; não sabem por experiência o que é viver arraigando a vida no Ressuscitado.

As consequências podem ser graves. Se os cristãos perdem o contato vivo com o Ressuscitado, ficam sem aquele que é seu "Espírito vivificador". A Igreja pode entrar então num processo de envelhecimento, rotina e decadência. Pode crescer sociologicamente, mas enfraquecer ao mesmo tempo por dentro; seu corpo pode ser grande e poderoso, mas sua força transformadora pequena e frágil.

Se não há contato vital com Cristo como alguém que está vivo e dá vida, Jesus se reduz a um personagem do passado que se pode admirar, mas que não faz arder os corações; seu Evangelho se reduz a "letra morta", sabida e desgastada, que já não faz viver. Então o vazio deixado por Jesus ressuscitado começa a ser preenchido com a doutrina, a teologia, os ritos ou a atividade pastoral. Mas nada disso dá vida, se em sua raiz falta o Ressuscitado.

Poucas coisas podem desvirtuar mais o ser e o afazer dos cristãos do que pretender substituir, com a instituição, a teologia ou a organização, o que só pode brotar da força vivificadora do Ressuscitado. Por isso é urgente recuperar a experiência fundante que foi vivida nos inícios. Os primeiros discípulos experimentam a força secreta da ressurreição de Cristo, vivem "algo" que transforma sua vida. Como disse São Paulo, conhecem "o poder da ressurreição" (Fl 3,10). O exegeta suíço R. Pesch afirma que a experiência primeira consistiu em que "os discípulos se deixem apanhar, fascinar e transformar pelo Ressuscitado".

CRER NO RESSUSCITADO

Nós cristãos não devemos esquecer que a fé em Jesus Cristo ressuscitado é muito mais do que o assentimento a uma fórmula do credo. Muito mais inclusive do que a afirmação de algo extraordinário que aconteceu ao Jesus morto há aproximadamente dois mil anos.

Crer no Ressuscitado é crer que agora Cristo está vivo, cheio de força e criatividade, impulsionando a vida para seu último destino e libertando a humanidade de cair na destruição da morte.

Crer no Ressuscitado é crer que Jesus se faz presente no meio dos que creem. É tomar parte ativa nos encontros e nas tarefas da comunidade cristã, sabendo com alegria que, quando dois ou três nos reunimos em seu nome, ali está Ele pondo esperança em nossa vida.

Crer no Ressuscitado é descobrir que nossa oração a Cristo não é um monólogo vazio, sem interlocutor que escute nossa invocação, mas diálogo com alguém vivo que está junto de nós na própria raiz da vida.

Crer no Ressuscitado é deixar-nos interpelar por sua palavra viva recolhida nos evangelhos, e ir descobrindo praticamente que suas palavras são "espírito e vida" para quem sabe alimentar-se delas.

Crer no Ressuscitado é viver a experiência pessoal de que Jesus tem força para mudar nossa vida, ressuscitar o bom que há em nós e ir nos libertando do que mata nossa liberdade.

Crer no Ressuscitado é saber descobri-lo vivo no último e mais pequeno dos irmãos, convidando-nos à compaixão e à solidariedade.

Crer no Ressuscitado é crer que Ele é "o primogênito entre os mortos", é nele que já se inicia nossa ressurreição e é nele que já se abre para nós a possibilidade de viver eternamente.

Crer no Ressuscitado é crer que nem o sofrimento, nem a injustiça, nem o câncer, nem o infarto, nem a metralhadora, nem o pecado, nem a morte têm a última palavra. Só o Ressuscitado é Senhor da vida e da morte.

Deus tem a última palavra

A ressurreição de Jesus não é só uma celebração litúrgica. É, antes de tudo, a manifestação do amor poderoso de Deus que nos salva da morte e do pecado. Será que é possível experimentar hoje sua força vivificadora?

A primeira condição é tomar consciência de que a vida está contida num Mistério acolhedor que Jesus chama "Pai". No mundo há um tal "excesso" de sofrimento que a vida pode parecer-nos algo caótico e absurdo. Não é assim. Ainda que às vezes não seja fácil experimentá-lo, nossa existência é sustentada e dirigida por Deus para uma plenitude final.

Isto nós já devemos começar a viver a partir do nosso próprio ser: eu sou amado por Deus; a mim me espera uma plenitude sem fim. Há tantas frustrações em nossa vida, às vezes nos amamos tão pouco, nos depreciamos tanto que afogamos em nós a alegria de viver. Deus ressuscitador pode despertar de novo nossa confiança e nossa alegria.

Não é a morte que tem a última palavra, mas Deus. Há tanta morte injusta, tanta enfermidade dolorosa, tanta vida sem sentido, que poderíamos submergir no desespero. A ressurreição de Jesus nos lembra que Deus existe e salva. Ele nos fará conhecer a vida plena que aqui não conhecemos.

Celebrar a ressurreição de Jesus é abrir-nos à energia vivificadora de Deus. O verdadeiro inimigo da vida não é o sofrimento, mas a tristeza. Falta-nos paixão pela vida e compaixão pelos que sofrem. E sobra-nos apatia e hedonismo barato que nos fazem viver sem desfrutar do melhor da vida: o amor. A ressurreição pode ser fonte e estímulo de vida nova.

PARA QUE SERVE CRER NO RESSUSCITADO?

Certa vez, depois de uma conferência sobre a ressurreição de Cristo, uma pessoa pediu a palavra para dizer-me mais ou menos o seguinte: "Depois da ressurreição de Cristo, a história da humanidade prosseguiu como sempre. Nada mudou. Então, para que serve crer que Cristo ressuscitou? Em que pode mudar minha vida de hoje?"

Eu sei que não é fácil transmitir a outra pessoa a própria experiência de fé. Como explicar-lhe com palavras a luz interior, a esperança e a dinâmica que o viver apoiado radicalmente em Cristo ressuscitado pode gerar? Mas é bom que nós crentes exponhamos a partir de onde vivemos a vida.

Primeiramente é experimentar uma grande confiança diante da existência. Não estamos sós. Não caminhamos perdidos e sem meta. Apesar de nosso pecado e mesquinhez, somos aceitos por Deus. Nunca meditaremos o suficiente a saudação que Jesus ressuscitado repete sempre de novo: "A paz esteja convosco!" Mesmo crucificado pela humanidade, Deus continua oferecendo-nos sua amizade.

Além disso, podemos viver com liberdade, sem deixar-nos escravizar pelo desejo de posse e de prazer. Não precisamos "devorar" o tempo, como se já não houvesse nada mais. Não há motivo para agarrar tudo e viver "espremendo" a vida antes que ela acabe. Pode-se viver de maneira mais sensata. A Vida é muito mais do que esta vida. Não fizemos mais do que "começar" a viver.

Também podemos viver com generosidade, comprometendo-nos a fundo em favor dos outros. Viver amando com desinteresse não é perder a vida, é ganhá-la para sempre. Desde a ressurreição de Cristo sabemos que o amor é mais forte do que a morte. Viver fazendo o bem é a forma mais acertada de adentrar-nos no mistério do mais além.

Por outro lado, desfrutamos de tudo que é belo e bom na vida, acolhendo com alegria as experiências de paz, de comunhão amorosa ou de solidariedade. Ainda que fragmentárias, são experiências nas quais já nos é manifestada a salvação de Deus.

Um dia, tudo que aqui não pôde ser, o que ficou pela metade, o que foi arruinado pela enfermidade, pelo fracasso ou pelo desamor, encontrará em Deus sua plenitude.

Sabemos que um dia chegará nossa hora de morrer. Existem muitas formas de abordar esse acontecimento decisivo. Quem crê não morre na escuridão, no vazio, no nada. Com fé humilde entrega-se ao mistério da morte, confiando-se ao amor insondável de Deus.

"A fé na ressurreição – escreveu Manuel Fraijó – é uma fé difícil de compartilhar. Por outro lado, não é difícil de admirar. Representa um nobre esforço para continuar afirmando a vida, inclusive onde ela sucumbe derrotada pela morte". Esta é a fé que sustenta aqueles que seguem a Jesus.

42

EU ESTOU CONVOSCO

Os onze discípulos foram para a Galileia, ao monte que Jesus lhes tinha indicado. Logo que o viram, prostraram-se; alguns, porém, duvidaram. Então Jesus aproximou-se e lhes disse: "Todo o poder me foi dado no céu e na terra. Ide, pois, fazei discípulos meus todos os povos, batizando-os em nome do Pai e do Filho e do Espírito Santo, ensinando-os a observar tudo o que vos mandei. E sabei que eu estou convosco todos os dias, até o fim do mundo" (Mt 28,16-20).

JESUS ESTÁ CONOSCO

Mateus não quis terminar sua narração evangélica com o relato da Ascensão. Seu Evangelho, redigido em condições difíceis e críticas para as comunidades cristãs, pedia um final diferente do de Lucas.

Uma leitura ingênua e equivocada da Ascensão podia criar naquelas comunidades a sensação de orfandade e abandono diante da partida definitiva de Jesus. Por isso Mateus termina seu Evangelho com uma frase inesquecível de Jesus ressuscitado: "Sabei que eu estou convosco todos os dias, até o fim do mundo".

Esta é a fé que animou sempre as comunidades cristãs. Não estamos sós, perdidos no meio da história, abandonados às nossas próprias forças e ao nosso pecado. Cristo está conosco. Em momentos como os que nós cristãos estamos vivendo hoje, é fácil cair em lamentações, desânimos e derrotismo. Dir-se-ia que esquecemos algo que precisamos urgentemente lembrar: Ele está conosco.

Os bispos, reunidos por ocasião do Concílio Vaticano II, constatavam a falta de uma verdadeira teologia da presença de Cristo em sua Igreja. A preocupação por defender e precisar a presença do Corpo e do Sangue de Cristo na Eucaristia pode ter-nos levado inconscientemente a esquecer a presença viva do Senhor ressuscitado no coração de toda comunidade cristã.

Para os primeiros cristãos, porém, Jesus não é um personagem do passado, um defunto que se venera e a quem se presta culto, mas alguém vivo, que anima, vivifica e cumula com seu espírito a comunidade cristã.

Quando dois ou três crentes se reúnem em seu nome, ali está Ele no meio deles. Os encontros dos crentes não são assembleias de pessoas órfãs que tratam de animar-se mutuamente. No meio delas está Jesus Ressuscitado, com seu alento e sua força dinamizadora. Esquecê-lo é arriscar-nos a enfraquecer radicalmente nossa esperança.

Mas podemos ir mais longe. Quando nos encontramos com uma pessoa necessitada, desprezada ou abandonada, estamos nos encontrando com aquele que quis solidarizar-se com todos os necessitados, de maneira radical. Por isso nossa adesão atual a Cristo em nenhum lugar se verifica melhor do que na ajuda e na solidariedade para com o ser humano necessitado: "Toda vez que o fizestes a um destes pequenos, foi a mim que o fizestes".

O Senhor ressuscitado está na Eucaristia alimentando nossa fé. Está na comunidade cristã infundindo seu Espírito e impulsionando a missão. Está nos pobres movendo nossos corações à compaixão. Está conosco todos os dias até o fim do mundo.

FAZER DISCÍPULOS DE JESUS

Mateus descreve a despedida de Jesus traçando as linhas de força que hão de orientar para sempre seus discípulos, os traços que devem mercar sua Igreja para cumprir fielmente sua missão.

O ponto de partida é a Galileia, para onde Jesus os convoca. A ressurreição não deve levá-los a esquecer o que viveram com Ele na Galileia. Foi lá que o ouviram falar de Deus com parábolas comovedoras. Lá o viram aliviando o sofrimento, oferecendo o perdão de Deus e acolhendo os mais esquecidos. É precisamente isto que eles devem continuar transmitindo.

Entre os discípulos que rodeiam a Jesus ressuscitado há "crentes" e há aqueles que "vacilam". O narrador é realista. Os discípulos "se prostram". Sem dúvida querem crer, mas em alguns surge a dúvida e a indecisão. Talvez estejam assustados e não conseguem captar tudo que aquilo significa. Mateus conhece a fé frágil das comunidades cristãs. Se não contassem com Jesus, bem depressa a fé se apagaria.

Jesus "se aproxima" e entra em contato com eles. Ele tem a força e o poder que a eles lhes falta. O Ressuscitado recebeu do Pai a autoridade do Filho de Deus com "pleno poder no céu na terra". Se nele se apoiarem, não vacilarão.

Jesus lhes indica com toda precisão qual há de ser a missão deles. Não é propriamente "ensinar doutrina", nem só "anunciar o Ressuscitado". Sem dúvida, os discípulos de Jesus terão de cuidar de diversos aspectos: "dar testemunho do Ressuscitado", "proclamar o Evangelho", "implantar comunidades"... mas tudo deverá estar finalmente orientado para um objetivo: "fazer discípulos" de Jesus.

Esta é a nossa missão: fazer "seguidores" de Jesus que conheçam sua mensagem, sintonizem com seu projeto, aprendam a viver como Ele e reproduzam hoje sua presença no mundo. Atividades tão fundamentais como o batismo, compromisso de adesão a Jesus, e o ensino de "tudo que foi mandado" por Ele são vias para aprender a ser discípulos. Jesus lhes promete sua presença e ajuda constante. Não estarão sós nem desamparados. Mesmo que sejam poucos. Nem que sejam só dois ou três.

Assim é a comunidade cristã. A força do Ressuscitado a sustenta com seu Espírito. Tudo está orientado para aprender e ensinar a viver como Jesus e a partir de Jesus. Ele continua vivo em suas comunidades. Continua conosco e entre nós curando, perdoando, acolhendo...e salvando.

No nome do Pai e do Filho e do Espírito Santo

Como Jesus se comunicava com Deus? Que sentimentos despertavam em seu coração? Como o experimentava dia a dia? Os relatos evangélicos nos levam a uma dupla conclusão: Jesus sentia a Deus como Pai e vivia tudo impulsionado por seu Espírito.

Jesus se sentia "filho querido" de Deus. Sempre que se comunica com Ele o chama de "Pai". Não lhe ocorre outra palavra. Para Ele, Deus não é só o "Santo" de que todos falam, mas o "Compassivo". Não habita no templo, acolhendo só os de coração limpo e mãos inocentes. Jesus o capta como Pai que não exclui ninguém de seu amor compassivo. Cada manhã sente o prazer de ver Deus fazer sair seu sol sobre bons e maus.

O Pai tem um grande projeto em seu coração: fazer da terra uma casa habitável. Jesus não duvida: Deus não descansará até ver seus filhos e filhas desfrutando juntos de uma festa final. Ninguém poderá impedi-lo, nem a crueldade da morte, nem a injustiça dos humanos. Assim como ninguém pode impedir que chegue a primavera para encher tudo de vida.

Fiel a este Pai e movido por seu Espírito, Jesus só se dedica a uma coisa: fazer um mundo mais humano. Todos hão de conhecer a Boa Notícia, sobretudo os que menos o esperam: os pecadores e os desprezados. Deus não dá ninguém por perdido. A todos busca, a todos chama. Não vive controlando seus filhos e filhas, mas abrindo a cada um caminhos para uma vida mais humana. Quem ouve até o fundo seu próprio coração está escutando a Deus.

Esse Espírito impele a Jesus para os que mais sofrem. É normal, pois vê gravados no coração de Deus os nomes dos mais sós e desgraçados. Os que para nós não são nada, esses são precisamente os prediletos de Deus. Jesus sabe que a esse Deus os grandes não o ouvem, mas os pequenos. Seu amor o descobrem aqueles que o buscam, porque não têm ninguém que enxugue suas lágrimas.

A melhor maneira de crer no Deus trinitário não é tratar de entender as explicações dos teólogos, mas seguir os passos de Jesus que viveu como Filho querido de um Deus Pai e que, movido por seu Espírito, dedicou-se a construir um mundo mais amável para todos.

O ESSENCIAL DO CREDO

Ao longo dos séculos, os teólogos cristãos elaboraram profundos estudos sobre a Trindade. No entanto, muitos cristãos de nossos dias não conseguem captar o que essas admiráveis doutrinas têm a ver com sua vida.

Parece que hoje precisamos ouvir falar de Deus com palavras humildes e simples, que toquem nosso pobre coração, confuso e desalentado, e reconfortem nossa fé vacilante. Precisamos, talvez, recuperar o essencial de nosso Credo para aprender a vivê-lo com nova alegria.

"Creio em Deus Pai, criador do céu e da terra." Não estamos sós diante de nossos problemas e conflitos. Não vivemos esquecidos. Deus é nosso "Pai" querido. Assim o chamava Jesus e assim o chamamos nós. Ele é a origem e a meta de nossa vida. Ele criou a todos nós só por amor, e nos espera com coração de Pai no final de nossa peregrinação por este mundo.

Seu nome é hoje esquecido e negado por muitos. As novas gerações vão se afastando dele, e nós crentes não sabemos transmitir-lhes nossa fé, mas Deus continua olhando a todos nós com amor. Ainda que vivamos cheios de dúvidas, não devemos perder a fé neste Deus, Criador e Pai, pois teríamos perdido nossa última esperança.

"Creio em Jesus Cristo, seu Filho único, nosso Senhor." É o grande presente que Deus deu ao mundo. Ele nos contou como é o Pai. Para nós, Jesus nunca será um homem a mais. Olhando para Ele vemos o Pai: em seus gestos captamos sua ternura e compreensão. Nele podemos sentir Deus humano, próximo, amigo.

Este Jesus, o Filho amado de Deus, animou-nos a construir uma vida mais fraterna e feliz para todos. É o que mais quer o Pai. Indicou-nos, também, o caminho a seguir: "Sede compassivos como vosso Pai é compassivo". Se esquecermos a Jesus, quem ocupará o vazio que Ele vai deixar? Quem poderá oferecer-nos sua luz e sua esperança?

"Creio no Espírito Santo, Senhor e doador de vida." Este mistério de Deus não é algo longínquo. Está presente no fundo de cada um de nós. Podemos captá-lo como Espírito que dá alento à nossa vida, como Amor que nos leva para os que sofrem. Este Espírito é o melhor que há dentro de nós.

É uma grande graça caminhar pela vida batizados no nome do Pai e do Filho e do Espírito Santo. Não devemos esquecê-lo.

É NECESSÁRIO CRER NA TRINDADE?

É necessário crer na Trindade? É possível? Serve para algo? Não é uma construção intelectual desnecessária? Vai mudar algo em nossa fé, se não crermos no Deus trinitário? Há dois séculos, o célebre filósofo Immanuel Kant escrevia estas palavras: "Do ponto de vista prático, a doutrina da Trindade é perfeitamente inútil".

Nada mais longe da realidade. A fé na Trindade muda não só nossa visão de Deus, mas também nossa maneira de entender a vida. Confessar a Trindade de Deus é crer que Deus é um mistério de comunhão e de amor. Não um ser fechado e impenetrável, imóvel e indiferente. Sua intimidade misteriosa é só amor e comunicação. Consequência: no fundo último da realidade, dando sentido e existência a tudo, não há senão Amor. Tudo o que existe vem do Amor.

O Pai é amor, a fonte de todo amor. Ele começa o amor. "Só Ele começa a amar sem motivos; mais ainda, é Ele que desde sempre começou a amar" (Eberhard Junge). O Pai ama desde sempre e para sempre, sem ser obrigado nem motivado de fora. É o "eterno Amante". Ama e continuará amando sempre. Nunca vai retirar de nós seu amor e fidelidade. Dele só brota amor. Consequência: criados à sua imagem, fomos feitos para amar. Só amando acertamos na vida.

O ser do Filho consiste em receber o amor do Pai. Ele é o "Amado eternamente", antes da criação do mundo. O Filho é o amor que acolhe, a resposta eterna ao amor do Pai. O mistério de Deus consiste, pois, em dar e também em receber amor. Em Deus, deixar-se amar não é menos que amar. Receber amor é também divino! Consequência: criados à imagem desse Deus, fomos feitos não só para amar, mas para sermos amados.

O Espírito Santo é a comunhão do Pai e do Filho. Ele é o Amor eterno entre o Pai amante e o Filho amado, aquele que revela que o amor divino não é possessão ciumenta do Pai nem açambarcamento egoísta do Filho. O amor verdadeiro é sempre abertura, dom, comunicação transbordante. Por isso, o amor de Deus não se detém em si mesmo, mas se comunica e se estende até suas criaturas. "O amor de Deus foi derramado em nossos corações pelo Espírito Santo que nos foi dado" (Rm 5,5). Consequência: criados à imagem desse Deus, fomos feitos para amar-nos, sem açambarcar e sem encerrar-nos em amores fictícios e egoístas.

ÍNDICE LITÚRGICO

CICLO A (MATEUS)
Advento
1º Domingo. Vigiai! (24,37-44), 295
2º Domingo. Preparar o caminho do Senhor (3,1-12), 31
3º Domingo. Libertar a vida (11,2-11), 135
4º Domingo. O nome de Jesus (1,18-24), 15

Natal
Epifania do Senhor. Adorado pelos magos (2,1-12), 23
Batismo do Senhor. O batismo de Jesus (3,13-17), 39

Quaresma
1º Domingo. As tentações de Jesus (4,1-11), 47
2º Domingo. Transfiguração de Jesus (17,1-19), 215
Domingo de Ramos. Crucificado (27,39-50), 327

Páscoa
Vigília pascal. Ressuscitado por Deus (28,1-10), 335
Ascensão. Eu estou convosco (28,16-20), 343

Tempo Comum
3º Domingo. Apelo à conversão (4,12-23), 55
4º Domingo. Bem-aventuranças (5,1-12), 63
5º Domingo. Vós sois o sal da terra (5,13-16), 71

7º Domingo. Amor ao inimigo (5,38-48), 79
8º Domingo. Deus ou o dinheiro (6,24-34), 87
9º Domingo. Construir sobre a rocha (7,21-27), 95
10º Domingo. Amigo de pecadores (9,9-13), 91
11º Domingo. Missão curadora (9,36–10,8), 111
12º Domingo. Não tenhais medo (10,26-33), 119
13º Domingo. Como seguir a Jesus (10,37-42), 127
14º Domingo. O Pai se revela aos simples (11,25-30), 143
15º Domingo. Semear o Evangelho (13,1-17), 151
16º Domingo. Parábolas de Jesus (13,24-43), 159
17º Domingo. Um tesouro não descoberto (13,44-46), 167
18º Domingo. Dai-lhes vós de comer (14,13-21), 175
19º Domingo. Coragem, sou Eu! (14,22-33), 183
20º Domingo. Jesus e a mulher pagã (15,21-28), 191
21º Domingo. Quem dizeis que Eu sou? (16,13-20), 199
22º Domingo. Carregar a cruz (16,21-27), 207
23º Domingo. Reunidos no nome de Jesus (18,15-20), 223
24º Domingo. Perdoar setenta vezes sete (18,21-35), 231
25º Domingo. Deus é bom para todos (20,1-16), 239
26º Domingo As prostitutas vos precederão no Reino de Deus (21,28-32), 247
27º Domingo. O risco de defraudar a Deus (21,33-43), 255
28º Domingo. O convite de Deus (22,1-14), 263
29º Domingo. A Deus o que é de Deus (22,15-21), 271
30º Domingo. Amarás a Deus e a teu irmão (22,34-40), 279
31º Domingo. Dizem e não fazem (23,1-12), 287
32º Domingo. Com as lâmpadas acesas (25,1-13), 303
33º Domingo. Não ao conservadorismo (25,14-30), 311
Festa de Cristo Rei. Um juízo surpreendente (25,31-46), 319

Outras festas
Santíssima Trindade (ciclo B). Eu estou convosco (28,16-20), 313
Sagrado Coração de Jesus (ciclo A). O Pai se revela aos simples (11,25-30), 143
Todos os Santos (ciclo A). Bem-aventuranças (5,1-12), 63

ÍNDICE TEMÁTICO

Amor. O amor é tudo, 281-283; a única tarefa, 283-284; não esquecer o essencial, 279-280; paixão por Deus e compaixão pelo ser humano, 280-281; aprender a dar, 130; a cordialidade, 84-85. Cf. tb. *Voluntariado.*

Amor ao inimigo. Amor ao inimigo, 79-80; inclusive aos inimigos, 81-82; a não violência, 82-83.

Compaixão. Antes de tudo, misericórdia, 103-104; o que seria a Igreja sem compaixão?, 106-107; olhar as pessoas como Jesus as olhava, 115-116; não esquecer os que sofrem, 116-117; aliviar o sofrimento, 192-194; paixão por Deus e compaixão pelo ser humano, 280-281; um juízo surpreendente, 320-321; o decisivo não é a religião, 321-322; a surpresa final, 322-323; mais do que uma esmola, 323-324. Cf. tb. *Pobres.*

Confiança. Aprender a confiar em Deus, 122-123; olhar o futuro sem perder a paz, 123-124; não ao medo, 124-125; antes de afundarmos, 185-186; Jesus está conosco, 313-314; confiai na bondade de Deus, 242-243. Cf. tb. *Medo; Esperança.*

Conversão. A primeira palavra de Jesus, 55-56; nunca é tarde para converter-nos, 58-59; em que devemos mudar?, 57-58; exortar à conversão, 31-33; recuperar caminhos para Deus, 35-36; sugestões para encontrar-se com Deus, 36-37; reagir, 297-298; reorientar nossa vida, 300-301; despertar a responsabilidade, 313-314; o medo de correr riscos, 314-315; ajudar-nos a sermos melhores, 228-229; continuamos despertos?, 295-296; como despertar?, 296-297. Cf. tb. *Conversão da Igreja; Vigilância.*

Conversão da Igreja. Escutar de perto as bem-aventuranças, 64-65; se o sal perder o gosto, 71-72; onde está o sal?, 72-73; como estamos construindo?, 95-96; reexaminar os alicerces da Igreja, 96-98; quando nos chamarão de amigos de pecadores?, 104-106; autoridade para curar a vida, 111-112; o perigo de um cristianismo sem cruz, 128-129; impulsionar a criatividade, 155-156; sem condenar a ninguém, 163-164; aprender a conviver com não crentes, 164-166; criar fraternidade, 178-179; não conquistar, mas libertar, 194-195; uma Igreja reunida no nome de Jesus, 226-227; o que faço por uma Igreja mais fiel a Jesus?, 227-228; crítica aos profissionais da religião, 251-252; o risco de instalar-nos na religião, 252-253; dura crítica aos dirigentes religiosos, 257-258; o perigo de calar a voz dos profetas, 258-259; nem mestres, nem pais, 287-288; dizem e não fazem, 288-289; rabinismo cristão, 290-291; contribuir para a conversão da Igreja, 291-292; somos todos irmãos, 292-293; continuamos despertos?, 295-296; como despertar?, 296-297; crítica de Jesus ao conservadorismo, 315-316; nossa tarefa não é conservar o passado, 316-317; fazer discípulos de Jesus, 344-346; libertar do medo as comunidades cristãs, 121-122. Cf. tb. *Conversão*.

Cruz. Dispostos a sofrer, 127-128; o perigo de um cristianismo sem cruz, 128-129; o que Pedro teve que ouvir, 207-208; arriscar tudo por Jesus, 208-209; Jesus diante do sofrimento, 210-211; aprender de Jesus a atitude diante do sofrimento, 211-212; a cruz é outra coisa, 212-213; o caminho para salvar o ser humano, 330-331; carregar a cruz, 331-332; seguir a Jesus conduz à cruz, 332-333. Cf. tb. *Seguimento de Jesus*.

Cruz de Cristo. Não desças da cruz, 327-328; crucificado conosco, 329-330; Jesus diante do sofrimento, 210-211.

Descanso. A arte de descansar, 147-148; precisamos de algo mais do que de umas férias, 148-149.

Deus. Deus conosco, 16-17; não precisamos de Deus entre nós?, 18-19; sem caminhos para Deus, 34-35; sugestões para encontrar-se com Deus, 36-37; o Espírito bom de Deus, 40-41; o Deus dos que sofrem, 67-68; Deus ou o dinheiro, 88-89; Deus é para os pecadores, 107-108; o pecado não nos afasta de Deus, 108-109; Deus se revela aos simples, 143-144; Deus é para a gente simples, 146-147; a vida é mais do que aquilo que se vê, 160-161; a força transformadora do fermento, 161-162; bondade escandalosa de Deus, 240-241; Deus é bom para todos, 241-242; Deus não é como nós pensamos, 243-244; deixar a Deus ser Deus, 244-245; o risco de defraudar a Deus, 256-257; matar Deus não é matar o ser humano?, 259-260; o convite de Deus, 264-265; ir às encruzilhadas dos caminhos, 265-266; a Deus o que é de Deus, 271-272; só pertencemos a Deus, 275-276; religião e política, 276-277; no nome do Pai e do Filho e do Espírito Santo, 346-347; o essencial do Credo, 347-348; é necessário crer na Trindade?, 348-349. Cf. tb. *Encontro com Deus*.

Dinheiro. Deus e o dinheiro, 88-89; o bezerro de ouro, 89-90; acumular dinheiro, 90-92. Cf. tb. *Pobres*.

Encarnação. Deus conosco, 16-17; acolher a Deus em um menino, 19-20; não precisamos de Deus entre nós?, 18-19.

Encontro com Deus. O pecado não nos afasta de Deus, 108-109; Deus se revela aos simples, 143-144; buscar a Deus, 169-170; por onde começar?, 171-172; encontrar-nos com Deus, 172-173; aprender a adorar a Deus, 27-28; seguir a estrela, 28-29; confiar na bondade de Deus, 242-243; sem caminhos para Deus, 34-35; sugestões para encontrar-nos com Deus, 36-37; também hoje é possível escutar a Deus, 266-267; o risco de não ouvir a Deus, 267-268; deixar a Deus ser Deus, 244-245; o convite de Deus, 264-265. Cf. tb. *Deus*.

Esperança. Crentes pouco sensatos, 305-306; homens acabados, 307-308; quando a esperança acaba, 308-309; recuperar o Ressuscitado, 337-338; crer no Ressuscitado, 338-339; Deus tem a última palavra, 339-340; para que serve crer no Ressuscitado?, 340-341; Jesus está conosco, 343-344. Cf. tb. *Vigilância; Confiança.*

Fé. Experiência pessoal, 41-43; caminhar sobre a água, 186-187; aprender a crer a partir da dúvida, 187-188; as dúvidas do crente, 188-189; antes de afundarmos, 185-186. Cf. tb. *Seguimento de Jesus.*

Felicidade. A felicidade de Jesus, 63-64; escutar de perto as bem-aventuranças, 64-65; conteúdo inesgotável das bem-aventuranças, 65-67; é bom crer, 68-69; o risco de instalar-se, 220-221; onde buscam as pessoas de hoje a felicidade?, 267-268.

Jesus. Nossa imagem de Jesus, 204-205; vive cheio do Espírito Santo de Deus, 40-41; experimentar Deus como Pai, 39-40; a felicidade de Jesus, 63-64; amigo de pecadores, 103-104, 104-105; compaixão de Jesus, 111-112; 114-115; identidade de Jesus, 135-136; gestos libertadores, 136-138; quem dizeis que Eu sou?, 199-200; Jesus diante do sofrimento, 210-211; para Jesus, os últimos são os primeiros, 250-251. Cf. tb. *Seguimento de Jesus.*

Marginalizados. Cf. *Pobres.*

Maria. Maria, a mãe de Jesus, 20-21.

Medo. Seguir a Jesus sem medo, 119-120; libertar nossas comunidades do medo, 121-122; aprender a confiar em Deus, 122-123; olhar o futuro sem perder a paz, 123-124; não ao medo, 124-125; o medo entrou na Igreja, 183-184; os medos na Igreja, 218-219; antes de afundarmos, 185-186; o medo de correr riscos, 314-315; os medos do ser humano de nossos dias, 219-220. Cf. tb. *Confiança*.

Misericórdia. Cf. *Compaixão*.

Mudança social. Escutar Jesus na sociedade atual, 217-218; pôr hoje em prática o Evangelho, 98-99; introduzir vida na sociedade atual, 113-114; programa libertador, 114-115; criar fraternidade, 178-179; diante do individualismo moderno, 284-285; importância social do perdão, 235-236; reagir, 297-299; nunca é tarde, 299-300; seres humanos acabados, 307-308. Cf. tb. *Sociedade atual*.

Mulher. O grito da mulher, 191-192.

Oração. Para que pedir algo a Deus?, 195-196; pedir com fé, 196-197; antes de afundarmos, 185-186. Cf. tb. *Encontro com Deus*.

Palavra de Deus (Evangelho). Escutar a Palavra de Deus, 100-101; os evangelhos de Jesus, 99-100; a força oculta do Evangelho, 153; ter ouvidos e não ouvir, 156-157.

Pecado. Deus é para os pecadores, 107-108; o pecado não nos afasta de Deus, 108-109; as prostitutas vos precederão, 247-248; as coisas nem sempre são aquilo que parecem, 248-249; para Jesus, os últimos são os primeiros, 250-251.

Perdão. Perdoar sempre, 232-233; o que seria de nós sem o perdão?, 233-234; apologia do perdão, 234-235; importância social do perdão, 235-236; perdoar nos faz bem, 236-237.

Pobres. Não podemos olhar só a Europa, 93-94; não esquecer os que sofrem, 116-117; dai-lhes vós de comer, 175-176; compartilhar o nosso com os necessitados, 177; criar fraternidade, 178-179; a muralha europeia, 179-180; como abençoar a mesa?, 180-181; ir às encruzilhadas dos caminhos, 265-266; os pobres são de Deus, de ninguém mais, 272-273; estou no cárcere e não me visitais, 324-325; mais do que uma esmola, 323-324; a surpresa final, 322-323.

Reino de Deus. A vida é mais do que aquilo que se vê, 160-161; fermento de uma vida mais humana, 162-163; em que devemos mudar?, 57-58; a força transformadora do fermento, 161-162; um tesouro oculto, 167-168; descobrir o projeto de Deus, 168-169; o convite de Deus, 264-265; ir às encruzilhadas dos caminhos, 265-266. Cf. tb. *Jesus; Seguimento de Jesus.*

Ressurreição de Cristo. Cristo está vivo, 335-336; recuperar o Ressuscitado, 337-338; crer no Ressuscitado, 338-339; Deus tem a última palavra, 339; para que serve crer no Ressuscitado?, 340-341.

Seguimento de Jesus. Viver animados pelo Espírito de Jesus, 33-34; seguir a Jesus, 60-61; olhar as pessoas como Jesus as olhava, 115-116; seguir a Jesus sem medo, 119-120; dispostos a sofrer, 127-128; o perigo de um cristianismo sem cruz, 128-129; não se escandalizar de Jesus, 140-141; aprender a semear como Jesus, 152; adesão viva a Jesus Cristo, 200-201; encontrar-nos com Jesus, 203-204; escutar só a Jesus, 215-216; confessar a Jesus com a vida, 202-203; reunir-se no nome de Jesus, 223-224; habitar num espaço criado por Jesus, 224-225; carregar a cruz, 331-332; seguir a Jesus conduz à cruz, 332-333; seguir a própria vocação, 44-45. Cf. tb. *Jesus; Reino de Deus; Cruz.*

Sociedade atual. Perdidos na abundância, 51-52; sociedade consumista, 52-53; apatia diante do sofrimento, 71-73; contra a corrupção, 76-77; o bezerro de ouro, 89-90; acumular dinheiro, 90-92; a "nova religião", 92-93; os frutos da sociedade atual, 260-261; religião e política, 276-277. Cf. tb. *Mudança social*.

Tentações. Fiéis a Jesus no meio das tentações, 47-48; as tentações da Igreja hoje, 49-50; nossos erros, 50-51.

Testemunho. A luz das boas obras, 75-76; atos, não palavras, 139-140; fermento de uma vida mais humana, 162-163; confessar Jesus com a vida, 202-203.

Trindade. O essencial do Credo, 347-348; no nome do Pai e do Filho e do Espírito Santo, 346-347; é necessário crer na Trindade?, 348-349. Cf. tb. *Deus; Encontro com Deus*.

Vida. Dar sabor à vida, 73-75; autoridade para curar a vida, 111-112; introduzir vida na sociedade atual, 113-114; programa libertador, 114-115; gestos libertadores, 136-138; amor à vida, 138-139; aprender dos simples, 144-145; semear com fé, 154; a vida só é para Deus, 274; não enterrar a vida, 312-313; despertar a responsabilidade, 313-314.

Vigiar. O risco de instalar-se, 220-221; continuamos despertos?, 295-296; como despertar?, 296-297; reagir, 297-299; reorientar nossa vida, 300-301; antes que seja tarde, 303-304; seres humanos acabados, 307-308; não enterrar a vida, 312-313.

Voluntariado. Aprender a dar, 130; artistas anônimos, 131-132; uma vocação admirável, 132-133.

JESUS: APROXIMAÇÃO HISTÓRICA
José Antônio Pagola

"Quem foi Jesus? Como entendeu sua vida? Que alternativa quis introduzir com sua atuação? Onde está a força de sua figura e a originalidade de sua mensagem? Por que o mataram? Como terminou sua aventura? Que segredo se esconde nesse galileu fascinante, nascido há dois mil anos numa aldeia insignificante do Império Romano e executado como um malfeitor perto de uma antiga pedreira, nos arredores de Jerusalén, quando beirava os 30 anos? Quem foi este homem que marcou decisivamente a religião, a cultura e a arte do Ocidente?

Estas são algumas das inúmeras perguntas suscitadas em torno de Jesus. Nesta obra de 650 páginas, José Antônio Pagola, professor de Cristologia na Faculdade Teológica de Vitória (Espanha), há sete anos se dedica exclusivamente a pesquisar e tornar conhecida a pessoa de Jesus, oferece um relato vivo e apaixonante da atuação e da mensagem de Jesus de Nazaré, situando-o em seu contexto social, econômico, político e religioso a partir das mais recentes pesquisas.

Na apresentação da obra, o próprio autor escreve: "Meu propósito fundamental foi 'aproximar-me' de Jesus com rigor histórico e com linguajar simples, para aproximar sua pessoa e sua mensagem ao homem e à mulher de hoje. Quis pôr nas mãos de você, leitor e leitora, um livro que os oriente para não enveredar por caminhos atraentes, mas falsos, de tanto romance-ficção, escrito à margem e contra a investigação moderna".

Conecte-se conosco:

- facebook.com/editoravozes
- @editoravozes
- @editora_vozes
- youtube.com/editoravozes
- +55 24 2233-9033

www.vozes.com.br

Conheça nossas lojas:
www.livrariavozes.com.br

Belo Horizonte – Brasília – Campinas – Cuiabá – Curitiba
Fortaleza – Juiz de Fora – Petrópolis – Recife – São Paulo

EDITORA VOZES

EDITORA VOZES LTDA.
Rua Frei Luís, 100 – Centro – Cep 25689-900 – Petrópolis, RJ
Tel.: (24) 2233-9000 – E-mail: vendas@vozes.com.br

duvidas, foi a mim que não o fizestes. E estes irão para o castigo eterno enquanto os justos, para a vida eterna" (Mt 25,31-46).

UM JUÍZO SURPREENDENTE

As fontes não admitem dúvidas. Jesus vive voltado para aqueles que vê necessitados de ajuda. É incapaz de passar ao largo. Nenhum sofrimento lhe é alheio. Identifica-se com os mais pequenos e desvalidos e faz por eles o que pode. Para Ele, a compaixão é o primordial. O único modo de parecer-nos com Deus: "Sede compassivos como vosso Pai é compassivo".

Não deveríamos estranhar que, ao falar do juízo final, Jesus apresente a compaixão como o critério último e decisivo que julgará nossas vidas e nossa identificação com Ele. Como então surpreender-nos que se apresente identificado com todos os pobres e desgraçados da história?

Segundo o relato de Mateus, "todas as nações" comparecem diante do Filho do homem, isto é, diante de Jesus, o compassivo. Não se faz nenhuma diferença entre "povo eleito" e "povos pagãos". Nada se diz das diferentes religiões e cultos. Fala-se de algo muito humano e que todos entendem: o que fizemos com os que viveram sofrendo junto a nós?

O evangelista não se detém propriamente a descrever os detalhes de um julgamento. O que ele destaca é um belo diálogo que lança uma luz imensa sobre o nosso presente e nos abre os olhos para ver que, em última análise, há duas maneiras de reagir diante dos que sofrem: compadecer-nos e ajudá-los ou fazer-nos de desentendidos e abandoná-los.

Quem fala é um juiz que se identifica com todos os pobres e necessitados: "Cada vez que ajudastes a um destes meus pequenos irmãos, a mim o fizestes". Aqueles que se aproximaram para ajudar a um necessitado, aproximaram-se dele. Por isso estarão juntos com Ele no reino: "Vinde, benditos de meu Pai".

Depois dirige-se aos que viveram sem compaixão: "Cada vez que não ajudastes a um destes pequenos, deixastes de fazê-lo a mim". Aqueles que